はじめに

JN076323

選ばれし者達よ、さあ最高峰に挑もう！

　商業簿記・会計学では『収益の認識基準』や『時間価値の計算』、工業簿記・原価計算では『意思決定会計』や『予算実績差異分析』といった、本当に力になる知識が、いよいよ皆さんの前に展開されてきます。それが、日商1級です。

　これらの知識の修得は、日商2級という壁を超えるレベルの人にしか許されていない、というのが現実でしょう。でも、本書を手に取った皆さんは、既にその条件をクリアしていることでしょう。
　すべての人の中で、簿記を学ぶ人の割合、その中で2級レベルまで修得した人の割合を考えれば、それだけでも素晴らしいことです。

　では、この最高峰から見える景色を想像してみましょう。
　今の知識は、皆さんの足元を固める存在になり、目には真実を見る力が、耳にはあらゆる情報をキャッチする能力が、足には利害を見ての行動力、手には物事を動かす力が宿っているはずです。そしてそこからは、峯続きに税理士、その向こうには公認会計士という人生も見渡せることでしょう。
　つまり、スーパーなビジネスパーソンや経営者になるにしても、税理士や公認会計士といった士（サムライ）業を目指すにしても、大いに展望が開ける、それが日商1級です。

　いま皆さんは、日商1級という名の大きな扉の前に立ち尽くしているかもしれません。
　でも、よく見てください。
　目の前にあるのは、そんな大きな扉ではなく、現金預金、有価証券といった、いくつもの小さな扉が並んでいるに過ぎません。未知の扉を1つ1つ開けていくというのは、これまで皆さんがやってきたことと同じです。

　最後にこの扉をうまく開けるコツを、お伝えしておきましょう。
　それは「楽しむこと」です。
　これから目の前に展開されてくる1つ1つの扉を、ぜひ楽しみながら開けていってください。
　この、楽しむという気持ちが、皆さんの未来を輝けるものにしていきますから。

CONTENTS

試験に

日商簿記1級
とおるトレーニング

商業簿記・会計学 I

基礎編

基礎力固めの1冊

Net-School

Ⓢ ネットスクール出版

※ 1　Section 1 の問題はありません。
※ 2　Section 1 と Section 2 の問題はありません。

本書の特徴

ネットスクールでは、日商簿記2級を修了された方が1級に合格するまでの過程として、次の3段階があると考えています。

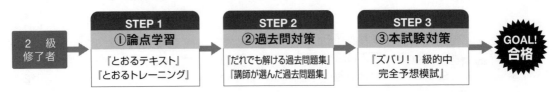

| 2級修了者 | STEP 1 ①論点学習『とおるテキスト』『とおるトレーニング』 | STEP 2 ②過去問対策『だれでも解ける過去問題集』『講師が選んだ過去問題集』 | STEP 3 ③本試験対策『ズバリ！1級的中完全予想模試』 | GOAL! 合格 |

本書は、このうち①**論点学習を行うための問題集**で、2級を修了された方が「無理なく効率的に1級の内容をマスターでき、さらに次のステップの②**過去問対策**や③**本試験対策**に役立つ知識を身につけることができる」ように構成され、次の特徴があります。

❶ 良質の練習問題を厳選

『とおるテキスト』に完全対応。
また良質の練習問題を厳選して、収載しました。ぜひテキストとともに活用してください。

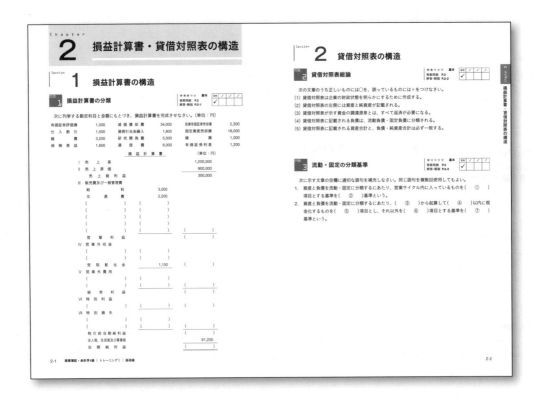

❷ 過去問レベルまでムリなくステップアップ

　一般的な1級カリキュラムでは、1つの章に平易な内容と難しい内容が混在し、学習者のやる気を
くじく傾向がありました。そこで本シリーズでは、基礎編と応用編に分け、難関論点と過去問レベル
の論点を応用編に配置することで、でこぼこがない学習環境を実現しています。

　この2冊を学習することで、1級合格に最低限必要な知識を養うことができます。

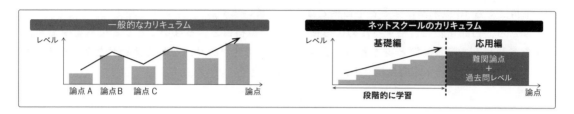

❸ 重要度が一目でわかる

　本書は、読者の皆さんが効率的に学習を進められるように、問題ごとに重要度と難易度を示してあ
ります。重要度と難易度の区別は次のようになります。

重要度

★★★★★：本試験によく出題され、必ず得点すべき問題
★★★★：
　　　　　}本試験にそれなりに出題され、得点できた方が望ましい問題
★★★：
★★：
　　}本試験では重要性がそれほど高くない問題
★：

難易度

基　本：テキストレベルで比較的簡単に計算できる問題
応　用：基本問題と比較して、比較的計算・集計の手間がかかる問題

　※　上記の他に「ゴール問題」として、本試験の商業簿記での出題を想定した総合問題を入れています。

❹ 過去問題集『だれでも解ける過去問題集』(別売り)で、本試験への対応力を付ける！

　過去問題の中から、現金預金なら現金預金だけ、有価証券なら有価証券だけと論点ごとに(横断的に)
問題を抜き出し、さらに2級レベルの内容から、1級の難問に至るまで、難易度順に並べたのが、『だ
れでも解ける過去問題集』です。このヨコ解きによって、論点ごとに実力を確認しながら自然と実力
をアップさせていくことができ、また苦手な内容でも「合格に必要なところまでは解ける」ようになり
ます。

　『だれでも解ける過去問題集』が終わったら、本試験問題をそのまま掲載した『講師が選んだ過去問
題集』に進んでください。

日商１級の攻略方法

　日商１級の試験科目は**商業簿記・会計学・工業簿記・原価計算**の４科目で各25点の100点満点で出題されます。合格点は70点ですが、各科目に40％（10点）の合格最低点が設けられていて、１科目でも10点未満になると不合格となってしまいます。

　ですから、日商１級に合格するためには極端な不得意科目を作らないことがとても重要です。

　また各科目とも学習時間と実力との関係は異なった特性があり、それにあわせた学習をすることは"**学習時間の短縮＝短期合格**"のためにとても重要です。

｜ 商 業 簿 記

出題形式 ➡　商業簿記の出題は、通常、総合問題（25点分の問題）形式です。

　　　　　出題パターンとしては、①決算整理後残高試算表の作成、②損益計算書作成、③貸借対照表作成、④本支店会計、⑤連結会計の５つがあります。

科目特性 ➡　学び始めたときは２級の知識を基礎として、新しい知識を吸収し、実力も伸びていきます（Ⓐ）。しかしある程度学習が進むと複雑な論点が出てくるため、実力の伸びは緩やかになります（Ⓑ）。

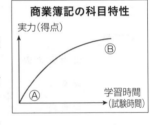

　　　　　しかし"伸びが緩やかになる"部分は多くの場合出題可能性が低い論点です。この部分は手を広げればキリがありませんから重要度の高い論点を中心に学習し、その他はある程度のところで見切りをつけることが、短期合格のためには大切です。

学習方法 ➡　まずは損益計算書・貸借対照表といった一般的な（２級でも学んだ）論点から始めましょう。『テキスト』（本書）で知識を身につけ『とおるトレーニング』で問題を解いてマスターしてください。

｜ 会 計 学

出題形式 ➡　会計学は２問から３問の小問で出題されます。通常、このうち１問は理論問題、残りは計算問題です。

　　　　　理論問題は正誤問題または空所補充（穴埋め）問題で出題されています。

　　　　　計算問題は財務諸表の数値を問うもの、簡単な財務諸表の作成を要求するものなどが出題されています。

科目特性 ➡　論点をひとつマスターするごとに実力もその分だけ伸びていきます。ですから学習時間に比例して実力が伸びるという、正比例の関係にあります。

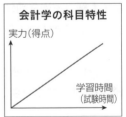

学習方法 ➡　理論問題は計算問題とリンクさせて学習すると効果的です。計算問題を解くさいに理論問題もあわせて見るようにしましょう。計算問題は商業簿記の各論点を学ぶことで実力がつきます。ですから商業簿記と会計学を分けることなく一緒に学習していくのが効率的です。

問題編

日商１級のプロフィール

1. 過去の合格率

年度	2014年		2015年		2016年		2017年		2018年		2019年	
回　数	137	138	140	141	143	144	146	147	149	150	152	153
受験者数	8,738	9,931	8,108	9,087	7,792	8,416	7,103	8,286	7,501	7,588	6,788	7,520
合格者数	847	877	716	873	846	783	626	487	1,007	680	575	735
合格率	9.7%	8.8%	8.8%	9.6%	10.9%	9.3%	8.8%	5.9%	13.4%	9.0%	8.5%	9.8%
平均合格率	9.3%		9.2%		10.1%		7.4%		11.2%		9.2%	

※　139回、142回、145回、148回、151回、154回は２・３級のみで、１級は実施されていません。

2. 受験資格

　年齢、性別、学歴、国籍など、一切制限はありません。日商簿記２級を持っていなくても受験できます。

　注1　受験に際しては、本人確認を行いますので、必ず身分証明書（氏名、生年月日、顔写真のいずれも確認できるもの＜例＞運転免許証、旅券（パスポート）、社員証、学生証など）を携帯してください。身分証明書をお持ちでない方は、受験希望地の商工会議所（または試験施行機関）にご相談ください。

　注2　刊行時のデータとなります。最新の情報は検定試験のホームページをご確認ください。
　　　　https://www.kentei.ne.jp/bookkeeping

3. 試験日

　年間２回（６月、11月）実施されます。

4．試験会場

　全国の商工会議所、もしくは商工会議所の指定する会場。
　詳しくは最寄の商工会議所または検定情報ダイヤルへお問合わせください。

5. 1級の試験内容

級　別	科　目	配　点	制限時間	程　　度
1 級	商業簿記	25点	1 時間 30 分	税理士、公認会計士などの国家試験の登竜門。大学程度の商業簿記、工業簿記、原価計算並びに会計学を修得し、財務諸表等規則や企業会計に関する法規を理解し、経営管理や経営分析ができる。
	会計学	25点		
	工業簿記	25点	1 時間 30 分	
	原価計算	25点		

※　1級の場合、1科目でも得点が40％（10点)に達しない場合、不合格になります。

Chapter 1 簿記一巡の手続

Section 1 簿記一巡の手続

 1. 簿記一巡の手続

★★☆☆☆ 　基本
答案用紙　P.1
解答・解説　P.1-1

日付	/	/	/
✓			

　次の資料にもとづき、当期末（×2年3月31日）における損益勘定および損益計算書・貸借対照表を作成しなさい。

📒資料

（1）前期末（×1年3月31日）における貸借対照表

貸借対照表			（単位：円）
現　　　　金	24,000	買　掛　金	9,000
売　掛　金	12,000	借　入　金	16,000
商　　　品	5,700	未　払　費　用	400
前　払　費　用	300	資　本　金	40,000
土　　　　地	30,000	繰越利益剰余金	7,600
	72,000		72,000

前払費用：前払保険料、未払費用：未払利息

（2）期中の取引は次のとおりである。
① 商品を23,000円で仕入れ、代金は掛けとした。
② 商品を42,000円で売上げ、代金は現金で受け取った。
③ 買掛金18,000円を現金で支払った。
④ 売掛金5,000円を現金で回収した。
⑤ 借入金の利息1,200円を現金で支払った。
⑥ 保険料3,600円（毎年同額）を、当期の5月1日に向こう1年分（12か月分）現金で支払った。

（3）決算整理事項は次のとおりである。
① 期末商品棚卸高は6,200円であった。棚卸減耗損および商品評価損は発生していない。
② 保険料300円の繰延べを行う。
③ 支払利息320円の見越し計上を行う。

問題
1 損益計算書の分類

★★★☆☆ 基本
答案用紙 P.2
解答・解説 P.2-1

日付	/	/	/
✓			

次に列挙する勘定科目と金額にもとづき、損益計算書を完成させなさい。（単位：円）

有価証券評価損	1,000	減価償却費	34,000	投資有価証券売却損	2,300
仕 入 割 引	1,500	貸倒引当金繰入	1,800	固定資産売却損	18,000
雑 費	3,200	研究開発費	5,000	雑 損	1,000
保 険 差 益	1,600	通 信 費	6,000	有価証券利息	1,200

損 益 計 算 書 （単位：円）

```
 I   売　上　高                                    1,200,000
 II  売　上　原　価                                  900,000
     売　上　総　利　益                              300,000
 III 販売費及び一般管理費
     給　　　　料                    3,000
     交　通　費                     2,200
     （　　　　　　　）    （　　　　　　　）
     （　　　　　　　）    （　　　　　　　）
     （　　　　　　　）    （　　　　　　　）
     （　　　　　　　）    （　　　　　　　）
     （　　　　　　　）    （　　　　　　　）  （　　　　　　　）
     営　業　利　益                              （　　　　　　　）
 IV  営　業　外　収　益
     （　　　　　　　）    （　　　　　　　）
     （　　　　　　　）    （　　　　　　　）
     受　取　配　当　金              1,100    （　　　　　　　）
 V   営　業　外　費　用
     （　　　　　　　）    （　　　　　　　）
     （　　　　　　　）    （　　　　　　　）  （　　　　　　　）
     経　常　利　益                              （　　　　　　　）
 VI  特　別　利　益
     （　　　　　　　）    （　　　　　　　）  （　　　　　　　）
 VII 特　別　損　失
     （　　　　　　　）    （　　　　　　　）
     （　　　　　　　）    （　　　　　　　）  （　　　　　　　）
     税引前当期純利益                            （　　　　　　　）
     法人税、住民税及び事業税           91,200
     当　期　純　利　益                          （　　　　　　　）
```

問題 **2** 貸借対照表総論

★★☆☆☆ 基本
答案用紙 P.3
解答・解説 P.2-2

日付	/	/	/
✓			

次の文章のうち正しいものには○を、誤っているものには×をつけなさい。

(1) 貸借対照表は企業の財政状態を明らかにするために作成する。

(2) 貸借対照表の左側には資産と純資産が記載される。

(3) 貸借対照表が示す資金の調達源泉とは、すべて返済が必要になる。

(4) 貸借対照表に記載される負債は、流動負債・固定負債に分類される。

(5) 貸借対照表に記載される資産合計と、負債・純資産合計は必ず一致する。

問題 **3** 流動・固定の分類基準

★☆☆☆☆ 基本
答案用紙 P.3
解答 解説 P.2-2

日付	/	/	/
✓			

次に示す文章の空欄に適切な語句を補充しなさい。同じ語句を複数回使用してもよい。

1. 資産と負債を流動・固定に分類するにあたり、営業サイクル内に入っているものを(　①　)項目とする基準を(　②　)基準という。

2. 資産と負債を流動・固定に分類するにあたり、(　③　)から起算して(　④　)以内に現金化するものを(　⑤　)項目とし、それ以外を(　⑥　)項目とする基準を(　⑦　)基準という。

Section

2 現　金

 現金の範囲

★★☆☆☆　　基本
答案用紙　P.4
解答・解説　P.3-1

日付	/	/	/
✓			

　当期末の貸借対照表および損益計算書を作成しなさい。なお、答案用紙はすべて埋まるとは限らない。当期は×6年4月1日から×7年3月31日までの1年である。

決算整理前残高試算表（一部）				（単位：円）
現　　　　　金	41,000	支　払　手　形		30,000
当　座　預　金	50,000	買　　掛　　金		20,000
受　取　手　形	60,000	貸　倒　引　当　金		800
売　　掛　　金	30,000			

1.　現金の実際残高を調べたところ、次のとおりであった。
　(1)　通貨手許有高　　　　　10,900円
　(2)　他人振出小切手　　　　30,000円
　　　（うち10,000円については振出日が×7年4月10日のものであるが、現金勘定で処理している）
　(3)　配当金領収証　　　　　200円（未処理）
　(4)　社債利札（期限到来済）　300円（未処理）
2.　売上債権期末残高に対して2%の貸倒引当金を差額補充法により設定する。

Section 3 預 金

問題 2 銀行勘定調整表

★★★★☆ 応用
答案用紙 P.4
解答・解説 P.3-2

日付	/	/	/
✓			

当期末の貸借対照表および損益計算書を作成しなさい。なお、答案用紙はすべて埋まるとは限らない。当期は×6年4月1日から×7年3月31日までの1年である。

決算整理前残高試算表（一部）　　　　（単位：円）

現 金	60,000	買 掛 金	90,000
当 座 預 金	500,000	短 期 借 入 金	300,000
販 売 費	180,000		
支 払 利 息	10,000		

1. 決算日現在、当社の当座預金出納帳と各銀行の銀行残高証明書残高を突き合わせたところ、A銀行の当座預金出納帳残高は200,000円であり、A銀行発行の銀行残高証明書の残高は335,000円であった。両者の不一致の原因を調査したところ、次の事実が判明した。

   (1) 決算日に50,000円を預け入れたが、営業時間外のため銀行では翌日付で入金の記帳をした。

   (2) 仕入先に対し買掛金支払のために振り出した小切手70,000円が銀行に支払呈示されていなかった。

   (3) 販売費支払のために振り出した小切手120,000円が未渡しのままだった。

   (4) 短期借入金に対する利息5,000円が引き落とされていたが、当社において未記帳であった。

　次の資料にもとづき、答案用紙の貸借対照表と損益計算書を作成しなさい。なお、会計期間は×5年4月1日から×6年3月31日である。

📋資料1

決算整理前残高試算表　　　　　　（単位：千円）

勘　定　科　目	金　　額	勘　定　科　目	金　　額
現　　　　　　　金	513,600	支　払　手　形	924,000
当　座　預　金	789,000	買　　掛　　金	450,000
受　取　手　形	1,020,000	貸　倒　引　当　金	50,000
売　　掛　　金	600,000	建物減価償却累計額	360,000
繰　越　商　品	300,000	備品減価償却累計額	280,000
仮　　払　　金	30,000	長　期　借　入　金	1,300,000
建　　　　　　物	2,000,000	資　　本　　金	2,000,000
備　　　　　　品	1,200,000	利　益　準　備　金	370,000
満期保有目的債券	388,000	任　意　積　立　金	570,000
仕　　　　　　入	2,400,000	繰　越　利　益　剰　余　金	60,000
給　料　手　当	589,400	売　　　　　上	3,633,000
広　告　宣　伝　費	100,000	有　価　証　券　利　息	3,000
支　払　保　険　料	30,000		
支　払　利　息	40,000		
	10,000,000		10,000,000

📋資料2　決算整理事項等

1.　当座預金口座の残高を銀行に問い合わせ、当社の帳簿残高との差異の原因を調べたところ、以下の事実が判明した。

　　（1）仕入先に振り出した小切手の未取付　50,000千円

　　（2）銀行に対する営業時間外の入金　　　30,000千円

　　（3）×5年10月1日に購入した備品代金の支払のために振り出した小切手の未渡し

　　　　　　　　　　　　　　200,000千円

2.　現金出納帳と実際有高を照合した結果、実際有高が5,000千円多かったことが判明した。その原因を調査したところ、広告宣伝費を現金で支払ったさいに、12,000千円を21,000千円と記帳していたことが判明した。なお、その他については原因が不明のため、雑益または雑損として処理する。

3.　期末商品棚卸高は、以下のとおりである。

　　　　　帳簿棚卸高　700千個（原価@400円）　実地棚卸高　680千個（正味売却価額@380円）
　　なお、棚卸減耗損は売上原価に算入する。

4. 前期発生の受取手形のうち20,000千円は、回収不能につき貸倒れとして処理する。

5. 受取手形と売掛金の期末残高に対してそれぞれ2％の貸倒引当金を差額補充法により設定する。

6. 固定資産の減価償却
    建物：定額法、耐用年数25年、残存価額　取得原価の10％
    備品：定率法、償却率年20％（期中購入分は同条件により月割りで計上する）

7. 満期保有目的債券は、×3年4月1日に、額面400,000千円のK社社債を＠100円につき＠95円で発行と同時に購入した。当該債券に対して償却原価法（定額法）を適用している。なお、この社債の満期日は×8年3月31日である。

8. 支払保険料は毎年7月1日に向こう1年分を支払っている。

9. 支払利息の未払額が12,000千円ある。

10. 税引前当期純利益に対して法人税等100,000千円を計上する。なお、中間納付額は仮払金で処理されている。

問題 1　金融商品に関する会計基準による分類・表示

★★☆☆☆　基本
答案用紙　P.6
解答・解説　P.4-1

日付	/	/	/
✓			

　下記の図表は「金融商品に関する会計基準」の分類・表示について示したものである。表示科目、表示区分に適切な用語を記入し表を完成させなさい。

種類（目的）	満期日	表示科目	表示区分
売買目的有価証券			
満期保有目的の債券	1年内		
	1年超		
子 会 社 株 式			
その他有価証券 （株 式 の 場 合）			

問題 2　有価証券の取得と売却

★★☆☆☆　基本
答案用紙　P.6
解答・解説　P.4-2

日付	/	/	/
✓			

　次の有価証券に関する一連の取引について仕訳を示しなさい。仕訳が不要な場合は「仕訳なし」と記入すること。なお、売買目的有価証券勘定を用い、移動平均法により処理する。

(1) ＠600円のA社株式を3,000株購入し、購入手数料90,000円とともに小切手で支払った。
(2) A社株式について＠500円で、1,500株追加購入し、購入手数料60,000円とともに小切手で支払った。
(3) A社株式1,200株を＠620円で売却し、代金は当座預金とした。

Section

3 有価証券の期末評価

問題
3 **売買目的有価証券**

★★☆☆☆ 基本
答案用紙 P.7
解答・解説 P.4-3

日付	/	/	/
✓			

当期末の貸借対照表および損益計算書を作成しなさい。なお、答案用紙はすべて埋まるとは限らない。

決算整理前残高試算表(一部) (単位:円)

売 買 目 的 有 価 証 券	?	有 価 証 券 評 価 損 益	?

当期末に保有する有価証券の内訳は次のとおりである。いずれも前期に取得し、洗替法を採用している。

銘　柄	取得原価	前期末時価	当期末時価	保有目的
A 社株式	3,000円	2,800円	2,700円	売買目的
B 社株式	2,000円	1,900円	1,800円	売買目的

Chapter 4

有価証券

満期保有目的債券

当期の会計期間は、×2年4月1日から×3年3月31日までの1年である。当期末の貸借対照表および損益計算書を作成しなさい。なお、円未満の端数が生じた場合には四捨五入すること。

決算整理前残高試算表(一部)　　　　（単位：円）

満期保有目的債券	9,500	有 価 証 券 利 息	200

1．満期保有目的債券は、当期首（×2年4月1日）にB社社債（額面金額10,000円）を9,500円で取得したもので、利率は年2％、利払日は毎年3月末日であり、満期日は×7年3月31日である。

2．取得価額と債券金額の差額の性格が金利の調整と認められるため、償却原価法（利息法）を適用する。実効利子率は年3.1％である。当期中に受け取った利息200円については、有価証券利息として計上しているが、償却原価法の処理が未処理である。

★★★☆☆　基本
答案用紙　P.7
解答・解説　P.4-5

日付	/	/	/
✓			

当期の会計期間は、×2年4月1日から×3年3月31日までの1年である。当期末の貸借対照表および損益計算書を作成しなさい。なお、答案用紙はすべて埋まるとは限らない。

決算整理前残高試算表(一部)　　　　(単位：円)

その他有価証券	?
子 会 社 株 式	?

当期末に保有する有価証券の内訳は次のとおりである。

銘　柄	取得原価	前期末時価	当期末時価	保有目的	備　考
A社株式	6,000円	6,200円	6,500円	その他有価証券	(1)参照
B社株式	4,000円	3,900円	3,700円	その他有価証券	(1)参照
C社株式	20,000円	19,000円	8,000円	子会社株式	(2)参照

(1) いずれも前期に取得し、全部純資産直入法を採用している。

(2) 前期末に取得したが、当期末に時価が著しく下落し、回復の可能性は不明である。

その他有価証券 2

★★★☆☆　応用
答案用紙　P.8
解答・解説　P.4-6

日付	/	/	/
✓			

当期の会計期間は、×2年4月1日から×3年3月31日までの1年である。当期末の貸借対照表および損益計算書を作成しなさい。

決算整理前残高試算表(一部)　　　　（単位：円）

その他有価証券	?	投資有価証券評価損益	?
子会社株式	?		

当期末に保有する有価証券の内訳は次のとおりである。

銘　柄	取得原価	前期末時価	当期末時価	保有目的	備　考
A社株式	6,000円	6,200円	6,500円	その他有価証券	⑴参照
B社株式	4,000円	3,900円	3,700円	その他有価証券	⑴参照
C社株式	20,000円	－	－	子会社株式	⑵参照

⑴　いずれも前期に取得し、部分純資産直入法を採用している。

⑵　C社株式の発行済株式総数のうち60％を保有しているが、当期にC社の財政状態は著しく悪化しており、同社の当期末における純資産は15,000円となっている。

問題 7 実価法

★★★☆☆ 基本
答案用紙　P.8
解答・解説　P.4-7

日付	/	/	/
✓			

　その他有価証券に分類されている投資有価証券（市場価格なし、取得原価 @80,000円）10株について発行会社の財政状態が下記のように悪化したため、実質価額に評価替えを行う。このときの仕訳を示すとともに、貸借対照表価額を求めなさい。なお、同社の発行済株式総数は120株である。

貸借対照表　　　　　　　　　（単位：円）

諸　資　産	10,500,000	諸　負　債	6,300,000
		資　本　金	6,000,000
		繰越利益剰余金	△1,800,000
	10,500,000		10,500,000

有価証券の評価

★★★★☆ 応用
答案用紙　P.8
解答・解説　P.4-8

日付	/	/	/
✓			

　次の資料にもとづき、貸借対照表において (1) 流動資産および (2) 投資その他の資産に計上される金額をそれぞれ求めなさい。

銘　柄	簿　価	所有株数	時　価	区　　　分
V株式	@800円	400株	@820円	売買目的である。
W株式	@950円	700株	@960円	発行済株式の70％を保有している。
X株式	@550円	700株	@450円	その他有価証券である。全部純資産直入法による。
Y株式	@700円	300株	@650円	売買目的である。
Z株式	@600円	520株	@250円	関連会社株式であるが、時価が回復する見込みはない。

Chapter 4　有価証券

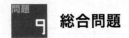

問題 9 総合問題

★★★★☆ ゴール
答案用紙　P.9
解答・解説　P.4-9

日付	/	/	/
✓			

次の資料にもとづき、答案用紙の損益計算書と貸借対照表を完成させなさい。なお、当期の会計期間は×5年4月1日から×6年3月31日までの1年間である。

📄資料1

決算整理前残高試算表　　　　　　（単位：千円）

勘　定　科　目	金　　額	勘　定　科　目	金　　額
現　金　預　金	284,900	支　払　手　形	231,000
受　取　手　形	218,000	買　　掛　　金	154,000
売　　掛　　金	169,300	未　　払　　金	20,000
売買目的有価証券	24,000	貸　倒　引　当　金	4,000
繰　越　商　品	53,000	建物減価償却累計額	315,000
仮　　払　　金	30,000	備品減価償却累計額	30,000
建　　　　　物	500,000	長　期　借　入　金	100,000
備　　　　　品	160,000	資　　本　　金	600,000
建　設　仮　勘　定	170,000	利　益　準　備　金	64,000
満期保有目的債券	19,000	別　途　積　立　金	15,000
子　会　社　株　式	32,000	繰　越　利　益　剰　余　金	11,000
そ　の　他　有　価　証　券	30,000	売　　　　　上	736,000
仕　　　　　入	494,500	有　価　証　券　評　価　損　益	1,500
給　　　　　料	89,400	固　定　資　産　売　却　益	12,700
保　　険　　料	18,000		
支　払　利　息	2,100		
	2,294,200		2,294,200

📄資料2　決算整理事項等

1. 金庫を調べたところ、記帳処理のされてない期日到来済みのD社社債の利札600千円があった。
2. 当座預金について、銀行勘定調整表を作成したところ、仕入先に対する買掛金決済のため振り出した小切手16,000千円が銀行に未呈示であった。
3. 売掛金37,300千円を小切手で回収していたが未処理であった。
4. 仮払金は、当期6月1日に完成した倉庫の建設費の金額であった。また、建設仮勘定はこの倉庫の建設費の一部である。なお、この倉庫は完成と同時に使用を開始している。
5. 売上債権の期末残高に対し3%の貸倒引当金を差額補充法により設定する。
6. 商品に関する資料は次のとおりである。なお、数量減少にともなう損失額および価値の減少にともなう損失額は売上原価の内訳科目に計上する。

　　　帳簿棚卸数量　　360千個　　　実地棚卸数量　　340千個
　　　原　　　価　　@150円　　　正味売却価額　　@140円

7. 固定資産の減価償却を次のとおり行う。なお、残存価額は取得原価の10%とする。

   建　物：定額法、耐用年数　30年（当期に完成した倉庫についても月割計算により算定すること）

   備　品：定率法、償却率　年25%

8. 有価証券の内訳

	取得原価	前期末時価	当期末時価	保有目的
C社株式	24,000千円	22,500千円	24,600千円	売買目的
D社社債	19,000千円	－	19,120千円	満期保有目的
E社株式	32,000千円	－	－	支配目的
F社株式	30,000千円	28,000千円	31,000千円	その他

（1）C社株式は前期に取得したもので洗替法を採用している。

（2）D社社債（額面金額は20,000千円）は×5年4月1日に取得したもので、利率は年3%、利払日は毎年3月末日であり、満期日は×10年3月末日である。額面金額と取得原価の差額は金利調整分であり、実効利子率年4.13%とする利息法によって処理すること。計算上、端数が生じる場合は、千円未満を四捨五入する。

（3）E社株式は時価のない株式であり、株式の実質価額が著しく下落しており、回復の見込みは不明である。

　　なお、E社の発行済株式総数は100,000株であり、当社はそのうち60%を保有している。E社の当期末貸借対照表は下記のとおりである。

E社貸借対照表	（単位：千円）

諸　資　産	60,000	諸　負　債	40,000
		資　本　金	30,000
		繰越利益剰余金	△10,000
	60,000		60,000

（4）その他有価証券については全部純資産直入法を採用している。

9. 保険料の繰延分は3,000千円である。

10. 税引前当期純利益に対して法人税等26,474千円を計上する。

問題
1.　**貸倒実績率の計算**

★★☆☆☆　**基本**
答案用紙　P.10
解答・解説　P.5-1

日付	/	/	/
✓			

次の資料にもとづき、決算整理仕訳を示しなさい。

📖資料

1.　当期末（第×4期末）の決算整理前残高試算表における債権は売掛金45,000円であり、すべて一般債権である。

2.　当期の決算にさいし、一般債権について貸倒実績率法にもとづいて、貸倒引当金を差額補充法により設定する。なお、貸倒引当金の決算整理前残高試算表残高は625円である。

3.　一般債権の平均回収期間は6カ月であり、当期の貸倒率は過去3期間の貸倒実績率の単純平均とする。

4.　過去3期間の期末債権残高と当該残高の実際貸倒高の発生状況

第×1期末の債権残高	30,000円	第×2期中の回収高 29,310円　貸倒高　　690円
第×2期末の債権残高	35,000円	第×3期中の回収高 34,160円　貸倒高　　840円
第×3期末の債権残高	40,000円	第×4期中の回収高 38,880円　貸倒高 1,120円
第×4期末の債権残高	45,000円	

貸倒懸念債権・財務内容評価法

★★★★☆　応用
答案用紙　P.10
解答・解説　P.5-2

日付	／	／	／
✓			

次の資料にもとづき、決算整理仕訳を示しなさい。

📑資料1

決算整理前残高試算表			（単位：円）
受　取　手　形	180,000	貸　倒　引　当　金	11,000
売　　掛　　金	220,000		
貸　　付　　金	350,000		

📑資料2　決算整理事項等

1. 受取手形には、貸倒懸念債権が40,000円（当期発生）含まれている。そこで、債権額から担保の処分見込額15,000円を控除した残額の40%を貸倒引当金として設定する。

2. 貸付金には、破産更生債権等が100,000円（当期発生）含まれている。そこで、債権額から担保の処分見込額23,000円を控除した残額を貸倒引当金として設定する。

3. 前述以外の債権はすべて一般債権と認められるため、売上債権については期末残高に対して2%、営業外債権については期末残高に対し3%の貸倒引当金を設定する。

4. 資料1の貸倒引当金の内訳は以下のとおりである。差額補充法により処理する。
   ・一般債権のうち売上債権に対するもの　　6,000円
   ・一般債権のうち営業外債権に対するもの　5,000円

問題 3 **貸倒懸念債権・キャッシュ・フロー見積法** ★★★☆☆ 基本 答案用紙 P.11 解答・解説 P.5-3

日付	/	/	/
✓			

　当期末の貸借対照表および損益計算書を作成しなさい。当期は×6年4月1日から×7年3月31日までの1年である。計算過程で端数が生じた場合には、最終数値の円未満を四捨五入する。

決算整理前残高試算表(一部)			(単位:円)
受　取　手　形	50,000	預り営業保証金	8,000
売　　掛　　金	80,000	貸　倒　引　当　金	800
長　期　貸　付　金	100,000	受　取　利　息	5,000

1. 得意先A社が経営破綻したため、受取手形10,000円および売掛金20,000円を破産更生債権等とする。A社からは営業保証金として8,000円の現金を受け入れている。

2. 1.以外の売上債権はすべて一般債権であり、貸倒実績率2%で差額補充法により貸倒引当金を設定する。残高試算表の貸倒引当金はすべて一般債権に係るものである。

3. 長期貸付金は当期期首に、約定利子率年5%、利払日:3月末日、返済日:×10年3月31日の契約でB社に貸し付けたものである。当期末の利払い後にB社より条件緩和の申し出があり、将来の利子率を年1%に引き下げることとした。この長期貸付金を貸倒懸念債権に区分し、キャッシュ・フロー見積法により貸倒引当金を設定する。

破産更生債権等

　次の資料にもとづき、答案用紙の損益計算書の〔　〕および□□□□内に適当な語句、数値を入れなさい。なお、当期の決算日は×2年3月31日である。

📄資料

<table>
<tr><th colspan="2" style="text-align:center">決算整理前残高試算表</th><th style="text-align:right">（単位：円）</th></tr>
<tr><td>受　取　手　形</td><td style="text-align:right">30,000</td><td>貸 倒 引 当 金　　　1,500</td></tr>
<tr><td>売　　掛　　金</td><td style="text-align:right">50,000</td><td></td></tr>
<tr><td>短 期 貸 付 金</td><td style="text-align:right">20,000</td><td></td></tr>
<tr><td>長 期 貸 付 金</td><td style="text-align:right">15,000</td><td></td></tr>
</table>

1. 貸倒引当金は、すべて売上債権に係るものである。
2. 長期貸付金 15,000円はB社に対するものであり、当期の利払日後、利子率を8%から2%に減免した。よって当該債権を貸倒懸念債権に区分し、キャッシュ・フロー見積法により貸倒見積高の算定を行う（返済日×5年3月31日、利払日3月31日）。
3. 短期貸付金 20,000円は破産更生債権等であり、担保の処分見込額は2,500円である。貸倒引当金繰入額は特別損失とする。
4. 上記以外の債権については、期末残高に対して3%を貸倒引当金として設定する（差額補充法）。
5. 計算過程で端数が生じた場合には、最終数値の円未満を四捨五入する。

4 金銭債権の特殊論点

債権の評価

★★★★★　基本
答案用紙　P.12
解答・解説　P.5-5

日付	/	/	/
✓			

当社は、当期首（×1年4月1日）において、島根商店に対し、元本500,000円、期間3年の条件で貸付けを行い、利息の一部を差し引いた467,493円を現金で支払った。

次の資料にもとづき、当期末における貸付金の評価額（償却原価）と受取利息の金額を求めなさい。

📋資料

1. 返済日は×4年3月31日、約定利子率は年5%、利払日は3月末日である。なお、当期末に利息を現金で受け取っている。

2. 当該貸付金の取得価額467,493円と債権金額500,000円との差額はすべて金利の調整と認められるため、償却原価法（利息法、実効利子率7.5%）を適用する。

電子記録債権・電子記録債務

★★★★☆ 応用
答案用紙 P.12
解答・解説 P.5-6

次の資料にもとづき、当期末における貸借対照表（一部）を完成させなさい。

📄資料1

決算整理前残高試算表
×5年3月31日　　（単位：円）

現 金 預 金	56,200	支 払 手 形	20,000
受 取 手 形	42,000	買 掛 金	54,000
売 掛 金	63,500	貸 倒 引 当 金	500

📄資料2　決算整理事項等

1. 以下の電子記録債権・債務の取引の処理が未処理であることが判明した。
   - （1）売掛金7,000円について、電子記録債権の発生記録が行われた。
   - （2）買掛金4,000円について、電子記録債務の発生記録が行われた。
   - （3）電子記録債権のうち1,500円を買掛金と引換えに譲渡し、譲渡記録が行われた。
   - （4）電子記録債権1,000円について得意先から当座預金に振り込まれていたが、その通知が当社に未達であった。
   - （5）電子記録債務500円を当座預金から支払ったが未処理であった。
   - （6）電子記録債権のうち3,000円を銀行に2,800円で譲渡し、譲渡記録が行われ、代金は当座預金に振り込まれていたが未処理であった。
2. 電子記録債権を含む売上債権の期末残高に対して、差額補充法により2%の貸倒引当金を設定する。

問題 1　数量計算の方法

★☆☆☆☆　　基本
答案用紙　P.13
解答・解説　P.6-1

日付	/	/	/
✓			

棚卸資産の数量計算方法としては継続記録法と棚卸計算法の2つがある。　　　　の中に適切な語句を記入し、表を完成させなさい。

	継 続 記 録 法	棚 卸 計 算 法
意義	・ ① にもとづいて払出数量を ② 計算する方法	・期末に ③ を行い、払出数量を ④ 的に計算する方法
長所	・払出数量を ② 計算するので、つねに帳簿上の ⑤ が明らかになる。 ・帳簿数量と実地棚卸数量とを比較することで、 ⑥ を把握できるため、管理目的に適している。	・計算が簡便で手間がかからない。
短所	・ ⑦ の作成が必要となり手間がかかる。	・ ⑥ を把握できないので、管理目的には適さない。

問題 2　金額計算の方法

★☆☆☆☆　　基本
答案用紙　P.13
解答・解説　P.6-1

日付	/	/	/
✓			

次の文章を読んで①～⑤にあてはまる適当な金額計算の方法を記入しなさい。

方　　法	説　　　　明
（　①　）法	棚卸資産ごとに、取得原価がわかるように区別して記録しておき、その個々の取得原価を払出原価とする方法。
（　②　）法	先に取得したものから順次払い出されると仮定して、払出単価を計算する方法。
（　③　）法	取得した棚卸資産の平均原価を算出し、この平均原価を払出単価とする方法。（　③　）法には、（　④　）法と（　⑤　）法がある。

問題 3 期末棚卸資産の計算

★★★☆☆　基本
答案用紙　P.13
解答・解説　P.6-2

日付	/	/	/
✓			

次の取引にもとづき、(1) 先入先出法 (2) 平均原価法（総平均法）により、それぞれの売上原価と期末商品の貸借対照表価額を計算しなさい（12月末日を決算日とする）。

　　1 月 1 日　前期繰越　20個　　＠805円

　　3 月 6 日　仕　　　入　55個　　＠820円

　　5 月10日　売　　　上　50個　＠1,200円

　　7 月14日　仕　　　入　45個　　＠840円

　　9 月18日　仕　　　入　40個　　＠845円

　　12月22日　売　　　上　35個　＠1,300円

　　12月26日　売　　　上　40個　＠1,350円

Section **2**　期末商品の評価

問題 4 決算時の処理

★★★★☆　応用
答案用紙　P.14
解答・解説　P.6-3

日付	/	/	/
✓			

以下の資料にもとづき、損益計算書を完成させなさい。

資料1　決算整理前残高試算表（一部）

決算整理前残高試算表　　　　　　（単位：円）

繰 越 商 品	420,000	売　　　　上	8,830,000
仕　　　　入	6,050,000		

1. 前期末においては簿価の切下げは行われていない。
2. 当期末において、棚卸減耗は発生していない。

資料2　決算整理事項

期末商品棚卸高

種　　　類	帳簿棚卸数量	取得原価	売　　価	見積販売直接経費
A商品	400個	＠700円	＠750円	＠100円
B商品	500個	＠300円	＠500円	＠80円

以下の資料にもとづき、損益計算書を作成しなさい。

📄資料1

決算整理前残高試算表			（単位：円）
繰 越 商 品	？	売　　　上	620,000
仕　　　入	？		

📄資料2　決算整理事項等

1. 当期商品仕入数量6,000個（原価@61円）、商品の売価は@100円であり、期中一定である。
2. 前期末および当期末における棚卸資産は以下のとおりである。なお、棚卸減耗損は販売費として処理する。期末棚卸資産の評価方法として先入先出法を採用している。商品評価損の処理は切放法による。

数量	前期末	当期末
帳簿数量	1,000個（原価@60円）	？個（原価@？円）
実地数量	950個（正味売却価額@61円）	720個（正味売却価額@59円）

3 売価還元法

売価還元法 1

以下の資料にもとづき、損益計算書を完成させなさい。なお、当社は売価還元法を採用している。棚卸減耗損は売上原価に算入しない。

📖資料

	原　価	売　価
期首商品棚卸高	70,000円	96,000円
当期仕入高	350,000円	444,000円
値上額		70,000円
値上取消額		10,000円
値下額		80,000円
値下取消額		5,000円
期末商品実地棚卸高		89,000円
当期商品売上高		435,000円

期末商品実地棚卸高の正味売却価額は62,200円であった。

問題 7　売価還元法 2　**速**解法

★★★☆☆　基本

答案用紙　P.15
解答・解説　P.6-6

日付	／	／	／
✓			

　某デパートは低価法原価率を用いて期末商品の評価を行っている。以下の資料にもとづいて損益計算書を完成させなさい。

📖資料

1.	期首商品棚卸高	原　価	11,250千円		売　価	13,250千円
2.	当期商品仕入高	原　価	103,550千円		値入額	20,200千円
3.	当期値上額		6,500千円			
4.	当期値下額		3,500千円			
5.	当期売上高		126,250千円			
6.	期末商品棚卸高	帳　簿	？千円（売価）			
		実　地	13,000千円（売価）			

　棚卸減耗損は、売上原価に算入しない。

問題
1　取得原価の決定

★★☆☆☆　　**基本**
答案用紙　P.16
解答・解説　P.7-1

日付	/	/	/
✓			

　有形固定資産の取得原価を決定するさいに、次の5つに分けて ⬜ の中に適切な語句を記入しなさい。

(1) 購入…固定資産を購入によって取得した場合には、 ① に買入手数料、運送費、荷役費、据付費、試運転費等の ② を加えて取得原価とする。ただし、正当な理由がある場合には、 ② の一部または全部を加算しない額をもって取得原価とすることができる。

　　　購入にさいして ③ または ④ を受けたときには、これを ① から控除する。

(2) 自家建設…固定資産を自家建設した場合には、適正な ⑤ に従って製造原価を計算し、これにもとづいて取得原価を計算する。建設に要する借入資本の利子で稼働前の期間に属するものは、これを取得原価に算入することができる。

(3) 現物出資…有形固定資産の現物出資を受けた場合、原則として給付された日の有形固定資産の ⑥ を取得原価とする。

(4) 交換…自己所有の固定資産と交換に、同種・同用途の固定資産を取得した場合には、交換に供された自己資産の ⑦ をもって取得原価とする。

　　　自己所有の株式ないし社債等と固定資産を交換した場合には、当該有価証券の時価をもって取得原価とする。

(5) 贈与…固定資産を贈与された場合には、時価等を基準として ⑧ した額をもって取得原価とする。

3 減価償却

問題 2 直接法による処理

★★★☆☆ 応用
答案用紙 P.16
解答・解説 P.7-2

日付	／	／	／
✓			

次の資料にもとづき、当期末（×5年3月31日）における貸借対照表（一部）を完成させなさい。

📄資料

決算整理前残高試算表
×5年3月31日 （単位：円）

建 物	96,000
備 品	3,500

1. 建物は×2年12月1日に取得したものであり、定額法（残存価額は取得原価の10％、耐用年数30年）によって減価償却（直接法）を実施している。

2. 備品は×3年10月1日に取得したものであり、定率法（償却率0.25、残存価額は取得原価の10％、耐用年数8年）によって減価償却（直接法）を実施している。

当期末の貸借対照表および損益計算書を作成しなさい。当期は×4年4月1日から×5年3月31日までの1年である。なお、減価償却費の計算は月割りにより行うこと。答案用紙はすべて埋まるとは限らない。

決算整理前残高試算表(一部)　　　（単位：円）

現	金	300,000
備	品	62,500
車	両	112,000

1. 固定資産の減価償却の記帳方法については、直接法を採用している。
2. 備品は×1年10月1日に購入したものであり、定額法（残存価額は取得原価の10％、耐用年数6年）によって減価償却を実施している。購入年度においては月割りで減価償却費を計上した。
3. 車両について
  (1) 車両のすべて（取得原価200,000円、期首減価償却累計額88,000円、減価償却は定率法、償却率40％）を、×4年9月30日に89,000円で下取りし、新車180,000円を購入した。下取価額と新車代金との差額を現金で支払ったが、これら一連の処理が未処理である。
  (2) 新車両は×4年10月1日より使用を開始した。なお、新車両の減価償却方法は、下取りに出した車両と同じである。

問題 4 **減価償却累計額の表示方法**

★★☆☆☆ 基本
答案用紙 P.17
解答・解説 P.7-4

日付	/	/	/
✓			

次の①～④に示される貸借対照表の表示方法を、下記のa～dから選び、記号で答えなさい。

(単位：円)

①

建　　　物(注)	640,000
備　　　品(注)	192,500

(注) 有形固定資産から減価償却累計額が
　　それぞれ控除されている。
　　　建物　360,000円
　　　備品　157,500円

②

建　　　物	1,000,000	
備　　　品	350,000	
減価償却累計額	517,500	832,500

③

建　　　物	1,000,000	
減価償却累計額	360,000	640,000
備　　　品	350,000	
減価償却累計額	157,500	192,500

④

建　　　物(注)	640,000
備　　　品(注)	192,500

(注) 有形固定資産から減価償却累計額
　　517,500円が控除されている。

a. 科目別間接控除方式
b. 一括間接控除方式
c. 科目別直接控除注記方式
d. 一括直接控除注記方式

問題 5 **減価償却費の計算 1**

★★★★★ 応用
答案用紙 P.17
解答・解説 P.7-5

日付	/	/	/
✓			

次の資料にもとづき、当期末(×21年3月31日)における貸借対照表(一部)を完成させなさい。

📄資料

決算整理前残高試算表
×21年3月31日　　　　　　　　(単位：円)

建　　　物	200,000	建物減価償却累計額	9,000
備　　　品	82,000	備品減価償却累計額	25,200

　減価償却は、建物(償却率2.5%)、備品(償却率20%)ともに、定額法による。建物200,000円、備品70,000円については、取得原価の10%を残存価額とするが、当期中(×20年11月)に購入した備品12,000円については、残存価額をゼロとし、定額法(償却率20%、月割計算)による。

問題 6 減価償却費の計算2

★★☆☆☆ 応用
答案用紙 P.17
解答・解説 P.7-6

日付	/	/	/
✓			

当期末の貸借対照表および損益計算書を作成しなさい。当期は×6年4月1日から×7年3月31日までの1年である。なお、減価償却費の計算は月割りにより行い、円未満の端数が生じた場合には四捨五入すること。

決算整理前残高試算表(一部)　　　　（単位：円）

建 物	500,000	建物減価償却累計額	306,000
備 品	120,000		
車 両	180,000		

1. 固定資産について、以下の方法により減価償却を行う。なお、過年度の減価償却は適正に行われている。

	取得原価	償却方法	償却率	耐用年数	残存価額
建 物	500,000円	定 額 法	0.034	30年	取得原価の10％
備 品	120,000円	200％定率法	各自計算	5年	ゼ ロ
車 両	180,000円	級 数 法	－	5年	ゼ ロ

(1) 建物は前期以前に取得したものである。
(2) 備品Bは×6年11月1日に取得したものである。改定償却率：0.5、保証率：0.108
(3) 車両は当期の×7年2月1日に取得したものである。

7 総合問題

　次の資料にもとづき、答案用紙の貸借対照表と損益計算書を作成しなさい。なお、会計期間は×5年4月1日から×6年3月31日である。

📃資料1

決算整理前残高試算表　　　　　（単位：千円）

勘　定　科　目	金　　額	勘　定　科　目	金　　額
現　金　預　金	466,000	支　払　手　形	285,000
受　取　手　形	212,500	買　　掛　　金	160,000
売　　掛　　金	337,500	貸　倒　引　当　金	18,500
売買目的有価証券	95,000	長　期　借　入　金	342,000
繰　越　商　品	160,000	建物減価償却累計額	1,350,000
建　　　　　物	3,250,000	備品減価償却累計額	50,000
備　　　　　品	300,000	資　　本　　金	2,000,000
満期保有目的債券	19,000	利　益　準　備　金	55,000
子　会　社　株　式	12,000	繰　越　利　益　剰　余　金	266,500
その他有価証券	20,000	売　　　　　上	2,492,400
仕　　　　　入	1,605,500	有　価　証　券　利　息	600
給　　　　　料	458,000		
支　払　保　険　料	70,000		
支　払　利　息	10,000		
手　形　売　却　損	4,500		
	7,020,000		7,020,000

📃資料2　決算整理事項等

1. 現金預金について以下の事項が判明した。
   (1) 売買目的で所有しているC社株式の配当金4,500千円が当座預金口座に振り込まれていたが、未記入であった。
   (2) 得意先に対する売掛金75,000千円について、契約により2%の割引をし、その残額を得意先振出の小切手で受け取っていたが未記入であった。
   (3) 買掛金支払のために振り出した小切手30,000千円が、仕入先に未渡しになっていた。
   (4) 得意先振出の約束手形40,000千円を割引き、割引料2,000千円を引かれた残額が、当座預金口座に入金されていたが未記入であった。

2. 売上債権の期末残高合計額に対し、3%の貸倒引当金を差額補充法によって設定する。なお、前期に発生した売掛金のうち15,000千円は、得意先が倒産したため回収不能であることが判明した。

3. 期末商品棚卸高の内訳は次のとおりである。なお、棚卸減耗損と商品評価損は売上原価に算入する。

帳簿棚卸数量	2,200千個	実地棚卸数量	2,100千個
原　　　　価	@100円	正味売却価額	@95円

4. 有価証券の内訳

	取得原価	前期末時価	当期末時価	保有目的
C社株式	98,000千円	95,000千円	90,000千円	売買目的
D社社債	19,000千円	－	19,120千円	満期保有目的
E社株式	12,000千円	10,000千円	9,000千円	支配目的
F社株式	20,000千円	21,000千円	19,000千円	その他

(1) C社株式は前期に取得したもので切放法を採用している。

(2) D社社債（額面金額は20,000千円）は×5年4月1日に取得したもので、利率は年3%、利払日は毎年3月末日であり、満期日は×10年3月末日である。額面金額と取得価額の差額は金利調整分であり、償却原価法(定額法)によって処理すること。

(3) E社株式に時価の著しい下落は生じていない。

(4) その他有価証券については全部純資産直入法を採用している。

5. 固定資産の減価償却を次のとおり行う。

建　　物A　（取得原価3,000,000千円）：定額法（償却率0.02）、耐用年数50年、残存価額は取得原価の10%

建　　物B　（取得原価250,000千円）：定額法（償却率0.05）、耐用年数20年、残存価額はゼロ
当期の×5年10月1日に取得したものである。

備　　品C　（取得原価200,000千円）：200%定率法、耐用年数8年、残存価額はゼロ、改定償却率0.334、保証率0.07909

備　　品D　（取得原価100,000千円）：200%定率法、耐用年数4年、残存価額はゼロ、改定償却率1.000、保証率0.12499
当期の×5年4月1日に取得したものである。

6. 長期借入金のうち250,000千円は、×5年8月1日に借入期間5年、利率年3%、利払い年1回（7月末日）の条件で借り入れたものである。決算にあたって利息の未払分を計上する。

7. 支払保険料の前払分が10,000千円ある。

8. 税引前当期純利益に対し、91,000千円の法人税等を計上する。

Section

1 繰延資産

問題
1 繰延資産の償却

★★★☆☆ ゴール
答案用紙 P.19
解答・解説 P.8-1

日付	/	/	/
✓			

次の資料にもとづき、(1) 損益計算書および (2) 貸借対照表を完成しなさい。なお、会計期間1年、当期の決算日は×5年3月31日である。

 資料1

決算整理前残高試算表
×5年3月31日　　　　　　　　　　　　（単位：円）

創　立　費	1,000,000	資　本　金	100,000,000
開　業　費	2,500,000		
株 式 交 付 費	550,000		
開　発　費	975,000		

📄 資料2　決算整理事項

1. 繰延資産はすべて規定の最長期間にわたり定額法により月割償却を行う。
2. 各繰延資産の支出額および支出日は次のとおりである。
   (1) 創　立　費　　2,500,000円　×1年 4月1日
   (2) 開　業　費　　5,000,000円　×1年10月1日
   (3) 株 式 交 付 費　　600,000円　×4年 1月1日
   (4) 開　発　費　　1,500,000円　×2年 7月1日

Chapter 9 減損会計

Section 1 減損会計

問題 1 減損会計 1

★★★★★ 基本
答案用紙 P.20
解答・解説 P.9-1

日付	/	/	/
✓			

次の資料にもとづき、当期末の貸借対照表と損益計算書を完成させなさい。

📋資料

1. 当社が保有する備品（取得原価1,200,000円、当期末減価償却累計額300,000円）について減損の兆候が認められた。
2. 備品を使用した場合の割引前将来キャッシュ・フローの総額は600,000円、割引後将来キャッシュ・フローの総額は520,000円である。
3. 当該備品を売却する場合の当期末の正味売却価額は480,000円である。

問題 2 減損会計 2

★★★★★ 応用
答案用紙 P.20
解答・解説 P.9-2

日付	/	/	/
✓			

次の資料にもとづき、当期末の貸借対照表と損益計算書を完成させなさい。なお、円未満の端数が生じた場合には、最終数値を四捨五入すること。

📋資料

1. 当社が保有する機械（取得原価600,000円、当期末減価償却累計額350,000円）について減損の兆候が認められた。
2. 機械に係る将来キャッシュ・フローを見積もったところ、残存耐用年数5年の各年につき30,000円のキャッシュ・フローが生じ、使用後の処分価額は20,000円と見込まれた。
3. 将来キャッシュ・フローの現在価値を算定するにあたっての割引率は年5%である。
4. 機械を現時点で売却する場合の価額は160,000円であり、そのための処分費用は12,000円と見込まれる。

Chapter 8/9 繰延資産／減損会計

当社が保有している建物に減損の兆候が見られるため、減損を認識するか否かを検討している。以下の資料にもとづき、各問いに答えなさい。なお、円未満の端数が生じた場合には最終数値の小数点第1位を四捨五入すること。

📄資料

① 取得原価　　　　　　　　　　　　　　5,000,000円
② 減価償却累計額　　　　　　　　　　　2,025,000円
③ 残存耐用年数　　　　　　　　　　　　　　　22年
④ 当初の残存価額　　　　　　　　　　取得原価の10%
⑤ 割引前将来キャッシュ・フローの見積額

　　　今後20年間　　　　　　　　　　毎年　125,000円
　　　その後の2年間　　　　　　　　　毎年　 55,125円
　　　耐用年数到来後における残存価額　　　　 33,075円

⑥ 割引率は、年5%とする。その場合の年金現価係数は20年12.462、現価係数は21年0.359、22年0.342である。
⑦ 現時点における正味売却価額　　　　　1,250,000円

問1．減損損失を認識するかどうかを示しなさい。
問2．必要な仕訳を示しなさい。

2 のれん・共用資産の処理

のれんを含む減損処理 1

★★★★★　応用
答案用紙　P.21
解答・解説　P.9-4

日付	／	／	／
✓			

次の資料にもとづき、必要な仕訳を示しなさい。なお、当社では「のれんを含むより大きな単位で減損損失を認識する方法」による会計処理を採用している。

期末におけるA事業資産について、減損損失を測定する。A事業資産に関する当期末における経済的状況は、以下のとおりである。

（単位：円）

	土　　地	建　　物	備　　品	の れ ん	合　　計
帳　簿　価　額	400,000	250,000	150,000	100,000	900,000
減　損　の　兆　候	あり	あり	なし	あり	あり
割引前将来キャッシュ・フロー	370,000	280,000	不明	不明	770,000
回　収　可　能　価　額	350,000	260,000	不明	不明	750,000

下記の資料にもとづき、当期の損益計算書および貸借対照表を完成しなさい。

決算整理前残高試算表　　　　（単位：円）

建　　　　物	180,000	建物減価償却累計額	96,000
備　　　　品	16,000	備品減価償却累計額	4,050
土　　　　地	140,000		
の　れ　ん	6,000		

(1)　上記試算表中には、期末に買収したX事業に関連して取得した以下の固定資産が含まれており、この中には減損の兆候が見られるものが存在する。減損処理は、のれんを含むより大きな単位で行うこととする。なお、これらの期末取得資産についての当期分の償却は実施しないこととする。

（単位：円）

	建物	備品	土地	のれん	計
取　得　原　価	20,000	4,000	30,000	6,000	60,000
減　損　の　兆　候	あり	なし	あり	あり	あり
割引前将来キャッシュ・フロー見積額	18,000	4,200	29,000	不明	51,200
回　収　可　能　価　額	17,600	5,000	28,000	不明	50,600

(2)　減価償却　建物……残存価額は取得原価の10％、耐用年数30年、定額法
　　　　　　　　備品……残存価額は取得原価の10％、耐用年数8年、定額法

共用資産の減損処理 1

★★★★★　応用
答案用紙　P.21
解答・解説　P.9-6

日付	/	/	/
✓			

　次の資料にもとづき、必要な仕訳を示しなさい。当社では以下の資産について減損の兆候が存在する。なお、当社では「共用資産を含むより大きな単位で減損損失を認識する方法」による会計処理を採用している。

（単位：円）

	土　　　地	備　　　品	共用資産(建物)	合　　　計
帳　簿　価　額	6,000	2,000	3,200	11,200
減　損　の　兆　候	あり	なし	あり	あり
割引前将来キャッシュ・フロー	5,880	不明	不明	10,800
回　収　可　能　価　額	5,800	不明	不明	10,000

共用資産の減損処理 2

★★★★★　応用
答案用紙　P.21
解答・解説　P.9-6

日付	/	/	/
✓			

　次の資料にもとづき、必要な仕訳を示しなさい。当社では以下の資産について減損の兆候が存在する。なお、当社では共用資産（建物）の減損処理は「共用資産の帳簿価額を各資産に配分する方法」で行うこととする。なお、共用資産の帳簿価額を土地に75％、備品に25％の割合で配分する。

（単位：円）

	土　　　地	備　　　品	共用資産(建物)
帳　　簿　　価　　額	6,000	2,000	3,200
減　　損　　の　　兆　　候	あり	なし	あり
割引前将来キャッシュ・フロー(共用資産配分後)	8,000	不明	不明
回収可能価額（共用資産配分後）	7,560	不明	不明

Chapter 9

減損会計

問題

8 総合問題

★★★★★ ゴール
答案用紙　P.22
解答・解説　P.9-7

日付	/	/	/
✓			

　NS株式会社の×6年9月期（会計期間1年、決算日9月30日）における次の資料にもとづき、答案用紙の損益計算書を完成しなさい。なお、金額の計算にあたっては千円未満を四捨五入すること。

📄資料1

決算整理前残高試算表
×6年9月30日　　　　　　　　　　　　　　（単位：千円）

借　方　科　目	金　　額	貸　方　科　目	金　　額
現　金　預　金	353,316	支　払　手　形	60,600
受　取　手　形	160,000	買　　掛　　金	171,000
売　　掛　　金	240,000	貸　倒　引　当　金	9,000
繰　越　商　品	45,000	建物減価償却累計額	36,000
建　　　　　物	150,000	車両減価償却累計額	6,300
車　　　　　両	21,000	備品減価償却累計額	2,250
備　　　　　品	10,000	長　期　借　入　金	20,000
土　　　　　地	373,600	資　　本　　金	100,000
長　期　貸　付　金	250,000	資　本　準　備　金	13,000
満期保有目的債券	47,750	利　益　準　備　金	10,000
その他有価証券	49,750	繰　越　利　益　剰　余　金	6,000
仕　　　　　入	4,350,000	売　　　　　上	7,250,000
販　　売　　費	1,100,000	受　取　利　息	50
一　般　管　理　費	525,389	有　価　証　券　利　息	3,000
支　払　保　険　料	12,000	受　取　配　当　金	1,605
支　払　利　息	1,000		
	7,688,805		7,688,805

📄資料2　期末整理事項

1.　現金出納帳と現金実際有高とを照合した結果、実際有高が、70千円不足していたので調べてみたが、その不足の原因は不明であった。

2.　当座預金について銀行勘定調整表を作成するにあたって、次の事項が判明した。
　(1) 先に販売費を支払ったさいに、410千円と記帳すべきところを、140千円としていた。
　(2) 事務用消耗品費の支払のために振り出した小切手200千円が、未渡しとなっていた。
　(3) 広告費（販売費）支払のために振り出した小切手のうち、未取付けのものが400千円あった。

3.　金銭債権について
　(1) 残高試算表上の貸倒引当金の内訳：売上債権4,000千円、営業外債権5,000千円。
　(2) 売掛金のうち、15,000千円（当期発生分）は、貸倒懸念債権と判断し、50%相当額の貸倒引当金を設定する。販売費及び一般管理費の部に計上する。
　(3) 長期貸付金のうち、S社に対する貸付金225,000千円を破産更生債権等として扱うことにした。なお、担保として受け入れている土地の時価は50,000千円である。当該債権に対しては、前期末決算上、貸倒引当金4,500千円を設定していた。特別損失の部に計上する。

（4）上記以外の金銭債権はいずれも一般債権と認められ、期末残高に対して、売上債権は2%、営業外債権は3%の貸倒引当金を差額補充法により設定する。

4.（1）有価証券の内訳は次のとおりである。その他有価証券については部分純資産直入法により、満期保有目的債券については償却原価法（定額法）により処理する。

	分類	数量	取得原価	時価
A社株式	その他有価証券	3,000株	@ 6,250円	@ 7,500円
B社株式	その他有価証券	2,000株	@ 12,000円	@ 10,500円
C社株式	その他有価証券	1,000株	@ 7,000円	@ 2,000円
D社社債	満期保有目的債券	500,000口		@ 96円

（2）C社株式の株価が回復するかどうかは、決算日現在では不明である。

（3）D社社債は、×4年10月1日に、額面総額50,000千円（満期日×8年9月30日、券面利子率年6%、利払日年1回9月末日）を、額面100円につき94円で購入している。当社は社債償還期日まで保有する予定である。取得原価と額面金額との差額は金利の調整と認められる。

5.（1）期末商品棚卸高の内訳は次のとおりである。

甲商品　帳簿棚卸高　8,000個　原価@5,000円
　　　　実地棚卸高　8,000個　時価@4,000円

乙商品　帳簿棚卸高　2,000個　原価@7,500円
　　　　実地棚卸高　正常品　　　1,900個　正味売却価額@7,000円
　　　　　　　　　　品質低下品　　50個　正味売却価額@4,500円

（2）棚卸減耗損は、売上原価の内訳科目として処理する。

6. 固定資産の減価償却

建物：定額法、耐用年数30年、残存価額　取得原価の10%

車両：定率法、償却率年30%

備品：前々期から定額法、耐用年数8年、残存価額を取得原価の10%で償却してきたが、当期首より残存耐用年数を5年に変更することにした。

なお、当社が保有する以下の固定資産について減損の兆候が見られる。

	建物	車両	土地
取 得 原 価	50,000千円	10,500千円	150,000千円
前期末減価償却累計額	12,000千円	3,150千円	－
減 損 の 兆 候	あり	あり	あり
割引前将来キャッシュ・フロー	35,000千円	5,200千円	148,000千円
使 用 価 値	34,000千円	5,095千円	146,000千円
正 味 売 却 価 額	32,500千円	5,050千円	147,000千円
回 収 可 能 価 額	?	?	?

7. その他の期末整理事項

支払保険料前払分2,000千円、支払利息未払分150千円、受取利息未収分25千円

8. 税引前当期純利益に対して法人税等425,112千円を計上する。

Chapter

10 負債会計（資産除去債務・リース）

Section

1 負債会計の基礎知識

 負債の分類

★★★★★ 　基本
答案用紙　P.23
解答・解説　P.10-1

日付	/	/	/
✓			

負債について説明している以下の文章の ⬚ の中に、適切な語句を記入しなさい。

負債の分類方法には、流動・固定分類の方法がある。

流動・固定分類とは資産と同様に、 ① 基準と ② 基準によって流動負債と固定負債に分類する方法である。まず、 ① 過程に入るものはすべて流動負債とし、残りの負債は ② 基準によって流動負債と固定負債に分ける。ただし、 ③ 費用・ ④ 収益はすべて流動負債とする。

 引当金の設定要件

★★★☆☆ 　基本
答案用紙　P.23
解答・解説　P.10-1

日付	/	/	/
✓			

引当金の設定要件を4つあげなさい。

Section

2 資産除去債務

問題 3 **資産除去債務 1**

★★★☆☆ 基本
答案用紙 P.24
解答・解説 P.10-2

日付	/	/	/
✓			

　次の文章は、「資産除去債務に関する会計基準」で示されている定義の抜粋である。　　　の中に適当な語句を記入しなさい。

(1) 資産除去債務の負債計上

　　資産除去債務は、有形固定資産の取得、建設、開発または通常の使用によって発生したときに　①　として計上する。

　　資産除去債務の発生時に、当該債務の金額を合理的に見積もることができない場合には、これを計上せず、当該債務額を合理的に見積もることができるようになった時点で　①　として計上する。

(2) 資産除去債務の算定

　　資産除去債務はそれが発生したときに、有形固定資産の除去に要する割引前の　②　を見積もり、割引後の金額(割引価値)で算定する。

(3) 資産除去債務に対応する除去費用の資産計上と費用配分

　　資産除去債務に対応する除去費用は、資産除去債務を負債として計上したときに、当該負債の計上額と同額を、関連する　③　の帳簿価額に加える。

　　資産計上された資産除去債務に対応する除去費用は、　④　を通じて、当該有形固定資産の残存耐用年数にわたり、各期に費用配分する。

(4) 時の経過による資産除去債務の調整額の処理

　　時の経過による資産除去債務の調整額は、その発生時の費用として処理する。当該調整額は、期首の負債の帳簿価額に当初負債計上時の　⑤　を乗じて算定する。

(5) 貸借対照表上の表示

　　資産除去債務は、貸借対照表日後1年以内にその履行が見込まれる場合を除き、　⑥　の区分に資産除去債務等の適切な科目名で表示する。貸借対照表日後1年以内に資産除去債務の履行が見込まれる場合には、　⑦　の区分に表示する。

(6) 損益計算書上の表示

　　資産計上された資産除去債務に対応する除去費用に係る費用配分額は、損益計算書上、当該資産除去債務に関連する有形固定資産の　⑧　と同じ区分に含めて計上する。

(7) 時の経過による資産除去債務の調整額は、損益計算書上、当該資産除去債務に関連する有形固定資産の　⑨　と同じ区分に含めて計上する。

(8) 資産除去債務の履行時に認識される資産除去債務残高と資産除去債務の決済のために実際に支払われた額との差額は、損益計算書上、原則として当該資産除去債務に対応する　⑩　に係る費用配分額と同じ区分に含めて計上する。

問題 4 **資産除去債務 2**

★★★★☆ 基本
答案用紙 P.24
解答・解説 P.10-3

日付	/	/	/
✓			

NS工業株式会社は、×1年4月1日に機械装置Xを40,000千円で購入し、据付・試運転に要した費用3,000千円とともに小切手を振り出して支払い、同日より使用を開始した。なお、当該機械装置は、使用後の除去にあたって法令により2,250千円を支出しなければならない義務がある。

当該機械装置の耐用年数は3年、残存価額は0円、定額法(記帳は間接法)により減価償却を行う。

以上をふまえて、次の(1)～(4)の日付におけるNS工業株式会社の仕訳を示しなさい。ただし、同社の決算日は毎年3月31日とし、千円未満の端数が生じた場合は千円未満を四捨五入すること。また、割引率は年4%とする。

(1) ×1年4月 1日　　取得時における必要な仕訳を行う。
(2) ×2年3月31日　　決算につき、必要な仕訳を行う。
(3) ×3年3月31日　　決算につき、必要な仕訳を行う。
(4) ×4年3月31日　　機械装置Xを除去した。除去に係る支出は2,300千円であり、小切手を振り出して支払った。なお、仕訳上は減価償却累計額を計上後に除去すること。

問題 5 　資産除去債務 3

★★★★☆　応用
答案用紙　P.25
解答・解説　P.10-4

日付	／	／	／
✓			

　NS工業株式会社は、×1年4月1日に備品Xを150,000千円で購入し、小切手を振り出して支払い、同日より使用を開始した。なお、当該備品は、使用後の除去にあたって法令により30,000千円を支出しなければならない義務がある。

　当該備品の耐用年数は3年、残存価額は0円、定額法（記帳は間接法）により減価償却を行う。

　以上をふまえて、次の(1)〜(4)の日付における取引にもとづいて、×2年3月31日の貸借対照表および損益計算書、×4年3月31日の損益計算書を完成させなさい。ただし、同社の決算日は毎年3月31日とし、千円未満の端数が生じた場合は千円未満を四捨五入すること。また、割引率は年4%とする。

(1) ×1年4月　1日　　取得時における必要な仕訳を行う。
(2) ×2年3月31日　　決算につき、必要な仕訳を行う。
(3) ×3年3月31日　　決算につき、必要な仕訳を行う。
(4) ×4年3月31日　　備品Xを除去した。除去に係る支出は31,000千円であり、小切手を振り出して支払った。

Chapter 10

負債会計（資産除去債務・リース）

10-4

NS株式会社（年1回3月末日決算）は、×5年4月1日に機械を取得し、ただちに使用を始めた。この機械については、使用完了後に除去して適切な方法で廃棄する法的義務があり、資産除去債務を計上しなければならない。次の諸条件にもとづいて、資産除去債務に関する下記の各設問に答えなさい。

[諸条件]

1　機械の取得原価：225,000千円　減価償却方法は、残存価額をゼロとし、定額法により償却する。耐用年数は6年である。

2　取得時に資産除去費用は18,980千円と見積もられ、割引率は年4％として処理することとした。

3　×9年3月31日時点で、資産除去費用の見積額は21,185千円へと増加したことが判明した。この時点における割引率は年5％である。

4　計算上端数が生じる場合には、そのつど千円未満を四捨五入すること。

5　現価の算定にあたっては、次の現価係数を用いること。

	期間1年	期間2年	期間3年	期間4年	期間5年	期間6年
年4％	0.9615	0.9246	0.8890	0.8548	0.8219	0.7903
年5％	0.9524	0.9070	0.8638	0.8227	0.7835	0.7462

設問1　×5年4月1日の資産除去債務計上額を求めなさい。

設問2　×5年4月1日〜×6年3月31日の期間の減価償却費（利息費用を含む）を求めなさい。

設問3　×8年4月1日〜×9年3月31日の期間の資産除去債務の増加額を求めなさい。

設問4　×9年3月31日における機械の帳簿価額を求めなさい。

設問5　×9年4月1日〜×10年3月31日の期間の減価償却費（利息費用を含む）を求めなさい。

3 リース会計1

リース取引の会計処理

★★★☆☆　**基本**
答案用紙　P.26
解答・解説　P.10-7

日付	／	／	／
✓			

リース取引に関する以下の文章について、適当なものには〇を、誤っているものには×をつけなさい。

(1) リース取引とは、固定資産の所有者である貸し手が、この物件の借り手に対し、一定期間にわたりこれを使用する権利を与え、借り手は一定の使用料を貸し手に支払う取引をいう。

(2) ファイナンス・リース取引とは、実質的には資産の賃貸借とみられるリース取引をいい、通常の賃貸借取引に準じた会計処理を行う。

(3) オペレーティング・リース取引とは、実質的には資産の購入取引でありながら、支払方法としてリースを用いている取引をいい、通常の売買取引に準じた会計処理を行う。

(4) ファイナンス・リース取引で貸し手の購入価額が明らかな場合、リース資産の取得原価は当該価額となる。

(5) ファイナンス・リース取引で貸し手の購入価額が明らかでない場合、リース資産の取得原価は、借り手の見積現金購入価額とリース料総額の割引現在価値のうち、いずれか高い額となる。

ファイナンス・リース取引1

★★★★★　基本
答案用紙　P.26
解答・解説　P.10-7

日付	/	/	/
✓			

×1年4月1日にA社（借り手）は、B社（貸し手）と次の条件でリース契約を結んだ（A社の決算日は年1回3月31日である）。

　リ　ー　ス　物　件：機械（経済的耐用年数：5年）
　解約不能のリース期間：3年
　リ　ー　ス　　料：年額1,200円（年1回3月31日に当座預金より支払）
　　なお、このリース契約は、所有権移転ファイナンス・リースに該当する。当社の追加借入利子率は8％、リース物件の見積現金購入価額は3,000円であり、リース料総額の割引現在価値と見積現金購入価額を等しくする割引率は9.7％である。
　　減価償却は残存価額ゼロの定額法（間接法）により行う。

以上から、(1) ×1年4月1日、(2) ×2年3月31日におけるA社の仕訳を示しなさい。なお、計算過程で円未満の端数が生じた場合は、四捨五入すること。
　リース債務について一年基準を適用する仕訳は不要とする。

ファイナンス・リース取引 2

　当期末の貸借対照表および損益計算書を作成しなさい。当期は×6年4月1日から×7年3月31日までの1年である。円未満の端数が生じた場合には、最終数値の円未満を四捨五入する。

決算整理前残高試算表(一部)		（単位：円）	
当 座 預 金	100,000	短 期 借 入 金	50,000
リ ー ス 資 産	?	リ ー ス 債 務	?
支 払 利 息	2,000		

1．当期首に次の所有権移転外ファイナンス・リース契約にもとづき、備品を調達した。

2．リース契約

　(1)　リース期間：5年、リース料の支払：毎期末に年額8,000円の支払

　　　備品の経済的耐用年数は6年である。

　(2)　当社の追加借入利子率は年4％である。見積現金購入価額：36,000円

3．当社はリース取引開始日にリース資産およびリース債務を計上している。なお、当期末にリース料を当座預金より支払ったが、その処理が未処理である。

4．リース資産の減価償却は、定額法(残存価額ゼロ)による。

問題 10 ファイナンス・リース取引の判定

★★★☆☆　応用
答案用紙　P.27
解答・解説　P.10-10

日付	/	/	/
✓			

次のリース取引について、(1) 現在価値基準および経済的耐用年数基準にもとづきファイナンス・リース取引の判定を行い、(2) ×1年度の減価償却費、(3) ×1年度の支払利息の金額を求めなさい。

会計期間は4月1日から3月31日までの1年である。

ファイナンス・リース取引の判定にあたって端数が生じた場合には%未満の値を四捨五入すること。

📋資料

1. リース契約日は×1年4月1日である。
2. リース期間は5年であるが、当該資産の経済的耐用年数は6年である。
3. リース料は毎年2,400,000円を毎期末に後払いする。
4. リース資産の見積現金購入価額は11,400,000円である。
5. リース資産の減価償却は定額法による。なお、リース物件の所有権の移転条項はない。
6. 当社の追加借入利子率は年4%、利子率4%の場合の年金現価係数表は以下のとおりである。リース債務の計算にあたっては、この表を用いること。

1年	2年	3年	4年	5年	6年
0.9615	1.8861	2.7751	3.6299	4.4518	5.2421

(1) ファイナンス・リース取引の判定

①現在価値基準

リース期間中のリース料総額の現在価値が、リース資産の見積現金購入価額に占める割合は（　　）％であり、基準となる（　　）％を超えているため、ファイナンス・リース取引に該当する。

②経済的耐用年数基準

リース期間が、リース物件の経済的耐用年数に占める割合は（　　）％であり、基準となる（　　）％を超えているため、ファイナンス・リース取引に該当する。

(2) 減価償却費 [　　　　　　　　　] 円

(3) 支払利息 [　　　　　　　　　] 円

Chapter 11 退職給付会計

退職給付会計

問題 1 退職給付引当金

★★★☆☆ 基本
答案用紙　P.28
解答・解説　P.11-1

日付	／	／	／
✓			

　次の資料にもとづき、当期末退職給付引当金を期間定額基準により計算しなさい。

📄資料

1.　20歳で入社、当期末時点で50歳、60歳で定年退職することとする。

2.　退職時に一時金で40,000円支払われる。

3.　割引率は5%とし、期間10年の現価係数は0.6139である。

4.　年金資産の当期末の時価は15,000円である。

問題 2 退職給付会計 1

★★★☆☆ 応用
答案用紙　P.28
解答・解説　P.11-2

日付	/	/	/
✓			

　B氏の退職給付に係る次の資料によって、（1）当期に発生した勤務費用と利息費用、（2）当期末の個別貸借対照表上の退職給付引当金をそれぞれ求めなさい。なお、（2）当期末の個別貸借対照表上の退職給付引当金を計算するさいには(1)の計算結果にもとづいて行うこと。

📋資料

1. 55歳で前期期首に入社し、当期末時点で57歳、60歳で定年退職する。当期は入社2年目である。

2. 退職金は10,000,000円であり、期間定額基準により各期間に均等配分する。

3. 割引率は4%、その現在価値係数は次のとおりである。

4. 計算上の端数は円未満を切り捨てる。

n＼r	4%
1年	0.9615
2	0.9246
3	0.8890
4	0.8548
5	0.8219

問題 3 退職給付会計 2

★★★★★ 応用
答案用紙　P.28
解答・解説　P.11-3

日付	/	/	/
✓			

　次の資料にもとづき、当期末の個別貸借対照表の退職給付引当金、および個別損益計算書の退職給付費用を求めなさい。

📋資料1

決算整理前残高試算表		（単位：円）
仮　払　金　　　　7,700	退職給付引当金	19,200

📋資料2

1. 期首の退職給付債務は48,000円、費用処理されていない前期発生分の数理計算上の差異（不足額、借方差異）は1,500円である。

2. 当期の勤務費用は6,850円、利息費用の利率は年3%、年金資産の期待運用収益は1,230円である。数理計算上の差異は当期より定率法（償却率　年20.6%）で償却する。

3. 仮払金はすべて厚生年金基金への掛け金拠出額である。

問題 4 退職給付会計 3

★★★★★ ゴール
答案用紙 P.28
解答・解説 P.11-4

日付	/	/	/
✓			

　次の資料にもとづき、当期末の個別貸借対照表の退職給付引当金、および個別損益計算書の退職給付費用を求めなさい。

📄資料1

決算整理前残高試算表			（単位：円）
仮　　払　　金	1,700	退職給付引当金	3,800

📄資料2

1. 期首の退職給付債務は18,800円、年金資産は15,000円であった。

2. 当期における年金掛け金拠出額1,300円と退職一時金支払額400円を仮払金として処理している。なお、年金基金からの退職年金の支払額は300円であった。

3. 当期の勤務費用は1,400円であった。

4. 利息費用の利率は年4％、長期期待運用収益率は5％であり、実際運用収益と同額であった。

5. 当期において数理計算上の差異(不足額、借方差異)が200円発生している。

6. 数理計算上の差異は当期から定額法(平均残存勤務期間10年)で償却する。

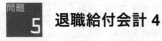 **退職給付会計 4**

★★☆☆☆ ゴール
答案用紙　P.28
解答・解説 P.11-5

日付	／	／	／
✓			

　当期末の貸借対照表および損益計算書を作成しなさい。当期は×6年4月1日から×7年3月31日までの1年である。

決算整理前残高試算表(一部)			（単位：円）
当 座 預 金	70,000	退 職 給 付 引 当 金	29,000

1.　期首の退職給付債務：50,000円、期首の年金資産：20,000円
　　なお、前期に数理計算上の差異1,000円（借方差異）が発生している。数理計算上の差異は発生年度の翌年度より平均残存勤務期間10年で定額法により費用処理を行う。

2.　当期の勤務費用は3,000円、利息費用の割引率は年3％、長期期待運用収益率は年4％である。

3.　当期に年金基金へ掛け金2,000円の拠出を当座預金口座より行ったが未処理である。

4.　当期に年金基金から従業員へ退職年金1,500円の支払いがあった。

5.　当期末に新たに数理計算上の差異および過去勤務費用は発生していない。

Chapter

12 社債

Section

2 会計処理の一巡

 問題 1 社債の会計処理

★★☆☆☆ 基本
答案用紙 P.29
解答・解説 P.12-1

日付	/	/	/
✓			

次の一連の取引の仕訳を示しなさい。なお、決算日は年1回3月末とし、収支は当座預金による。

(1) ×1年7月1日に額面総額4,000,000円の社債を次の条件で発行した。

発行価額額面@100円につき@95円、利率年6%、利払日は6月末・12月末、償還期間5年、発行費用75,000円、償却原価法（定額法）を採用している。なお、社債発行費は繰延資産として計上し、定額法により償却する。

(2) ×1年12月31日（利払日）

(3) ×2年 3月31日（決算日）

(4) ×2年 4月 1日（翌期首）

(5) ×2年 6月30日（利払日）

(6) ×3年 3月31日（決算日）

(7) ×6年 6月30日（満期日）

問題 2 　決算時の会計処理

★★★☆☆ 　基本
答案用紙　P.30
解答・解説　P.12-2

日付	／	／	／
✓			

　次の資料にもとづき、(1) 利払日 (×2年3月31日) の仕訳を示すとともに (2) 損益計算書および貸借対照表を完成しなさい。なお、当期は×2年3月31日を決算日とする1年である。

📄資料1

決算整理前残高試算表

×2年3月31日 　　　　　　　　　　　（単位：円）

	社　　　債	950,000

📄資料2　決算整理事項等

1. 社債は×1年10月1日に額面総額1,000,000円を、額面@100円につき@95円で発行したものである。期間3年、券面利子率年3%、実効利子率年4.8%、利払日は9月末と3月末の年2回である。なお、当期の利払の処理が未処理となっている。
2. 償却原価法 (利息法) を採用している。
3. 収支の処理は当座預金で処理する。

Section

3 買入償還

問題
3 **買入償還の会計処理 1**

★★★☆☆ 応用
答案用紙　P.30
解答・解説　P.12-3

日付	/	/	/
✓			

　当期末の貸借対照表および損益計算書を作成しなさい。当期は×2年4月1日から×3年3月31日までの1年である。なお、答案用紙はすべて埋まるとは限らない。

決算整理前残高試算表（一部）		（単位：円）	
当 座 預 金	70,000	社　　　　債	48,000
社 債 利 息	800		

1. 当社は×1年4月1日（前期首）に以下の条件で社債を発行している。

　(1) 額面総額：50,000円、払込金額1口100円につき95円、期間5年

　(2) 利率年2%、利払日：3月末日および9月末日

　(3) 利息の計算は月割りによる。

　(4) 額面金額と払込金額との差額は償却原価法（定額法）により処理する。

2. ×2年9月30日に、社債のうち額面金額20,000円について1口97.5円（裸相場）で買入償還を行うとともに利息を当座預金より支払った。当社は未償還分も含め社債利息の支払の処理を行ったのみである。

問題 4 買入償還の会計処理 2

当期末の貸借対照表および損益計算書を作成しなさい。当期は×2年4月1日から×3年3月31日までの1年である。なお、計算過程で端数が生じる場合には、そのつど円未満を四捨五入すること。また、答案用紙はすべて埋まるとは限らない。

決算整理前残高試算表(一部)　　　　(単位：円)

当　座　預　金	70,000	社　　　　　　債	?

1. 当社は×1年4月1日(前期首)に以下の条件で社債を発行している。
   ⑴ 額面総額：50,000円、払込金額：45,740円、期間5年
   ⑵ 利率年4％、利払日：3月末日および9月末日、実効利子率年6％。
   ⑶ 利息の計算は月割りによる。
   ⑷ 額面金額と払込金額との差額は償却原価法(利息法)により処理する。

2. ×2年9月30日に、社債のうち額面金額20,000円について18,700円(裸相場)で買入償還を行うとともに利息を当座預金より支払った。当社は社債に関する当期の処理がすべて未処理である。

Section 4 抽選償還

問題 5 抽選償還の会計処理

★★☆☆☆　応用
答案用紙　P.31
解答・解説　P.12-7

日付	／	／	／
✓			

　当社（決算年1回3月末日）は、×1年4月1日に額面総額4,000,000円の社債を額面@100円につき@96.1円で発行した。券面利子率は年5％、利払日は3月末と9月末であり、社債は毎期決算日に800,000円ずつ均等分割償還する契約である。なお、収支はすべて当座預金によるものとし、実効利子率を年6.48％として償却原価法（利息法）を採用している。金額計算上、端数が生じた場合は円未満を四捨五入すること。

(1)　×1年4月1日の仕訳を示しなさい。
(2)　×1年9月30日の仕訳を示しなさい。
(3)　×2年3月31日の仕訳を示しなさい。
(4)　×2年9月30日の仕訳を示しなさい。
(5)　×3年3月31日の仕訳を示しなさい。

問題 6 総合問題

★★★★★ ゴール
答案用紙　P.32
解答・解説　P.12-9

日付	/	/	/
✓			

　千代田商事株式会社における×5年度（会計期間1年、決算日3月末日）の〔資料1〕および〔資料2〕にもとづいて、答案用紙の貸借対照表を完成させなさい。（　　）はすべて埋まるとは限らない。

📄 資料1

決算整理前残高試算表
×6年3月31日　　　　　（単位：千円）

借方科目	金額	貸方科目	金額
現　　金	26,505	支払手形	156,500
当座預金	287,200	買掛金	219,000
受取手形	192,000	社債	147,450
売掛金	227,900	長期借入金	125,000
有価証券	105,500	貸倒引当金	3,500
繰越商品	87,000	建物減価償却累計額	96,000
建物	400,000	備品減価償却累計額	24,000
備品	100,000	資本金	500,000
土地	153,740	資本準備金	80,000
長期貸付金	95,000	利益準備金	25,000
株式交付費	3,400	別途積立金	150,000
仕入	638,600	繰越利益剰余金	27,220
販売費及び一般管理費	147,325	売上	911,500
支払保険料	1,600	受取利息	1,150
支払利息	1,800	有価証券利息	300
社債利息	2,250	受取配当金	3,200
	2,469,820		2,469,820

📄 資料2　期末整理事項

1. 当座預金について銀行勘定調整表を作成するにあたって、次の事実が判明した。
　(1) 買掛金支払のために振り出した小切手750千円が、銀行に未呈示であった。
　(2) 得意先から売掛金1,100千円が当座預金口座に振り込まれていたが、当方に通知未達のため、未記帳になっていた。
　(3) 事務用品費の支払のために振り出した小切手1,400千円が、金庫に保管されたままで未渡しになっていた。
　(4) 3月末日に社債額面総額75,000千円を額面100円につき99円（資料2の7.参照）で買入償還のために振り出した小切手が未記帳になっていた。
　(5) 先に販売費を支払ったさいに120千円と記帳すべきところを、1,200千円と誤記していた。

2. 売掛金のうちには、前期発生分に対して取立不能となった分が2,800千円含まれていたことが判明した。

3. 貸倒引当金は、一般債権（売上債権）の期末残高に対して貸倒実績率を2％として設定する。

4. 有価証券の内訳は次のとおりである。なお、売買目的有価証券の評価差額については切放方式、その他有価証券の評価差額については部分純資産直入法を適用する。

銘　柄	所有目的	数　量	帳簿価額(単価)	時価(単価)	備　考
甲社株式	売買目的	24,000株	800円	780円	―
乙社株式	その他	15,000株	1,800円	1,850円	―
丙社株式	支配目的	45,000株	900円	930円	―
丁社社債	満期保有目的	200,000口	94円	96円	（注1）

（注1）　丁社社債は、×5年7月1日に額面100円につき94円で購入したものであり、取得価額と債券金額との差額は金利調整差額と認められるため、償却原価法（定額法）を適用する。なお、利率年3％、利払日は毎年6月末と12月末、償還日は購入から4年後の6月30日である。利息は月割計算による。

5. 商品売買に関する資料は、次のとおりである。
(1) 商品の期首棚卸数量は1,500個で、その仕入単価は58千円であった。また、当期仕入数量は10,300個で、その仕入単価は62千円であった。
(2) 商品の期末実地棚卸数量は1,250個であり、その正味売却価額は57千円（単価）であった。なお、商品の処理は先入先出法を採用しており、棚卸減耗損は売上原価に算入する。
(3) 当期中に売上割引2,000千円が行われていたが、売上高から控除されていた。なお、販売単価は87千円で期中同一であった。

6. 固定資産の減価償却は、次のとおり行う（残存価額は取得原価の10％とする）。
(1) 建物：定額法　耐用年数30年　　　　(2) 備品：定率法　償却率20％

7. 社債は、×4年7月1日に社債額面総額150,000千円を額面100円につき98円で発行したもので、利率は年2％、利払日は6月末日と12月末日の年2回、償還期間は5年である。なお、×6年3月31日に社債額面総額の2分の1を額面100円につき99円（利付相場）で小切手により買入償還したが、記帳漏れであることが判明した(資料2の1.(4)参照)。
また、社債発行差額については償却原価法（定額法）を採用している。

8. 株式交付費は前期首に新株を発行したことにより生じたものであり、繰延資産として計上し、最長期間にわたり定額法により月割償却を行っている。

9. 長期借入金は、毎年12月31日に25,000千円ずつ返済する契約である。

10. 支払保険料の前払分が400千円、支払利息の未払分が600千円あった。

11. 法人税、住民税および事業税として28,760千円を計上する。

問題 純資産の分類

★☆☆☆☆ 基本
答案用紙　P.33
解答・解説　P.13-1

日付	/	/	/
✓			

以下の図は、純資産の分類を示している。空欄に適当な語句を補充して、分類図を完成させなさい。

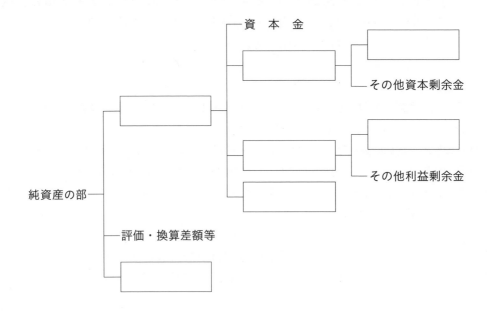

Section

2 剰余金の配当

 問題

2 剰余金の配当 1

★★★★☆　応用
答案用紙　P.34
解答・解説　P.13-2

日付	/	/	/
✓			

　次の一連の取引の仕訳をし、×8年度（第8期）における株主資本等変動計算書を記入しなさい。

(1) ×8年3月31日　　第7期決算において、当期純利益80,000円を計上した。なお、決算整理前
　　　　　　　　　　残高試算表における繰越利益剰余金勘定の残高は50,000円であった。

(2) ×8年6月24日　　株主総会において、繰越利益剰余金を財源として以下の決議がされ効力が生
　　　　　　　　　　じた。なお、このときの資本金は900,000円であり、資本準備金は70,000円、
　　　　　　　　　　利益準備金は90,000円である。

　　　　　　　　　　　剰余金の配当：30,000円
　　　　　　　　　　　利益準備金積立額：会社法規定の額
　　　　　　　　　　　任意積立金の積立：5,000円

(3) ×8年6月25日　　株主配当金を小切手を振り出して支払った。

(4) ×9年3月31日　　第8期決算において、当期純利益120,000円を計上した。

問題

3 剰余金の配当 2

★★★★☆　基本
答案用紙　P.35
解答・解説　P.13-3

日付	/	/	/
✓			

　次の一連の取引の仕訳をしなさい。

(1) 株主総会において、その他資本剰余金を財源とする配当30,000円と、繰越利益剰余金を財源と
　　する配当70,000円が決議され、その効力が生じた。なお、株主総会時における資本金は
　　500,000円、資本準備金は80,000円、利益準備金は40,000円であった。

(2) 上記(1)の配当金を小切手を振り出して支払った。

問題 4 **取得・処分時の会計処理**

★★★★★　基本
答案用紙　P.35
解答・解説　P.13-4

日付	/	/	/
✓			

　次の一連の取引について仕訳を示しなさい。なお、取引はすべて当座預金で行っている。

（1）自社の発行済株式10,000株を1株あたり360円で取得した。そのさい、手数料等の付随費用5％も含めて小切手を振り出して支払った。

（2）上記の株式を募集株式発行の手続により処分し、処分費用を差し引き当座預金とした。なお、処分の対価は4,000,000円であり、処分費用が140,000円かかった。

 問題 5 **貸借対照表の記載**

★★★★☆　応用
答案用紙　P.36
解答・解説　P.13-5

日付	/	/	/
✓			

　次の資料にもとづき、貸借対照表の純資産の部を完成させなさい。

📄資料

決算整理前残高試算表（一部）　　　　　（単位：千円）

自　己　株　式	40,000	資　　本　　金	2,400,000
その他有価証券	20,000	資　本　準　備　金	350,000
		その他資本剰余金	16,000
		利　益　準　備　金	210,000
		別　途　積　立　金	170,000
		繰越利益剰余金	120,000

1.　当期純利益は130,000千円である。

2.　自己株式（帳簿価額34,000千円）を20,000千円で処分し、当座預金としたが未処理である。

3.　当社が保有しているその他有価証券の期末の時価は25,000千円である。

自己株式の消却

次の資料にもとづき、貸借対照表の純資産の部を完成させなさい。

📄資料1

決算整理前残高試算表（一部）		（単位：千円）
自 己 株 式 5,000	仮 受 金	2,400
	資 本 金	120,000
	資 本 準 備 金	15,000
	その他資本剰余金	2,300
	利 益 準 備 金	10,000
	繰越利益剰余金	2,800

📄資料2

1. 期首に取締役会で株式の消却を行うことが決議され、自己株式（簿価2,000千円）の消却手続を行ったが、未処理である。

2. 期中に自己株式（簿価3,000千円）を2,400千円で処分したが、代金を仮受金として処理したのみである。

3. 当期純利益として30,000千円を計上した。

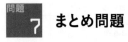 まとめ問題

★★★☆☆ ゴール
答案用紙　P.37
解答・解説　P.13-7

日付	/	/	/
✓			

以下の当期中の取引にもとづいて、当期の株主資本等変動計算書を作成しなさい。当期は×2年4月1日から×3年3月31日までの1年である。純資産の減少となる項目には、数字の頭に△印を付すこと。

期首　繰越試算表(一部)　　　　　　　(単位：千円)

当 座 預 金	70,000	資 本 金	95,000
その他有価証券	3,200	資 本 準 備 金	4,000
		その他資本剰余金	5,000
		利 益 準 備 金	14,800
		繰越利益剰余金	81,000
		その他有価証券評価差額金	200

1.　当期中の取引は以下のとおりであり、取引順に並んでいる。

2.　新株を発行し、払込金額10,000千円の全額が当座預金口座に振り込まれた。なお、資本金計上額は、会社法規定の最低額とする。

3.　剰余金の配当16,000千円（その他資本剰余金より4,000千円、繰越利益剰余金より12,000千円）を行った。なお、準備金については、会社法に規定する額を積み立てる。

4（1）　自己株式1,000株を1株あたり10千円で取得し、手数料500千円とともに当座預金より支払った。

　（2）　保有する自己株式のうち600株を1株あたり8千円で処分し、代金は当座預金口座に振り込まれた。なお、処分にあたり手数料300千円を当座預金より支払った。

　（3）　保有する自己株式のうち100株を消却した。なお、消却にあたり手数料200千円を当座預金より支払った。

5.　当期末のその他有価証券の時価は、次のとおりである。全部純資産直入法を採用する。

	取得原価	前期末時価	当期末時価
Ａ社株式	3,000千円	3,200千円	3,500千円

6.　当期純利益は8,000千円である。

Chapter 14 外貨換算会計

Section 1

外貨建取引

 問題 1　資産・負債の換算 1

★★★★★　基本
答案用紙　P.38
解答・解説　P.14-1

日付	/	/	/
✓			

　決算期末に次のような外貨建資産および負債があるとき、それぞれの貸借対照表価額を計算しなさい。ただし、期末為替レートは122円/ドルとする。

資産・負債	帳簿価額	取得時（または発生時）の為替レート
①買掛金（7カ月後決済）	282,500円	113円/ドル
②売掛金（13カ月後決済）	273,700円	119円/ドル
③前払費用	28,500円	114円/ドル
④貸付金	383,760円	123円/ドル
⑤土地	732,480円	112円/ドル
⑥長期借入金	355,470円	123円/ドル

問題 2　資産・負債の換算 2

★★★★★　基本
答案用紙　P.38
解答・解説　P.14-2

日付	/	/	/
✓			

　当期末の貸借対照表および損益計算書を作成しなさい。当期は×2年4月1日から×3年3月31日までの1年である。なお、当期末における為替相場は1ドル：105円である。答案用紙はすべて埋まるとは限らない。

決算整理前残高試算表（一部）　　　　（単位：円）

売　　掛　　金	200,000	買　　掛　　金	100,000
		貸　倒　引　当　金	3,000
		為　替　差　損　益	300

1.　売掛金のうち103,000円は、当期に商品を1,000ドル（取引時の為替相場：1ドル：103円）で海外の得意先に販売したことにより計上したものである。

2.　買掛金のうち71,400円は、当期に商品を700ドル（取引時の為替相場：1ドル：102円）で海外の仕入先より仕入れたことにより計上したものである。

3.　当期末における売掛金はすべて一般債権である。一般債権の期末残高に対して、貸倒実績率法により2%の貸倒引当金を差額補充法により設定する。

2 外貨建有価証券の評価

有価証券1

★★★★☆ 応用
答案用紙　P.39
解答・解説　P.14-3

日付	／	／	／
✓			

当期の会計期間は、×2年4月1日から×3年3月31日までの1年である。当期末の貸借対照表および損益計算書を作成しなさい。なお、答案用紙はすべて埋まるとは限らない。

前期末における為替相場は1ドル：101円である。当期の期中平均為替相場は1ドル：102円、当期末における為替相場は1ドル：105円である。

決算整理前残高試算表（一部）　　　　　　　（単位：円）

売買目的有価証券	30,000	受取配当金	1,800
満期保有目的債券	95,000	有価証券利息	2,100
子会社株式	20,600		
その他有価証券	10,400		

1. 当期末に保有する有価証券の内訳は次のとおりである。

銘柄	取得原価	当期末時価	保有目的	備考
A社株式	300ドル	290ドル	売買目的	(1)参照
B社社債	950ドル	958ドル	満期保有目的	(2)参照
C社株式	200ドル	－	子会社株式	(3)参照
D社株式	100ドル	102ドル	その他有価証券	(4)参照

(1) A社株式は当期首に取得したものであり、取得時の為替相場は1ドル：100円である。

(2) B社社債は当期首に取得したものであり、取得時の為替相場は1ドル：100円である。
　　額面金額1,000ドル、償還期間：5年、利率：年2%、利払日：毎年3月末日であり、額面金額と取得価額の差額の性格は金利の調整と認められるため、償却原価法（定額法）を適用する。

(3) C社株式は前期に取得したものであり、取得時の為替相場は1ドル：103円である。当期末における実質価額は80ドルであり、著しく低下しているため減損処理を行う。

(4) D社株式は当期に取得したものであり、取得時の為替相場は1ドル：104円である。その他有価証券の評価は全部純資産直入法による。

問題 4 有価証券2

次の資料にもとづき、下記の問いに答えなさい。

🗐資料

決算整理前残高試算表		(単位：円)
その他有価証券	2,265,000	

銘 柄	米ドル建価額	帳簿価額	時 価	備 考
A社社債	取得原価9,500ドル	1,140,000円	9,600ドル	その他有価証券
B社社債	額面金額9,000ドル	1,125,000円	8,700ドル	その他有価証券

条件・決算時における為替レートは122円である。

（1） 全部純資産直入法を適用した場合による決算時に必要な仕訳を示しなさい。

（2） 全部純資産直入法を適用した場合による決算時に必要な仕訳を示しなさい。なお、債券については時価の変動に係る差額を評価差額とし、それ以外の差額は為替差損益として処理すること。

Section

3 為替予約

問題 **5** 営業取引の為替予約

★★★☆☆ 基本
答案用紙 P.40
解答・解説 P.14-5

日付	/	/	/
✓			

営業取引の為替予約に関する以下の問いに答えなさい。

問1. 次の一連の取引について仕訳を示しなさい。仕訳が不要な場合は「仕訳なし」と借方科目欄に記入すること。なお、為替予約については振当処理を採用している。

① ×1年12月24日に商品2,500ドルを輸入し、代金として約束手形を振り出した。輸入時に為替予約を付しており、輸入時の為替レートは1ドル121円、予約レートは1ドル118円である。なお、約束手形の決済日は×2年5月24日である。

② ×2年3月31日決算。決算時における為替レートは1ドル122円である。

③ ×2年5月24日において手形代金2,500ドルを現金で支払った。決済時の為替レートは1ドル123円である。

問2. 次の一連の取引について仕訳を示しなさい。仕訳が不要な場合は「仕訳なし」と借方科目欄に記入すること。また、×1年度に属する為替差損益の金額を求めなさい。なお、為替予約については振当処理を採用しており、為替予約による差額は月割りにより配分する。

① ×1年5月1日に商品700ドルを輸出し、代金は掛けとした。輸出時の為替レートは1ドル123円である。なお、掛代金の決済日は×2年2月28日である。

② ×1年8月1日に売掛金700ドルにつき為替予約を付した。予約日のレートは1ドル124円であり、予約レートは1ドル126円である。

③ ×1年12月31日決算。決算時における為替レートは1ドル126円である。

④ ×2年2月28日において掛代金700ドルを現金で受け取った。決済時の為替レートは、1ドル127円である。

資金取引の為替予約

★★★★★　基本
答案用紙　P.40
解答・解説　P.14-7

日付	/	/	/
✓			

Chapter 14

外貨換算会計

当期の会計期間は、×2年4月1日から×3年3月31日までの1年である。当期末の貸借対照表および損益計算書を作成しなさい。当期末における為替相場は1ドル：105円である。

なお、答案用紙はすべて埋まるとは限らない。

決算整理前残高試算表（一部）　　　　（単位：円）

現　金　預　金	150,000	短　期　借　入　金	100,000

1. ×3年2月1日（為替相場は1ドル：100円）に運転資金として1,000ドルを借り入れた。年利率：3％、利払日：7月末・1月末の年2回、返済日：×4年1月31日、支払利息は月割計算とする。

2. ×3年3月1日（為替相場は1ドル：102円）に、借入金1,000ドルに対して為替予約を行った。
   予約レートは1ドル：103.1円である。為替予約の処理は振当処理により、為替予約差額は月割計算とする。為替予約の処理が未処理である。

　NS商事株式会社の第9期（×5年4月1日〜×6年3月31日）に係る次の資料にもとづき、各問いに答えなさい。なお、計算の過程で端数が生じる場合は、最終数値の千円未満を四捨五入すること。

問1.　保有する有価証券の期末における貸借対照表価額と、それから生じる為替差損益を銘柄別に答えなさい。

問2.　答案用紙の損益計算書を完成させなさい。ただし、答案用紙の（　　　）はすべて埋まるとは限らない。

　［解答上の注意］
　　当期の為替相場は、1ドルあたり期首105円、期中平均106円、期末103円とする。

📑資料1

決算整理前残高試算表　　　　　　（単位：千円）

借　方　科　目	金　　額	貸　方　科　目	金　　額
現　金　預　金	127,030	買　掛　金	288,250
売　掛　金	476,500	リ　ー　ス　債　務	57,678
売買目的有価証券	180,000	貸倒引当金(売上債権)	7,400
繰　越　商　品	244,000	貸倒引当金(長期貸付金)	4,800
建　　物	440,000	建物減価償却累計額	126,000
備　　品	150,000	備品減価償却累計額	45,000
リ　ー　ス　資　産	94,270	リース資産減価償却累計額	37,708
土　　地	780,000	資　本　金	1,800,000
の　れ　ん	5,000	資　本　準　備　金	20,000
満期保有目的債券	102,900	利　益　準　備　金	46,000
その他有価証券	235,500	繰越利益剰余金	265,664
子　会　社　株　式	326,400	売　　上	3,027,500
長　期　貸　付　金	120,000	受　取　利　息	6,000
仕　　入	2,400,000	有　価　証　券　利　息	12,000
販　売　費	55,400	受　取　配　当　金	4,400
一　般　管　理　費	20,000	為　替　差　損　益	1,600
		有価証券評価損益	7,000
	5,757,000		5,757,000

資料2　期中商品売買および未処理事項

1. 得意先に当期に掛けで販売し返品されたが、当社に未着のため処理されていない商品（原価：30,000千円、売価：37,500千円）がある。

2. ×6年2月1日にM社から商品を仕入れたさいの買掛金200千ドルについて、同年3月1日に1ドルあたり107円で為替予約を締結したが未処理であった。なお、仕入時の為替相場は1ドルあたり102円、為替予約締結時の直物為替相場は1ドルあたり104円、買掛金の決済期日は同年6月30日であり振当処理による。

3. 保有するリース資産について、当期のリース料20,000千円を現金で支払っていたが未処理であった（下記資料3の5.（2）参照）。

資料3　決算整理事項等

1. 期末商品棚卸高

   帳簿棚卸数量29,000個、簿価@6千円、実地棚卸数量27,500個、正味売却価額@5千円

   上記の棚卸数量に資料2の1.の返品未処理分の商品30,000千円は含まれていない。返品分の商品は期末現在未販売で、減耗は生じていないが、評価損400千円が生じている。

2. 売掛金のうち40,200千円は400千ドルの外貨建売掛金、買掛金のうち62,000千円は600千ドルの外貨建買掛金（資料2の2.は含まない）である。資料2に示したもの以外に、為替予約を締結しているものはない。

3. 売上債権に対して、期末残高の2%を差額補充法により貸倒引当金として設定する。

4. 有価証券の内訳

銘柄	保有目的	取得原価	取得時の為替相場	当期末時価	
A社株式	売買目的	1,800千ドル	1ドル＝100円	1,750千ドル	
B社社債	満期保有目的	980千ドル	1ドル＝105円	984千ドル	（注1）
C社株式	支配目的	3,200千ドル	1ドル＝102円	―	（注2・3）
D社社債	その他	1,500千ドル	1ドル＝108円	1,600千ドル	（注4・5）
E社株式	その他	700千ドル	1ドル＝105円	―	（注3・5）

   （注1）B社社債は、当期首に取得した額面1,000千ドルの社債である。クーポン利率は年5%、利払日は9月末日と3月末日の年2回、満期日は×9年3月31日である。当期分の利息はすべて適正に処理されている。取得原価と額面金額との差額は金利の調整と認められるため、償却原価法（定額法）により処理する。

   （注2）当社はC社発行済株式総数の60%を保有している。C社の財政状態は著しく悪化しており、回復の見込みがないため、相当の減額処理を行う。なお、C社諸資産は8,400千ドル、諸負債は5,900千ドルである。

   （注3）市場価格（時価）のない株式である。

   （注4）D社社債は額面金額で購入したものである。外国通貨での時価の変動に係る換算差額のみを評価差額として処理し、為替相場の変動にともなう換算差額と分けて処理する。

   （注5）その他有価証券の処理は全部純資産直入法による。

5. 固定資産について

（1） 前記の試算表中には、期中に買収したＸ事業に関連して取得した以下の固定資産が含まれており、この中には減損の兆候が見られるものが存在する。減損処理はのれんを含む、より大きな単位で行うこととする。

なお、これらの期中取得資産については便宜的に当期の償却を行わないこととする。

	建物	土地	のれん	計
取得原価(千円)	40,000	80,000	5,000	125,000
減損の兆候	あり	あり		
割引前将来キャッシュ・フロー見積額(千円)	36,000	84,000		120,000
回収可能価額(千円)	35,100	82,300		117,400

（2） 保有するリース資産は、以下の所有権移転外ファイナンス・リース取引によって調達したものである。

リース開始日：×3年4月1日、リース期間：5年、リース料：年20,000千円（毎年3月末日支払）

当社の追加借入利子率：年2%、見積現金購入価額：100,000千円、減価償却は定額法による。

なお、利率年2%、期間5年の年金現価係数は以下のとおりである。

	1年	2年	3年	4年	5年
2%の年金現価係数	0.9804	1.9416	2.8839	3.8077	4.7135

（3） その他の固定資産については、以下の要領で減価償却を行う。

建物：定額法、耐用年数20年、残存価額　取得原価の10%

備品：定額法、耐用年数6年、残存価額　取得原価の10%

6. 長期貸付金は得意先Ｙ社に対して、以下の条件で貸し付けているものである。

返済期日：×8年3月31日　利率：年5%　利払日：毎年3月31日（年1回）

当期の利払いの後、Ｙ社の申し出により利率を当初の年5%から年2%に引き下げることに合意したため、貸倒懸念債権に分類し、キャッシュ・フロー見積法により貸倒引当金を設定することにした。

7. 前払販売費600千円を計上する。

8. 課税所得に対して法人税等98,950千円を計上する。

Chapter
15 企業結合

Section
2 合併

問題 1 合併

★★★★★ ゴール
答案用紙 P.42
解答・解説 P.15-1

日付	/	/	/
✓			

A社はB社を吸収合併することになり、B社株主に株式を交付した。この合併はA社が取得企業となる。A社株式の時価（公正価値）は1株50円である。また、合併契約に定められた資本金とする額は、100,000円であり、残りは資本準備金とする。なお、B社の合併直前の諸資産の時価（公正価値）は420,000円である。

問1．B社株主に6,400株の株式を交付し、そのうち5,400株は新株を発行し、残りの1,000株は自己株式(簿価40,000円)を交付する。この場合の合併仕訳を示しなさい。

問2．B社株主に3,200株の株式を交付し、すべて新株3,200株を発行する。この場合の合併仕訳を示しなさい。

B社	貸 借 対 照 表		（単位：円）
諸　資　産	400,000	諸　　負　　債	120,000
		資　　本　　金	200,000
		利　益　準　備　金	20,000
		任　意　積　立　金	50,000
		繰越利益剰余金	10,000
	400,000		400,000

Section

3 交付株式数の決定

問題 2 **企業評価額の算定方法**

★★★☆☆ 基本
答案用紙　P.43
解答・解説　P.15-2

日付	/	/	/
✓			

A社はB社を吸収合併することになった。よって、次の資料にもとづき、A・B両社の企業評価額を (1)純資産額法、(2)純財産額法、(3)収益還元価値法(自己資本利益率を用いる方法)、(4)折衷法(純資産額法と収益還元価値法の平均)により算定しなさい。

■資料1　合併直前の貸借対照表

A社　　　　　貸借対照表　　（単位：円）

諸 資 産	3,500,000	諸 負 債	700,000
		資 本 金	1,750,000
		利益準備金	350,000
		繰越利益剰余金	700,000
	3,500,000		3,500,000

B社　　　　　貸借対照表　　（単位：円）

諸 資 産	1,800,000	諸 負 債	550,000
		資 本 金	800,000
		利益準備金	150,000
		繰越利益剰余金	300,000
	1,800,000		1,800,000

■資料2

1. 両社とも株式の発行価額は @50円であり、全額を資本金としている。

2. A社の諸資産の再調達原価は 3,900,000円であり、B社の諸資産の再調達原価は 2,100,000円である。

3. 自己資本利益率はA社が15%、B社が12%である。

4. 資本還元率は両社ともに10%である。

合併比率、交付株式数の決定

A社はB社を吸収合併した。よって次の資料にもとづき、(A) A・B両社の合併比率と (B) A社の交付株式数を折衷法(純資産額法と収益還元価値法〈自己資本利益率を用いる方法〉の平均)により算定しなさい。

📄資料1　合併直前の貸借対照表

A社	貸借対照表		（単位：円）
諸　資　産　1,600,000	諸　負　債	320,000
	資　本　金	800,000
	利益準備金	160,000
	繰越利益剰余金	320,000
1,600,000		1,600,000

B社	貸借対照表		（単位：円）
諸　資　産　302,000	諸　負　債	78,000
	資　本　金	160,000
	利益準備金	32,000
	繰越利益剰余金	32,000
302,000		302,000

📄資料2

1. A社の発行済株式数は16,000株、B社の発行済株式数は3,200株である。
2. A社の諸資産の再調達原価は 1,920,000円であり、B社の諸資産の再調達原価は 350,000円である。
3. 自己資本利益率はA社が15%、B社が12%である。
4. 資本還元率は両社ともに10%である。

Section

2 資本連結の基本的処理

 問題 1 部分所有子会社の処理

★★★☆☆ 基本
答案用紙 P.44
解答・解説 P.16-1

日付	/	/	/
✓			

　P社は、×1年3月31日にS社発行済株式の75％を37,500千円で取得し支配した。次の資料にもとづき、連結修正仕訳を示し、連結貸借対照表を作成しなさい。

📋資料

1. 貸借対照表

貸 借 対 照 表

×1年3月31日

（単位：千円）

借　方	P社	S社	貸　方	P社	S社
諸　　資　　産	107,500	74,000	諸　　負　　債	70,000	35,000
S　社　株　式	37,500	―	資　　本　　金	50,000	20,000
			資　本　剰　余　金	15,000	10,000
			利　益　剰　余　金	10,000	9,000
計	145,000	74,000	計	145,000	74,000

2. ×1年3月31日においてS社の諸資産の時価は75,000千円、諸負債の時価は帳簿価額に等しいものとする。

Section

3 支配獲得日後の処理

問題 2 のれんの償却と子会社の当期純利益の振替え

★★★★★ 基本
答案用紙 P.45
解答・解説 P.16-2

日付	／	／	／
✓			

次の資料にもとづき、×2年度の連結財務諸表を作成するために必要な当期純利益の振替えの仕訳とのれんの償却の仕訳を示しなさい。

📋資料

1. ×2年3月31日にP社はS社株式の90%を99,000円で取得し支配した。
 支配獲得時のS社の資本金は75,000円、利益剰余金は25,000円である。

2. ×2年度は、×2年4月1日から×3年3月31日までである。S社の資本金の増減はなかった。

3. S社の諸資産と諸負債について、×2年3月31日においてS社の諸資産の時価は、帳簿価額よりも1,200円だけ上昇していた。

4. のれんは、発生年度の翌年から、20年で均等償却を行う。

5. S社の×2年度の当期純利益は13,000円であった。

Chapter 16

連結会計1（資本連結）

16-2

問題 3 連結2年度目の開始仕訳

★★★★☆ 応用

答案用紙 P.45
解答・解説 P.16-3

日付	/	/	/
✓			

P社は、×7年3月31日（×6年度末）にS社の発行済株式総数の60％を1,180,000円で取得した。ここで発生する投資消去差額は発生年度の翌年から20年にわたって毎期均等額を償却する。次の資料にもとづき、×8年度（×8年4月～9年3月）の連結財務諸表を作成するために必要な開始仕訳を示しなさい。

📄資料

1. ×7年3月31日(×6年度末)におけるS社純資産

資　本　金	利益剰余金	合　　　計
1,000,000円	800,000円	1,800,000円

なお、支配獲得日におけるS社の資産および負債の時価は帳簿価額に等しい。

2. ×7年度株主資本等変動計算書

株主資本等変動計算書（利益剰余金）
自×7年4月1日　至×8年3月31日　（単位：円）

	P　社	S　社
利益剰余金当期首残高	3,300,000	800,000
利益剰余金当期変動額		
剰余金の配当	△ 600,000	△ 200,000
当期純利益	1,270,000	250,000
利益剰余金当期末残高	3,970,000	850,000

連結財務諸表の作成

日付	/	/	/
✓			

次の資料にもとづき、P社の当期（×2年4月1日から×3年3月31日まで）の連結損益計算書、連結株主資本等変動計算書および連結貸借対照表を作成しなさい。

1．P社およびS社の当期の個別財務諸表

貸借対照表　　　　　　　　　　　（単位：円）

資　産	P社	S社	負債・純資産	P社	S社
現 金 預 金	140,000	79,000	買　掛　金	60,000	30,000
商　　　　品	36,000	20,000	資　本　金	100,000	40,000
S 社 株 式	39,000	–	利 益 剰 余 金	55,000	29,000
	215,000	99,000		215,000	99,000

損 益 計 算 書　　　　　　　　（単位：円）

費　用	P社	S社	収　益	P社	S社
売 上 原 価	84,000	48,000	売　上　高	124,000	80,000
法 人 税 等	21,000	13,000	受 取 配 当 金	11,000	1,000
当 期 純 利 益	30,000	20,000			
	135,000	81,000		135,000	81,000

2．P社は、×2年3月31日にS社の発行済株式の60％を39,000円で取得した。株式取得時のS社の純資産は、資本金40,000円、利益剰余金24,000円であった。

3．のれんは発生年度の翌年度より、20年間で均等償却する。

4．当期に、P社は25,000円の剰余金の配当を行っており、S社は15,000円の剰余金の配当を行っている。P社の利益剰余金当期首残高は50,000円であった。

Chapter 17 連結会計2（成果連結、包括利益）

Section 1 債権・債務の相殺消去

問題 1 債権・債務の相殺消去

★★★☆☆ 基本
答案用紙 P.47
解答・解説 P.17-1

日付	/	/	/
✓			

　連結決算にあたり次の連結修正仕訳を示しなさい。なお、P社は当期首においてS社株式の80％を取得し支配しており、会計期間は×2年3月31日を決算日とする1年である。

（1）S社の短期借入金600,000円は、×1年10月1日にP社より借り入れたものである。なお、借入金の返済日は×2年6月30日、年利率は4％で利息は返済時に一括して支払う。

（2）S社はP社に対し、P社受取りの約束手形700,000円を振り出したが、期末現在未決済となっている。P社はこのうち100,000円を仕入先に対して裏書譲渡し、200,000円を銀行で割り引き、残額を期末現在保有している。なお、手形割引時の割引料2,000円のうち次期に係る分は500円である。

問題 2 売掛金・買掛金

★★★★★ 基本
答案用紙 P.47
解答・解説 P.17-2

日付	/	/	/
✓			

　次の資料にもとづき、連結決算期末における修正仕訳を示しなさい。なお、P社は前期よりS社株式の80％を取得して支配しており、会計期間は×6年3月31日を決算日とする1年である。

📄資料

1. 前期末にP社が有する売掛金のうち500,000円はS社に対するものであった。
2. 当期末にP社が有する売掛金のうち750,000円はS社に対するものであった。
3. P社は売掛金に対し2％の貸倒引当金を差額補充法により設定している。

2 商品売買等の相殺消去

問題

3 固定資産に係る未実現利益の消去

★★☆☆☆　　基本
答案用紙　P.48
解答・解説　P.17-3

日付	／	／	／
✓			

次の各問いに答えなさい。

問1.　C社はD社株式の60％を保有しており、意思決定機関を支配している。当期首においてC社は
　　　D社に簿価400,000円の備品を500,000円で売却し、期末現在この備品はD社において保有して
　　　いる。この場合の連結修正仕訳を示しなさい。ただし、減価償却は定額法（残存価額0）により10
　　　年間で行うものとする。

問2.　問1において仮にD社がC社に備品を売却した場合の連結修正仕訳を示しなさい。

★★★★★　　基本
答案用紙　P.49
解答・解説　P.17-5

日付	/	/	/
✓			

問1．次の資料にもとづき、未実現利益の調整に係る連結修正仕訳を示しなさい。なお、税効果会計は考慮しないものとする。

📖資料

1.　親会社であるP社は子会社であるS社に対して毎期原価の20％増しの価格で商品Zを販売している。

2.　S社の期首商品のうち6,000円と、期末商品のうち7,800円はP社から仕入れた商品Zである。

問2．問1の問題を前提に、P社とS社を入れ替えた場合の未実現利益の調整に係る連結修正仕訳を示しなさい。なお、P社はS社の発行済株式の70％を保有しているものとする。

問題 5 商品未達

★★★☆☆ 　基本
答案用紙　P.49
解答・解説　P.17-5

日付	/	/	/
✓			

次の資料にもとづき、連結決算期末における修正仕訳を示しなさい。なお、P社は当期首よりS社株式の80％を取得して支配しており、会計期間は×2年3月31日を決算日とする1年である。また、P社はS社に商品を掛けによって販売している。

📄資料

1. P社はS社に対して商品2,000円を送付したが、連結決算期末の時点でS社に未達であった。
2. 当期におけるS社のP社からの仕入高は78,000円（未達事項考慮前）であった。
3. S社の期末商品のうち、P社からの仕入分は6,000円（未達事項考慮前）であった。
4. P社の売上利益率は毎期30％である。

問題 6 決済未達

★★☆☆☆ 　基本
答案用紙　P.50
解答・解説　P.17-6

日付	/	/	/
✓			

次の資料にもとづき、連結決算期末における修正仕訳を示しなさい。なお、P社は当期首よりS社株式の80％を取得して支配しており、会計期間は×2年3月31日を決算日とする1年である。

📄資料

1. S社はP社に対する買掛金3,000円を決済したが、連結決算期末の時点でP社に未達であった。なお、対価は現金預金勘定で処理する。
2. 当期末時点におけるP社の対S社売掛金は12,000円（未達事項考慮前）であった。
3. P社の売掛金に対し毎期2％の貸倒引当金を設定している。
4. 貸倒引当金の修正のさいには、未達事項考慮前のP社の対S社売掛金の金額を基準として修正金額を決定する。

Chapter 17

連結会計2（成果連結、包括利益）

P社およびS社の第X期（×5年4月1日～×6年3月31日）に係る個別財務諸表は、（Ⅰ）のとおりである。（Ⅱ）の連結に関する事項にもとづいて答案用紙の連結貸借対照表、連結損益計算書および連結株主資本等変動計算書を作成しなさい。なお、税効果会計は考慮しないものとする。

（Ⅰ）個別財務諸表

貸　借　対　照　表
×6年3月31日現在　　　　　　　　　　　　　　（単位：千円）

資　　産	P社	S社	負債・純資産	P社	S社
現　金　預　金	39,750	8,950	支　払　手　形	18,700	7,680
受　取　手　形	45,000	20,500	買　　掛　　金	19,430	10,300
売　　掛　　金	45,000	24,500	短　期　借　入　金	30,000	30,000
貸　倒　引　当　金	△　1,800	△　620	未　払　法　人　税　等	11,200	1,800
有　価　証　券	12,800	―	未　払　費　用	1,100	940
商　　　　　品	18,600	7,900	資　　本　　金	130,000	35,000
短　期　貸　付　金	30,000	―	資　本　剰　余　金	10,000	5,000
前　払　費　用	1,480	1,090	利　益　剰　余　金	84,700	14,500
未　収　収　益	400	―			
建　　　　　物	50,000	40,000			
建物減価償却累計額	△　7,500	△　12,000			
備　　　　　品	20,000	15,000			
備品減価償却累計額	△　9,000	△　8,100			
土　　　　　地	12,400	8,000			
S　社　株　式	48,000	―			
	305,130	105,220		305,130	105,220

損　益　計　算　書
自×5年4月1日　至×6年3月31日　　　　　　　（単位：千円）

費　　用	P社	S社	収　　益	P社	S社
売　上　原　価	113,400	50,700	売　　上　　高	214,600	84,500
販　　売　　費	30,750	7,950	受　取　利　息	600	―
貸倒引当金繰入	1,300	400	受　取　配　当　金	2,250	―
一　般　管　理　費	52,800	16,100	固　定　資　産　売　却　益	15,000	―
減　価　償　却　費	4,500	3,750			
支　払　利　息	1,700	600			
手　形　売　却　損	―	500			
法　人　税　等	11,200	1,800			
当　期　純　利　益	16,800	2,700			
	232,450	84,500		232,450	84,500

（Ⅱ）連結に関する事項

1. （1）P社は×4年3月31日にS社の発行済株式の80％を48,000千円で取得した。

   （2）取得時におけるS社の資産および負債の時価は、土地（帳簿価額 8,000千円、時価11,000千円）を除いて、帳簿価額と同一であった。

   （3）S社の純資産の推移は次のとおりである。

（単位：千円）

	資本金	資本剰余金	利益剰余金
×4年3月31日	35,000	5,000	12,000
×5年3月31日	35,000	5,000	13,300

   のれんは発生の翌年度から20年にわたって毎期均等額を償却する。

   （4）P社およびS社が行った剰余金の配当は次のとおりである。

（単位：千円）

		剰余金の配当
P社	×5年6月25日	9,000
S社	×4年6月25日	1,500
	×5年6月25日	1,500

   （5）P社およびS社の当期の資本金、資本剰余金の変動はなかった。

2. （1）P社はS社から商品の一部を仕入れている。S社の売上高のうち34,000千円はP社に対するものであった。なお、そのうち2,000千円は決算日現在P社へ未達となっていた。

   （2）P社の商品棚卸高に含まれるS社からの仕入分は次のとおりである。

   期首棚卸高　3,500千円

   期末棚卸高　2,500千円（未達分は含まない）

   なお、S社の売上利益率は毎期40％である。

3. （1）P社の支払手形のうち10,000千円、買掛金のうち7,000千円（未達分は含まない）、貸付金のうち20,000千円はS社に対するものである。

   （2）S社はP社振出しの約束手形のうち5,000千円を割引きに付しているが、まだ支払期日は到来していない（割引料500千円のうち100千円は次期に係るものである）。

   （3）P社のS社への貸付金は×5年10月1日に利率年2％、期間1年、返済時に元利支払の条件で貸し付けたものである。なお、P社・S社とも利息を月割計算によって計上していた。

   （4）P社の受取配当金のうち1,200千円はS社から受け取ったものである。

   （5）P社・S社とも受取手形および売掛金の期末残高に対し、貸倒実績率にもとづき貸倒引当金を差額補充法で設定している。ただし、S社はP社に対する債権には前期・当期とも貸倒引当てをしていない。

4. （1）P社はS社に対し、当期首に建物（帳簿価額10,000千円）を20,000千円で売却している。

   （2）S社は上記建物につき、次の要領で減価償却をしている。

   償却方法：定額法、耐用年数：10年、残存価額：取得原価の10％

連結精算表の作成

★★★★★ **ゴール**
答案用紙 P.52
解答・解説 P.17-11

日付	/	/	/
✓			

P社の第×3期（×3年4月1日から×4年3月31日まで）に係る次の資料にもとづいて、答案用紙の連結精算表を完成させなさい。

[解答上の注意]

1　精算表上の（　　）は貸方金額を示す。

2　のれんの償却期間は20年とし、発生の翌年度から定額法で償却する。

3　P社およびS社の当期の資本金の変動はなかった。

4　計算の過程で端数が生じる場合には円未満を切り捨てること。

📄資料1　第×3期の個別財務諸表

P社およびS社の個別財務諸表は、答案用紙の連結精算表のとおりである。

📄資料2　連結に関する諸事項

1.　P社によるS社株式の取得状況とS社の資本勘定の推移

　　(1)　（単位：円）

取　得　日	取得価額	取　得　率	資　本　金	利益剰余金
×1年3月31日	100,080	70%	100,000	30,000
×2年3月31日			100,000	40,000
×3年3月31日			100,000	50,000

　　(2)　×1年3月31日に取得したさいのS社の資産のうち、土地（帳簿価額10,000円）の時価は12,400円であった。なお、その他の諸資産および諸負債については、帳簿価額と時価とに相違がなかった。

　　(3)　×3年6月24日のS社株主総会で剰余金の配当2,000円の決議がされた。

2.　P社とS社との商品取引の内訳

　　(1)　P社は前期からS社へ商品の一部を売り上げている。なお、P社のS社向けの売上については、前期・当期ともに仕入原価にその20%相当額の利益を加算している。

　　(2)　P社のS社への当期売上高は37,500円であった。

　　(3)　S社の期首商品棚卸高のうち1,680円、期末商品棚卸高のうち2,340円はP社からの仕入分であった。

3. P社とS社間の債権・債務の内訳
    (1) P社の受取手形のうち1,000円(それに対応する貸倒引当金20円)、売掛金のうち4,000円(それに対応する貸倒引当金80円)はS社に対するものである。なお、P社のS社に対する売上債権の前期末残高は3,000円(それに対応する貸倒引当金60円)であった。
    (2) 貸倒引当金は、P社・S社とも前期・当期を通して税法上の損金繰入限度額を差額補充法で計上している。

4. P社とS社間の収益・費用の内訳
    P社の受取配当金のうち1,400円はS社からのものである。

5. S社からP社へ当期中に土地(帳簿価額3,000円)を4,000円で売却していた。

4 包括利益

包括利益

★★☆☆☆ **基本**
答案用紙　P.53
解答・解説　P.17-14

日付	/	/	/
✓			

　P社は×1年3月31日にS社発行済株式の70%を取得し支配した。×2年度（×2年4月1日～×3年3月31日）の以下の資料にもとづき、各問いに答えなさい。なお、その他有価証券はP社のみ保有している。税効果会計は考慮しない。

📃 資料

1．連結損益計算書

連結損益計算書　（単位：千円）

Ⅰ	売上高	180,000
Ⅱ	売上原価	80,000
Ⅲ	販売費及び一般管理費	60,000
	税金等調整前当期純利益	40,000
	法人税等	16,000
	当期純利益	24,000
	非支配株主に帰属する当期純利益	6,000
	親会社株主に帰属する当期純利益	18,000

2．その他有価証券に関する資料

　P社は×1年4月1日にA社株式を12,000千円で購入し、その他有価証券に分類している。前期末（×2年3月31日）と当期末（×3年3月31日）の時価は次のとおりであった。

	前期末	当期末
A社株式時価	13,200千円	14,880千円

　なお、当期においてその他有価証券の追加取得および売却は行っていない。

問1．2計算書方式による連結包括利益計算書を作成し、親会社株主に係る包括利益と非支配株主に係る包括利益の金額を付記しなさい。

問2．1計算書方式により連結損益および包括利益計算書を作成しなさい。

問題 10 子会社のその他有価証券評価差額金

★★★★☆ 応用
答案用紙　P.54
解答・解説　P.17-16

日付	/	/	/
✓			

次の資料にもとづき、P社の当期（×1年4月1日〜×2年3月31日）の連結財務諸表（連結包括利益計算書を含む）を作成しなさい。

📋 資料1

　P社は×1年3月31日にS社発行済株式総数の80%を80,000円で取得し、S社を支配した。×1年3月31日のS社の資本は、資本金50,000円、利益剰余金49,500円、その他有価証券評価差額金500円であった。なお、×1年3月31日におけるS社の諸資産および諸負債の時価は帳簿価額と一致していた。

📋 資料2

貸借対照表
×2年3月31日
（単位：円）

資　産	P社	S社	負債・純資産	P社	S社
諸　資　産	420,000	209,000	諸　負　債	200,000	84,300
S　社　株　式	80,000	―	資　本　金	150,000	50,000
			利 益 剰 余 金	147,000	73,500
			その他有価証券評価差額金	3,000	1,200
	500,000	209,000		500,000	209,000

損益計算書
自×1年4月1日　至×2年3月31日（単位：円）

科　目	P社	S社
諸　収　益	223,000	112,000
諸　費　用	123,000	72,000
法 人 税 等	40,000	16,000
当 期 純 利 益	60,000	24,000

株主資本等変動計算書
自×1年4月1日　至×2年3月31日
（単位：円）

借　方	P社	S社	貸　方	P社	S社
資本金当期末残高	150,000	50,000	資本金当期首残高	150,000	50,000
剰 余 金 の 配 当	15,000	―	利益剰余金当期首残高	102,000	49,500
利益剰余金当期末残高	147,000	73,500	当 期 純 利 益	60,000	24,000
その他有価証券評価差額金当 期 末 残 高	3,000	1,200	その他有価証券評価差額金当 期 首 残 高	2,100	500
			その他有価証券評価差額金当 期 変 動 額	900	700

Chapter 17

連結会計2（成果連結、包括利益）

Chapter

18 持分法

Section

2 持分法の処理

 1 当期の持分法適用の処理1

★★★★☆ 基本
答案用紙　P.55
解答・解説　P.18-1

日付	/	/	/
✓			

次の資料にもとづき、当期末（×3年3月31日）の連結財務諸表に計上される持分法による投資損益とC社株式勘定の金額を求めなさい。

📋資料

1. P社は×2年3月31日にC社（資本金300,000円、利益剰余金200,000円）の発行済議決権株式の30%を182,500円で取得し、持分法適用会社とした。株式取得時（×2年3月31日）におけるC社の土地（簿価500,000円）の時価は550,000円であった。
2. C社の当期純利益は150,000円である。
3. のれんは、発生年度の翌年度より5年間で均等償却する。

問題 2　当期の持分法適用の処理 2

★★★★★　基本
答案用紙　P.55
解答・解説　P.18-2

日付	/	/	/
✓			

P社は×8年12月31日に、C社の発行済議決権株式総数の20％を70,000円で取得し、持分法を適用することとした。次の資料にもとづき、各問いに答えなさい。

📖資料

1.　×8年12月31日におけるC社の貸借対照表

貸 借 対 照 表
×8年12月31日　　　　　　　　　　（単位：円）

資 産 の 部		負 債 の 部	
⋮		⋮	
		純資産の部	
		Ⅰ 株 主 資 本	
		1．資 本 金	150,000
		2．利 益 剰 余 金	
		利 益 準 備 金	30,000
		任 意 積 立 金	40,000
		繰越利益剰余金	80,000
		純 資 産 合 計	300,000

2.　×9年度におけるC社の株主資本等変動計算書

株主資本等変動計算書（利益剰余金）
自×9年1月1日　至×9年12月31日　　　　（単位：円）

剰 余 金 の 配 当	50,000	利益剰余金当期首残高	150,000
利益剰余金当期末残高	145,000	当 期 純 利 益	45,000
	195,000		195,000

3.　P社、C社ともに、当期は×9年12月31日を決算日とする1年であり、のれんは発生年度の翌年から10年間で均等償却している。

問1．P社のC社株式取得時の連結修正仕訳を示しなさい（仕訳不要の場合は借方科目欄に「仕訳なし」と記入すること）。

問2．P社の当期におけるC社の当期純利益の計上とのれんの償却についての仕訳を示しなさい。

問3．P社の当期におけるC社に関する剰余金の配当についての仕訳を示しなさい。

問4．仮にP社が発行済議決権株式総数の20％を48,000円で取得した場合、P社のC社株式取得時の連結修正仕訳を示しなさい。

Chapter 18

持分法

問題 3　未実現利益の消去 1

★★★☆☆　応用
答案用紙　P.56
解答・解説　P.18-3

日付 ✓ / / /

　以下のそれぞれの場合について、当期末における棚卸資産の未実現利益の消去に係る修正仕訳を示しなさい。なお、P社は当期首よりC社株式の20%を取得してC社を関連会社としており、C社株式の評価にあたり持分法を適用している。

(1)　期中、P社はC社に対して12,000円の商品を15,000円で販売した。C社は当期末時点において、この商品を他に販売せずに保有している。なお、未実現利益の消去にあたっては、売上高勘定を用いること。

(2)　期中、C社はP社に対して30,000円の商品を50,000円で販売した。P社はこの商品50,000円のうち25,000円を他に販売し、未販売の商品は当期末時点においても保有している。なお、未実現利益の消去にあたっては、商品勘定を用いること。

問題 4　未実現利益の消去 2

★★★☆☆　応用
答案用紙　P.56
解答・解説　P.18-4

日付 ✓ / / /

　C社株式に持分法を採用した場合、当期末における持分法による投資損益の額とC社株式勘定の額を求めなさい。

📄資料

1.　C社株式取得原価200,000千円、所有割合30%。

2.　C社に対する投資は、当期首に行われたものであり、同日現在の同社の資本金は400,000千円、利益剰余金は160,000千円である。のれんは、当期より20年の均等償却とする。

3.　当期におけるC社の当期純利益は37,500千円である。

4.　当期中に当社はC社に対して簿価20,000千円の土地を26,000千円で売却している。未実現利益の消去に関しては、持分法による投資損益勘定で行うこと。

5.　当期中にC社から当社へ商品20,000千円が販売されているが、期末現在、当社にはこのうち5,000千円が在庫となっている。C社の売上利益率は、35%である。未実現利益は、当社の持分割合に応じて考慮するものとする。未実現利益の消去に関しては、投資勘定で行うこと。

問題
5 持分法適用後の開始仕訳

★★★☆☆ ゴール
答案用紙 P.56
解答・解説 P.18-5

日付	/	/	/
✓			

　P社は、×1年3月31日に、C社の発行済議決権株式総数の30%に相当する株式を635,000円で取得している。次の資料にもとづいて、×2年度(決算日は×3年3月31日)の連結財務諸表における持分法による投資損益およびC社株式勘定の金額を求めなさい。

資料

1.　×1年3月31日現在のC社の貸借対照表(一部)

　　　　　　　純資産の部

　　1.　資　　本　　金　　　1,400,000
　　2.　資 本 剰 余 金　　　　100,000
　　3.　利 益 剰 余 金　　　　550,000

2.　×2年度におけるC社の貸借対照表と株主資本等変動計算書

貸借対照表
×3年3月31日　　　　　　　(単位：円)

	1.　資　　本　　金	1,400,000
	2.　資本剰余金	100,000
	3.　利益剰余金	625,000

株主資本等変動計算書(利益剰余金)
自×2年4月1日　至×3年3月31日　(単位：円)

利益剰余金当期首残高	580,000
利益剰余金当期変動額	
剰 余 金 の 配 当	△155,000
当 期 純 利 益	200,000
利益剰余金当期末残高	625,000

3.　のれんは、発生年度の翌年から20年間で均等償却する。

19 税効果会計

3 将来減算一時差異

問題
1 繰延税金資産の計上

★★★☆☆　応用
答案用紙　P.57
解答・解説　P.19-1

日付	/	/	/
✓			

　次の資料にもとづいて、当期の貸借対照表および損益計算書を完成させなさい。なお、税効果会計を適用し、法定実効税率は30%とする。また、法人税等調整額が貸方残高となる場合、数値に「△」を付すこと。

📄資料1　決算整理前残高試算表（一部）

決算整理前残高試算表　　　　　　　（単位：千円）

勘　定　科　目	金　　額	勘　定　科　目	金　　額
繰　越　商　品	30,000	建物減価償却累計額	10,000
建　　　　　物	200,000	売　　　　　　上	784,500
繰　延　税　金　資　産	1,800		
仕　　　　　入	450,000		

📄資料2　決算整理事項

1.　期末商品帳簿棚卸高10,000千円、期末商品実地棚卸高9,500千円、期末商品実地棚卸高の正味売却価額9,300千円　棚卸減耗損は売上原価に算入する。

　　棚卸減耗損は税務上も損金算入が認められるが、商品評価損は税務上損金に算入されない。なお、前期末において商品評価損は計上していない。

2.　前期首に取得した建物（取得原価200,000千円）に対し、以下の条件で減価償却を行った。

　　　償却年数：20年　　　償却方法：定額法　　　残存価額：ゼロ

　　税務上の法定耐用年数は50年（残存価額はゼロ、定額法）であり、前期末における減価償却超過額は6,000千円であった。

3.　当期の法人税等として31,860千円を計上する。

Section

4 将来加算一時差異

問題 2	圧縮積立金	★★★★☆ 応用 答案用紙 P.58 解答・解説 P.19-2

日付	/	/	/
✓			

次の資料にもとづき、当期末（×5年3月31日）の貸借対照表および損益計算書（一部）を作成しなさい。法定実効税率を30%として、税効果会計を適用する。

決算整理前残高試算表
×5年3月31日　　　　　　　　　　（単位：円）

機　　　械	50,000	繰越利益剰余金	40,000
		国庫補助金受贈益	10,000

1．決算整理事項

(1) 当期首に国庫補助金10,000円を受け入れ、50,000円の機械を購入している。この機械について、定額法（残存価額はゼロ、耐用年数10年）によって減価償却を行う。

　また、この機械について積立金方式により圧縮積立金を積み立てるとともに、減価償却分の積立金の取崩しを行う。

(2) 決算整理後の税引前当期純利益は30,000円、法人税、住民税および事業税は6,300円であった。

Chapter 19

税効果会計

3 その他有価証券

★★★★★　基本
答案用紙　P.58
解答・解説　P.19-3

日付	/	/	/
✓			

　次の資料にもとづいて、当期末の貸借対照表および損益計算書を作成しなさい。なお、税効果会計を適用し、法定実効税率は30％とする。答案用紙はすべて埋まるとは限らない。

決算整理前残高試算表（一部）	（単位：円）
その他有価証券　　　30,000	

1．当期末に保有するその他有価証券の内訳は次のとおりである。その他有価証券については全部純資産直入法を採用している。

(1) 上場株式

銘　柄	取得原価	当期末時価	分　類	備　考
A社株式	8,000円	9,000円	その他有価証券	－
B社株式	7,000円	6,800円	その他有価証券	－
C社株式	6,000円	2,700円	その他有価証券	①参照

　①　C社株式について当期末時価が著しく下落し、回復の見込みは不明である。なお、強制評価減について税効果会計を適用しないものとする。

(2) 非上場株式

銘　柄	取得原価	当期末時価	分　類	備　考
甲社株式	5,000円	－	その他有価証券	－
乙社株式	4,000円	－	その他有価証券	②参照

　②　乙社の当期末の財政状態が著しく悪化し、当期末の乙社の純資産は15,000円になっている。
　　　当社は乙社の発行済株式総数の10％を取得している。なお、実価法について税効果会計を適用しないものとする。

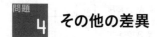

問題 4 その他の差異

★★★★★ 応用
答案用紙 P.59
解答・解説 P.19-4

日付	/	/	/
✓			

　次の資料にもとづいて、当期の決算整理後残高試算表を完成させなさい。なお、税効果会計を適用し、法定実効税率は30％とする。当期は×1年4月1日～×2年3月31日の1年間である。

📄資料1　決算整理前残高試算表（一部）

決算整理前残高試算表　　　（単位：千円）

勘　定　科　目	金　　額	勘　定　科　目	金　　額
現　金　預　金	100,000	機械減価償却累計額	3,000
機　　　　　械	30,000	退職給付引当金	300,000
投　資　有　価　証　券	24,000		
繰　延　税　金　資　産	90,000		

📄資料2　決算整理事項

1.　前期首に機械30,000千円を取得し、会計上は10年（残存価額ゼロ、税務上の法定耐用年数も10年）で定額法により減価償却を行った。

　　当期末に当該機械に減損の兆候が見られ、減損会計を適用する。ただし、税務上は減損損失は損金の額に算入されないものとする。

　　期末における使用価値は20,750千円、正味売却価額は22,000千円である。

2.　当期の退職給付費用を計上する。

　　　期首退職給付債務450,000千円、期首年金資産150,000千円

　　なお、前期末における退職給付引当金は300,000千円、繰延税金資産は90,000千円である。

　　　勤務費用35,000千円、利息費用22,500千円、期待運用収益7,500千円

　　また、当期中に年金掛金12,500千円を小切手を振り出して支払った（現金預金勘定で処理する）が未処理である。

　　税務上退職給付費用は損金に算入されないが、年金掛金支払時に損金に算入されるため、税効果の仕訳を行う。

3.　当社は取得原価24,000千円の株式をその他有価証券として保有している。

　　その他有価証券については、全部純資産直入法を適用する。

　　期末の株式の時価は24,250千円である。

Chapter 19

税効果会計

法人税等調整額の算定

　次の資料にもとづいて、税効果会計に関する仕訳を示すとともに、当期の貸借対照表に記載される繰延税金資産の金額を答えなさい。なお、法定実効税率は30％とする。

📄資料1　決算整理前残高試算表（一部）

決算整理前残高試算表　　　　　（単位：千円）

勘　定　科　目	金　　額	勘　定　科　目	金　　額
繰　延　税　金　資　産	9,255		

📄資料2　将来減算一時差異に関する事項（単位：千円）

	前期末	当期末
1．貸倒引当金損金算入限度超過額	3,300	3,570
2．賞与引当金繰入超過額	15,900	18,500
3．固定資産減価償却超過額	6,600	6,300
4．未払事業税の損金算入否認額	5,050	5,630
合　　　　計	30,850	34,000

解答・解説編

【チェック表】

Chapter	Section	重要度	メモ（解けなかった問題、解いた日付など）
1 簿記一巡の手続	1 簿記一巡の手続	★★	
2 損益計算書・ 　貸借対照表の構造	1 損益計算書の構造	★	
	2 貸借対照表の構造	★	
3 資産会計総論・ 　現金預金	2 現金	★	
	3 預金	★★	
4 有価証券	1 有価証券の分類・表示	★	
	2 有価証券の取得と売却	★	
	3 有価証券の期末評価	★★★	
5 金銭債権と貸倒引当金	3 貸倒引当金	★★★	
	4 金銭債権の特殊論点	★	
6 商品の評価	1 払出金額の計算	★	
	2 期末商品の評価	★★★	
	3 売価還元法	★★	
7 有形固定資産	2 取得原価の決定	★	
	3 減価償却	★★★	
8 繰延資産	1 繰延資産	★	
9 減損会計	1 減損会計	★★★	
	2 のれん・共用資産の処理	★★★	
10 負債会計 　（資産除去債務・リース）	1 負債会計の基礎知識	★	
	2 資産除去債務	★★★	
	3 リース会計1	★★★	
11 退職給付会計	1 退職給付会計	★★★	
12 社債	2 会計処理の一巡	★	
	3 買入償還	★★	
	4 抽選償還	★★	
13 純資産会計1 　（配当、自己株式）	1 株主資本等の分類	★	
	2 剰余金の配当	★★★	
	3 自己株式	★★★	
14 外貨換算会計	1 外貨建取引	★★	
	2 外貨建有価証券の評価	★★★	
	3 為替予約	★★★	
15 企業結合	2 合併	★★	
	3 交付株式数の決定	★	
16 連結会計1（資本連結）	2 資本連結の基本的処理	★★	
	3 支配獲得日後の処理	★★	
17 連結会計2 　（成果連結、包括利益）	1 債権・債務の相殺消去	★★★	
	2 商品売買等の相殺消去	★★★	
	3 連結精算表	★	
	4 包括利益	★★★	
18 持分法	2 持分法の処理	★★	
19 税効果会計	3 将来減算一時差異	★★★	
	4 将来加算一時差異	★★★	
	5 その他有価証券、その他の一時差異	★★★	

Section

1 簿記一巡の手続

 簿記一巡の手続

|解答|

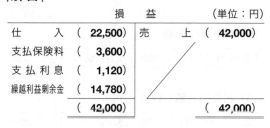

損 益	（単位：円）
仕　　　　　入　（　**22,500**）	売　　　　　上　（　**42,000**）
支 払 保 険 料　（　**3,600**）	
支 払 利 息　（　**1,120**）	
繰越利益剰余金　（　**14,780**）	
（　**42,000**）	（　**42,000**）

損益計算書	（単位：円）
売 上 原 価　（　**22,500**）	売 上 高　（　**42,000**）
支 払 保 険 料　（　**3,600**）	
支 払 利 息　（　**1,120**）	
当 期 純 利 益　（　**14,780**）	
（　**42,000**）	（　**42,000**）

貸借対照表	（単位：円）
現　　　　金　（　**48,200**）	買 掛 金　（　**14,000**）
売 掛 金　（　**7,000**）	未 払 費 用　（　**320**）
商　　　　品　（　**6,200**）	借 入 金　（　**15,000**）
前 払 費 用　（　**300**）	資 本 金　（　**40,000**）
土　　　　地　（　**30,000**）	繰越利益剰余金　（　**22,380**）
（　**91,700**）	（　**91,700**）

|解説|

1．再振替仕訳

（未 払 利 息）	400	（支 払 利 息）	400

（支 払 保 険 料）	300	（前 払 保 険 料）	300

2．期中仕訳

(1) 掛仕入

（仕　　　　入）	23,000	（買　　掛　　金）	23,000

(2) 現金売上

（現　　　　金）	42,000	（売　　　　上）	42,000

(3) 買掛金の支払

（買　　掛　　金）	18,000	（現　　　　金）	18,000

(4) 売掛金の回収

（現　　　　金）	5,000	（売　　掛　　金）	5,000

(5) 利息の支払

（支 払 利 息）	1,200	（現　　　　金）	1,200

(6) 保険料の支払

（支 払 保 険 料）	3,600	（現　　　　金）	3,600

決算整理前残高試算表　　　　（単位：円）

現　　　　　金	48,200[01]	買　掛　金	14,000
売　掛　金	7,000	借　入　金	15,000
繰 越 商 品	5,700	資　本　金	40,000
土　　　地	30,000	繰越利益剰余金	7,600
仕　　　入	23,000	売　　　上	42,000
支 払 保 険 料	3,900[02]		
支 払 利 息	800[03]		
	118,600		118,600

01) 24,000円+42,000円−18,000+5,000円−1,200円−3,600円=48,200円
02) 300円+3,600円=3,900円
03) 1,200円−400円=800円

3. 決算整理仕訳

(1) 売上原価の算定

（仕　　　入）	5,700	（繰 越 商 品）	5,700
（繰 越 商 品）	6,200	（仕　　　入）	6,200

(2) 保険料の繰延べ

（前 払 保 険 料）	300	（支 払 保 険 料）	300

(3) 利息の見越し計上

（支 払 利 息）	320	（未 払 利 息）	320

決算整理後残高試算表　　　　（単位：円）

現　　　　金	48,200	買　掛　金	14,000
売　掛　金	7,000	未 払 利 息	320
繰 越 商 品	6,200	借　入　金	15,000
前 払 保 険 料	300	資　本　金	40,000
土　　　地	30,000	繰越利益剰余金	7,600
仕　　　入	22,500[04]	売　　　上	42,000
支 払 保 険 料	3,600[05]		
支 払 利 息	1,120[06]		
	118,920		118,920

04) 23,000円+5,700円−6,200円=22,500円
05) 3,900円−300円=3,600円
06) 800円+320円=1,120円

4. 決算振替仕訳

(1) 損益振替仕訳

（損　　　益）	27,220	（仕　　　入）	22,500
		（支 払 保 険 料）	3,600
		（支 払 利 息）	1,120
（売　　　上）	42,000	（損　　　益）	42,000

(2) 利益振替仕訳

（損　　　益）	14,780[07]	（繰越利益剰余金）	14,780

07) 42,000円−27,220円=14,780円

Chapter

2　損益計算書・貸借対照表の構造

Section

1　損益計算書の構造

問題 1　損益計算書の分類

|解答|

損 益 計 算 書		（単位：円）
Ⅰ　売　上　高		1,200,000
Ⅱ　売　上　原　価		900,000
売　上　総　利　益		300,000
Ⅲ　販売費及び一般管理費		
給　　　　料	3,000	
交　通　費	2,200	
〔通　信　費〕	（6,000）	
〔貸倒引当金繰入〕	（1,800）	
〔減　価　償　却　費〕	（34,000）	
〔研　究　開　発　費〕	（5,000）	
〔雑　　　費〕	（3,200）	（55,200）
営　業　利　益		（244,800）
Ⅳ　営　業　外　収　益		
〔仕　入　割　引〕	（1,500）	
〔有　価　証　券　利　息〕	（1,200）	
受　取　配　当　金	1,100	（3,800）
Ⅴ　営　業　外　費　用		
〔有　価　証　券　評　価　損〕	（1,000）	
〔雑　　　損〕	（1,000）	（2,000）
経　常　利　益		（246,600）
Ⅵ　特　別　利　益		
〔保　険　差　益〕	（1,600）	（1,600）
Ⅶ　特　別　損　失		
〔固　定　資　産　売　却　損〕	（18,000）	
〔投資有価証券売却損〕	（2,300）	（20,300）
税　引　前　当　期　純　利　益		（227,900）
法人税、住民税及び事業税		91,200
当　期　純　利　益		（136,700）

※　販売費及び一般管理費の区分の記入順序は、本試験では順不同です。営業外収益及び特別損失も同様に順不同です。
　　営業外費用の区分については、「雑損」を最後に書くのが望ましいです。

右側余白（縦書き）：
【解】
Chapter 2
損益計算書・貸借対照表の構造

Section 2 貸借対照表の構造

問題 2 貸借対照表総論

解答

(1)		(2)		(3)		(4)		(5)	
	○		×		×		○		○

解説

(2) 貸借対照表の左側には資産のみが記載され、純資産は負債とともに右側に記載されます。

(3) 資金の調達源泉には返済が必要な負債のほかに、返済が不要な純資産があります。

問題 3 流動・固定の分類基準

解答

①	流　　　　　動	②	正 常 営 業 循 環	③	貸借対照表日の翌日	④	1　　　　　　年
⑤	流　　　　　動	⑥	固　　　　　定	⑦	一　　　　　年		

解説

　貸借対照表における流動・固定項目として、正常営業循環基準と一年基準の2つの基準があります。現行制度では、まず正常営業循環基準によって、営業サイクルに入るものを流動項目とし、入らないものについては一年基準によって流動・固定項目に分類します。

Chapter

資産会計総論・現金預金

Section

2 現　金

問題 1 現金の範囲

解答

（単位：円）

貸　借　対　照　表			損　益　計　算　書		
流動資産			販売費及び一般管理費		
現　金　預　金	（	**81,400** ）	貸倒引当金繰入	（	**1,200** ）
受　取　手　形	（	**70,000** ）	営業外収益		
売　掛　金	（	**30,000** ）	（ **受　取　配　当　金** ）	（	**200** ）
貸　倒　引　当　金	（	**2,000** ）	（ **有　価　証　券　利　息** ）	（	**300** ）
			（　　　　　　）	（	）
			営業外費用		
			（ **雑　　　　　損** ）	（	**100** ）

解説

1．現金

（借）受　取　手　形	10,000	（貸）現　　　　　金	10,000

（借）現　　　　　金	200	（貸）受　取　配　当　金	200

（借）現　　　　　金	300	（貸）有　価　証　券　利　息	300

	帳　簿		実　際	（単位：円）
前 T/B 現金	41,000	通　　　　貨	10,900	
先日付小切手	△10,000	小　切　手	20,000	
配　当　金	+200	配　当　金	200	
利　　　札	+300	利　　　札	300	
	31,500		31,400	→△100（雑損）

（借）雑　　　　　損	100*1	（貸）現　　　　　金	100

*1　31,400円－31,500円＝△100円（雑損）
　　実際有高　帳簿残高（修正後）

2．貸倒引当金

（借）貸　倒　引　当　金　繰　入	1,200*2	（貸）貸　倒　引　当　金	1,200

*2　（60,000円＋30,000円＋10,000円）×2％－800円＝1,200円

問題 2 **銀行勘定調整表**

|解答|

(単位：円)

貸　借　対　照　表		
流動資産		
現 金 預 金	（	**675,000** ）
⋮		⋮
流動負債		
買　　掛　　金	（	**90,000** ）
短 期 借 入 金	（	**300,000** ）
（ **未　　払　　金** ）	（	**120,000** ）

損　益　計　算　書		
販売費及び一般管理費		
販　　売　　費	（	**180,000** ）
⋮		⋮
営業外費用		
支 払 利 息	（	**15,000** ）

|解説|

1. 時間外預入：銀行側の加算

仕　訳　な　し

2. 未取付小切手：銀行側の減算

仕　訳　な　し

3. 未渡小切手：企業側の加算

（借）当　座　預　金	120,000	（貸）未　　払　　金	120,000

4. 引落し未記帳：企業側の減算

（借）支　払　利　息	5,000	（貸）当　座　預　金	5,000

　B／S　現金預金：60,000円＋（500,000円＋120,000円－5,000円）＝675,000円

　P／L　支払利息：10,000円＋5,000円＝15,000円

A銀行	銀行勘定調整表		（単位：円）
企業残高	200,000	銀行残高	335,000
加算		加算	
(3)未 渡 小 切 手	120,000	(1)時 間 外 預 入	50,000
減算		減算	
(4)引落し未記帳	5,000	(2)未取付小切手	70,000
	315,000		315,000

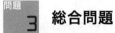

問題 3 総合問題

|解答|

貸借対照表
×6年3月31日 （単位：千円）

資 産 の 部			負 債 の 部		
Ⅰ 流 動 資 産			Ⅰ 流 動 負 債		
1 現 金 預 金	**1**(	1,507,600)	1 支 払 手 形	(	924,000)
2 受 取 手 形	(**2**1,000,000)		2 買 掛 金	(	450,000)
貸 倒 引 当 金	(**3** 20,000)	(980,000)	3 〔未 払 金〕	**10**(	200,000)
3 売 掛 金	(600,000)		4 未 払 法 人 税 等	**11**(	70,000)
貸 倒 引 当 金	(**4** 12,000)	(588,000)	5 未 払 費 用	**12**(	12,000)
4 商 品	**5**(	258,400)	流 動 負 債 合 計	(	1,656,000)
5 前 払 費 用	**6**(	6,000)	Ⅱ 固 定 負 債		
流 動 資 産 合 計	(	3,340,000)	1 長 期 借 入 金	(	1,300,000)
Ⅱ 固 定 資 産			固 定 負 債 合 計	(	1,300,000)
(1) 有形固定資産			負 債 合 計	(	2,956,000)
1 建 物	(2,000,000)		純 資 産 の 部		
減価償却累計額	(**7** 432,000)	(1,568,000)	Ⅰ 資 本 金	(	2,000,000)
2 備 品	(1,200,000)		Ⅱ 利 益 剰 余 金		
減価償却累計額	(**8** 444,000)	(756,000)	(1) 利 益 準 備 金	(370,000)	
(2) 投資その他の資産			(2) 任 意 積 立 金	(570,000)	
1 投 資 有 価 証 券	**9**(	392,000)	(3) 繰越利益剰余金	(**13** 160,000)	(1,100,000)
固 定 資 産 合 計	(	2,716,000)	純 資 産 合 計	(	3,100,000)
資 産 合 計	(	6,056,000)	負債・純資産合計	(	6,056,000)

損益計算書
自×5年4月1日 至×6年3月31日 （単位：千円）

Ⅰ 売 上 高			(3,633,000)
Ⅱ 売 上 原 価			
1 期首商品棚卸高		(300,000)	
2 当期商品仕入高		(2,400,000)	
合 計		(2,700,000)	
3 期末商品棚卸高		(280,000)**14**	
差 引		(2,420,000)	
4 棚 卸 減 耗 損		(8,000)**15**	
5 商 品 評 価 損		(13,600)**16**	(2,441,600)
売 上 総 利 益			(1,191,400)
Ⅲ 販売費及び一般管理費			
1 給 料 手 当		(589,400)	
2 広 告 宣 伝 費		(91,000)**17**	
3 支 払 保 険 料		(24,000)**18**	
4 貸 倒 引 当 金 繰 入		(2,000)**19**	
5 減 価 償 却 費		(236,000)**20**	(942,400)
営 業 利 益			(249,000)
Ⅳ 営 業 外 収 益			
1 有 価 証 券 利 息			(7,000)**21**
Ⅴ 営 業 外 費 用			
1 支 払 利 息		(52,000)**22**	
2 〔雑 損〕		(4,000)**23**	(56,000)
税引前当期純利益			(200,000)
法 人 税 等			(100,000)
当 期 純 利 益			(100,000)

解説

　本問は貸借対照表と損益計算書の作成が問われています。解答にあたっては、問題文を読み、決算整理事項等を仕訳し、これを考慮した上で貸借対照表に関連する項目については貸借対照表に記入し、損益計算書に関連する項目については損益計算書に記入していきます。

1.　当座預金の処理

（1）未取付小切手…銀行側の処理のため、**当社では処理しません。**

（2）営業時間外入金…銀行側の処理のため、**当社では処理しません。**

（3）未渡小切手…備品代金の支払のために振り出したものなので、未払金勘定で処理します。

| （当 座 預 金）200,000 | （未　　払　　金）200,000 | 10 |

2.　現金の処理

　訂正帳簿価額＝513,600千円＋（21,000千円－12,000千円）＝522,600千円

　現金実際有高＝513,600千円＋5,000千円
　＝518,600千円

　実際有高－帳簿価額＝
　518,600千円－522,600千円＝△4,000千円

| 23 | （現　　　　　金）　5,000 | （広 告 宣 伝 費）　9,000 |
| | （雑　　　　損）　4,000 | |

　B/S現金預金＝現金実際有高＋当座預金
　518,600千円＋（789,000千円＋200,000千円）
　＝**1,507,600千円** ①

　P/L　広告宣伝費：100,000千円－9,000千円
　＝**91,000千円** 17

3.　売上原価の計算および商品の評価

（仕　　　　　入）300,000	（繰 越 商 品）300,000
（繰 越 商 品）280,000[01]	（仕　　　　　入）280,000
（棚 卸 減 耗 損）　8,000[02]	（繰 越 商 品）　8,000
（商 品 評 価 損）13,600[03]	（繰 越 商 品）13,600
（仕　　　　　入）21,600	（棚 卸 減 耗 損）　8,000
	（商 品 評 価 損）13,600

01)　帳簿棚卸高：@400円×700千個＝280,000千円 14
02)　棚卸減耗損：@400円×（700千個－680千個）
　　　＝8,000千円
03)　商品評価損：（@400円－@380円）×680千個
　　　＝13,600千円

4.　貸倒れの処理

　前期分につき、貸倒引当金を充当します。

| （貸 倒 引 当 金）20,000 | （受 取 手 形）20,000 |

　B/S　受取手形：1,020,000千円－20,000千円
　＝**1,000,000千円** ②

5.　貸倒引当金の設定

| 19 | （貸倒引当金繰入）　2,000[04] | （貸 倒 引 当 金）　2,000 |

04)　受取手形：（1,020,000千円－20,000千円）×2％
　　　　　　　　　　　　　　　　＝20,000千円 ③
　　　売掛金：600,000千円×2％＝12,000千円 ④
　　　貸倒見積額　　　　　　　　　32,000千円
　　　貸倒引当金残高　　　　　　　30,000千円[05]
　　　繰入額　　　　　　　　　　　 2,000千円
05)　50,000千円－20,000千円＝30,000千円

6.　減価償却費の計上

　当期の減価償却費を求めます。

　建物：（2,000,000千円－2,000,000千円×0.1）
　　　　　×$\dfrac{1年}{25年}$＝72,000千円

　備品：（1,000,000千円－280,000千円）×20％
　　　　　＝144,000千円

（新品）200,000千円×20%×$\dfrac{6カ月}{12カ月}$

= 20,000千円

減価償却費：

72,000千円 + 144,000千円 + 20,000千円

= 236,000千円

20 （減 価 償 却 費）236,000 （建物減価償却累計額） 72,000

　　　　　　　　　　　　 （備品減価償却累計額）164,000

建物減価償却累計額：

360,000千円 + 72,000千円 = **432,000**千円 **7**

備品減価償却累計額：

280,000千円 + 164,000千円 = **444,000**千円 **8**

7.　満期保有目的債券の評価

　　満期保有目的債券は償却原価法を適用して処理します。

（満期保有目的債券） 4,000 （有価証券利息） 4,000 [05]

05)　400,000千円×$\dfrac{@100円 - @95円}{@100円}$×$\dfrac{12カ月}{60カ月}$= 4,000千円

投資有価証券：388,000千円 + 4,000千円

= **392,000**千円 **9**

有価証券利息：3,000千円 + 4,000千円

= **7,000**千円 **21**

　　有価証券を貸借対照表に載せる場合は、保有目的に応じて次のような表示科目を使用します。

売買目的有価証券→**有価証券**（流動資産）

満期保有目的債券(1年超)

　　　　　　→**投資有価証券**（固定資産）

8.　支払保険料の繰延べ

　　支払保険料は毎年7月1日に向こう1年分を支払っていることから、残高試算表の金額は15カ月分であることがわかります（×5年4月〜×6年6月分）。

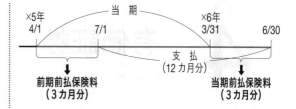

30,000千円×$\dfrac{3カ月}{15カ月}$= 6,000千円

したがって、3カ月分の支払保険料 6,000千円 が、翌期に繰り延べられます。

6 （前 払 保 険 料） 6,000 （支 払 保 険 料） 6,000

支払保険料：30,000千円 − 6,000千円

= **24,000**千円 **18**

9.　支払利息の見越し

（支 払 利 息）12,000 （未 払 利 息）12,000 **12**

支払利息：40,000千円 + 12,000千円

= **52,000**千円 **22**

　　前払保険料、未払利息等の経過勘定を貸借対照表に載せる場合は、次のような表示科目を使用します。

前払保険料→**前払費用**（流動資産）

未 払 利 息→**未払費用**（流動負債）

10.　法人税等の計算

（法 人 税 等）100,000 （仮　　　払　　　金）30,000

　　　　　　　　　 （未 払 法 人 税 等）70,000 **11**

11.　貸借対照表の繰越利益剰余金の求め方

　　残高試算表上の繰越利益剰余金に損益計算書で計算した当期純利益を加算して求めます。

（貸借差額でも求めることができます）

60,000千円 + 100,000千円 = **160,000**千円 **13**

Chapter

4 有価証券

Section

1 有価証券の分類・表示

 1 金融商品に関する会計基準による分類・表示

解答

種類(目的)	満期日	表示科目	表示区分
売買目的有価証券		有価証券	流動資産
満期保有目的の債券	1年内	有価証券	流動資産
	1年超	投資有価証券	投資その他の資産
子 会 社 株 式		関係会社株式	投資その他の資産
そ の 他 有 価 証 券 (株 式 の 場 合)		投資有価証券	投資その他の資産

解説

売買目的有価証券および1年内に満期の到来する満期保有目的債券は、流動資産に属します。

問題 2　有価証券の取得と売却

|解答|

（単位：円）

	借　方　科　目	金　　額	貸　方　科　目	金　　額
(1)	売買目的有価証券	1,890,000	当　座　預　金	1,890,000
(2)	売買目的有価証券	810,000	当　座　預　金	810,000
(3)	当　座　預　金	744,000	売買目的有価証券 有価証券売却益	720,000 24,000

|解説|

(1) 有価証券の取得原価には購入手数料を含めます。

　　（@600円×3,000株）+90,000円

　　　=1,890,000円

(2) 有価証券の追加購入により、単価が変化します。

　　（@500円×1,500株）+60,000円

　　　=810,000円

　　付替後の単価：

$$\frac{1,890,000円+810,000円}{3,000株+1,500株}=@600円$$

(3) 売却価額：

　　@620円×1,200株=744,000円

　　帳簿価額：

　　@600円×1,200株=720,000円

　　　　　　差　引　　24,000円（売却益）

Section

3 有価証券の期末評価

問題
3 売買目的有価証券

|解答|

(単位：円)

貸　借　対　照　表			損　益　計　算　書		
流動資産			営業外収益		
有　価　証　券	（	**4,500**）	（　　　　　）（　　　　　）		
			営業外費用		
			（**有価証券評価損**）（		**200**）

|解説|

1. 前期末の処理

(借)有価証券評価損益	300*1	(貸)売買目的有価証券	300

*1　(2,800円＋1,900円)－(3,000円＋2,000円)＝△300円(評価損)
　　　　時　　価　　　　　簿価(取得原価)

2. 当期首の処理(洗替法)

(借)売買目的有価証券	300	(貸)有価証券評価損益	300

前T/B　売買目的有価証券：4,700円＋300円＝5,000円　　　前T/B　有価証券評価損益：300円

3. 当期末の処理

(借)有価証券評価損益	500*2	(貸)売買目的有価証券	500

*2　(2,700円＋1,800円)－(3,000円＋2,000円)＝△500円(評価損)
　　　　時　　価　　　　　簿価(取得原価)

P/L　有価証券評価損：500円–300円＝200円

問題

4 満期保有目的債券

|解答|

(単位：円)

貸 借 対 照 表	
固定資産	
投資その他の資産	
投 資 有 価 証 券 （	**9,595**）

損 益 計 算 書	
営業外収益	
有 価 証 券 利 息 　（	**295**）

|解説|

（借）満 期 保 有 目 的 債 券	95^{*1}	（貸）有 価 証 券 利 息	95

*1　9,500円×3.1％＝294.5→295円　　295円－200円＝95円

B／S　投資有価証券：9,500円＋95円＝9,595円

P／L　有価証券利息：200円＋95円＝295円

【解】

Chapter 4

有価証券

その他有価証券1

|解答|

(単位：円)

貸　借　対　照　表		損　益　計　算　書	
資　産　の　部		営業外費用	
固定資産		（　　　　　　）（　　　　　　）	
投資その他の資産		特別損失	
投 資 有 価 証 券　（	**10,200**)	（**関係会社株式評価損**）（	**12,000**)
関 係 会 社 株 式　（	**8,000**)		
純 資 産 の 部			
評価・換算差額等			
その他有価証券評価差額金（	**200**)		

|解説|

1. その他有価証券

　(1)　前期末の処理

（借）そ の 他 有 価 証 券	100*1	（貸）その他有価証券評価差額金	100

　　*1　(6,200円＋3,900円) － (6,000円＋4,000円)＝100円（評価差益）
　　　　　　時　　価　　　　　　　取得原価

　(2)　当期首の処理

（借）その他有価証券評価差額金	100	（貸）そ の 他 有 価 証 券	100

　　　　前T/B　その他有価証券：10,100円－100円＝10,000円

　(3)　当期末の処理

（借）そ の 他 有 価 証 券	200*2	（貸）その他有価証券評価差額金	200

　　*2　(6,500円＋3,700円) － (6,000円＋4,000円)＝200円（評価差益）
　　　　　　時　　価　　　　　　　取得原価

2. 子会社株式

（借）子 会 社 株 式 評 価 損	12,000*3	（貸）子 会 社 株 式	12,000

　　*3　8,000円－20,000円＝△12,000円
　　　　時　価　取得原価

その他有価証券2

|解答|

(単位：円)

貸 借 対 照 表   損 益 計 算 書

資 産 の 部		営業外費用	
固定資産		（**投資有価証券評価損**） （ 200）	
投資その他の資産		特別損失	
投 資 有 価 証 券 （ **10,200**）		（**関係会社株式評価損**） （ 11,000）	
関 係 会 社 株 式 （ **9,000**）			

純 資 産 の 部

評価・換算差額等

その他有価証券評価差額金 （ **500**）

|解説|

1. その他有価証券

(1) 前期末の処理

① A社株式

(借)そ の 他 有 価 証 券 200*1 （貸）その他有価証券評価差額金 200

*1 6,200円－6,000円＝200円（評価差益）
　　時 価　取得原価

② B社株式

(借)投資有価証券評価損益 100*2 （貸）そ の 他 有 価 証 券 100

*2 3,900円－4,000円＝△100円（評価差損）
　　時 価　取得原価

(2) 当期首の処理

① A社株式

(借)その他有価証券評価差額金 200 （貸）そ の 他 有 価 証 券 200

② B社株式

(借)そ の 他 有 価 証 券 100 （貸)投資有価証券評価損益 100

前T／B　その他有価証券：10,100円－200円＋100円＝10,000円

前T／B　投資有価証券評価損益：100円

【解】

Chapter 4

有価証券

(3) 当期末の処理

① Ａ社株式

（借）その他有価証券	500*3	（貸）その他有価証券評価差額金	500

*3　6,500円－6,000円＝500円（評価差益）
　　　　時　価　　取得原価

② Ｂ社株式

（借）投資有価証券評価損益	300*4	（貸）その他有価証券	300

*4　3,700円－4,000円＝△300円（評価差損）
　　　　時　価　　取得原価

P/L　投資有価証券評価損：300円－100円＝200円

2. 子会社株式

（借）子会社株式評価損	11,000*5	（貸）子会社株式	11,000

*5　15,000円×60％＝9,000円（実質価額）
　　9,000円－20,000円＝△11,000円（評価損）
　　実質価額　　取得原価

問題 7　実価法

|解答|

(単位：円)

借　方　科　目	金　　額	貸　方　科　目	金　　額
投資有価証券評価損01)	450,000	その他有価証券	450,000

貸借対照表価額 | 350,000 円

01)　P/L・特別損失に計上します。

|解説|

1. 実質価額の計算

株式の実質価額は次のように計算します。

1株あたりの実質価額

$$=\frac{発行会社の純資産額 02)}{発行済株式総数}$$

よって、本問では次のように計算します。

$$\frac{10,500,000円 - 6,300,000円}{120株}$$

$$= @35,000円$$

02)　純資産額＝資産－負債

2. 評価損および貸借対照表価額の計算

投資有価証券評価損：

（@35,000円－@80,000円）×10株

＝△450,000円

貸借対照表価額：

@35,000円×10株＝350,000円

問題
8 **有価証券の評価**

|解答|

(1) 流　動　資　産　**523,000** 円

(2) 投資その他の資産　**1,110,000** 円

|解説|

銘　柄	種　　　類	貸借対照表価額	貸借対照表上の区分
V株式	売買目的有価証券	@820円×400株＝328,000円	流動資産
W株式	子会社株式	@950円×700株＝665,000円	投資その他の資産
X株式	その他有価証券	@450円×700株＝315,000円	投資その他の資産
Y株式	売買目的有価証券	@650円×300株＝195,000円	流動資産
Z株式	関連会社株式	@250円×520株＝130,000円	投資その他の資産

V株式、Y株式：売買目的有価証券はつねに時
　　　　　　　価で評価します。

X株式：その他有価証券は市場価格があれば時
　　　　価で評価します。

W株式、Z株式：子会社株式、関連会社株式は
取得原価で評価します。ただ
し本問では、Z株式について、
時価が著しく下落し回復する
見込みがないので強制評価減
を適用し、時価で評価します。

有　価　証　券：328,000円＋195,000円＝　<u>　523,000円</u>……流動資産

投資有価証券：315,000円　　　　　　　315,000円
関係会社株式：665,000円＋130,000円＝　<u>795,000円</u>
　　　　　　　　　　　　　　　　<u>1,110,000円</u>……投資その他の資産

|解答|

損 益 計 算 書
自×5年4月1日　至×6年3月31日　　　　（単位：千円）

Ⅰ	売　　上　　高					（	736,000)
Ⅱ	売　上　原　価						
		1	期首商品棚卸高	（	53,000)		
		2	当期商品仕入高	（	494,500)		
			合　　　計	（	547,500)		
1		3	期末商品棚卸高	（	54,000)		
			差　　　引	（	493,500)		
2		4	〔棚 卸 減 耗 損〕	（	3,000)		
3		5	〔商 品 評 価 損〕	（	3,400)	（	499,900)
			売 上 総 利 益			（	236,100)
Ⅲ	販売費及び一般管理費						
		1	給　　　料	（	89,400)		
4		2	保　険　料	（	15,000)		
5		3	減 価 償 却 費	（	52,500)		
6		4	貸倒引当金繰入	（	6,500)	（	163,400)
			営 業 利 益			（	72,700)
Ⅳ	営 業 外 収 益						
7		1	有価証券利息	（	785)		
8		2	有価証券評価益	（	2,100)	（	2,885)
Ⅴ	営 業 外 費 用						
		1	支 払 利 息			（	2,100)
			経 常 利 益			（	73,485)
Ⅵ	特 別 利 益						
		1	固定資産売却益			（	12,700)
Ⅶ	特 別 損 失						
9		1	関係会社株式評価損			（	20,000)
			税引前当期純利益			（	66,185)
10	法 人 税 等					（	26,474)
			当 期 純 利 益			（	39,711)

貸 借 対 照 表
×6年3月31日　　　　　　　　　　　　　（単位：千円）

資 産 の 部

Ⅰ	流 動 資 産				
11	現 金 預 金			（	322,800)
	受 取 手 形	（	218,000)		
12	貸 倒 引 当 金	（	6,540)	（	211,460)
13	売 掛 金	（	132,000)		
14	貸 倒 引 当 金	（	3,960)	（	128,040)
15	有 価 証 券			（	24,600)
16	商 品			（	47,600)
17	前 払 費 用			（	3,000)
	流 動 資 産 合 計			（	737,500)
Ⅱ	固 定 資 産				
	1．有形固定資産				
18	建 物	（	700,000)		
19	減価償却累計額	（	335,000)	（	365,000)
	備 品	（	160,000)		
20	減価償却累計額	（	62,500)	（	97,500)
	2．投資その他の資産				
21	投資有価証券			（	50,185)
22	関係会社株式			（	12,000)
	固 定 資 産 合 計			（	524,685)
	資 産 合 計			（	1,262,185)

負 債 の 部

Ⅰ	流 動 負 債			
	支 払 手 形		（	231,000)
	買 掛 金		（	154,000)
	未 払 金		（	20,000)
	未 払 法 人 税 等		（	26,474)**23**
	流 動 負 債 合 計		（	431,474)
Ⅱ	固 定 負 債			
	長 期 借 入 金		（	100,000)
	固 定 負 債 合 計		（	100,000)
	負 債 合 計		（	531,474)

純資産の部

Ⅰ	株 主 資 本				
	資 本 金			（	600,000)
	利 益 剰 余 金				
	利 益 準 備 金	（	64,000)		
	別 途 積 立 金	（	15,000)		
	繰越利益剰余金	**24**（	50,711)	（	129,711)
Ⅱ	評価・換算差額等				
	その他有価証券評価差額金			（	1,000)**25**
	純 資 産 合 計			（	730,711)
	負債及び純資産合計			（	1,262,185)

解説

会計期間は×5年4月1日から×6年3月31日までです。問題文を読み、決算整理事項等の仕訳で損益計算書に関連する項目については損益計算書に記入し、貸借対照表に関連する項目については貸借対照表に記入していきます。

1. 現金の処理

現金勘定(本問では現金預金勘定)で処理するものには、通貨のみならず、通貨代用証券が含まれます。通貨代用証券には、期日到来済社債の利札や他人振出小切手等があります。

(現 金 預 金)	600	(有価証券利息)	600

2. 当座預金の処理

未取付小切手は**当社では処理はしません。**

(仕 訳 な し)

3. 売掛金回収の処理

(現 金 預 金)	37,300	(売 掛 金)	37,300

現金預金:

$284,900$千円$+ \underset{\text{上記1より}}{600\text{千円}} + 37,300$千円

$= \mathbf{322,800}$千円 **11**

売掛金:

$169,300$千円$- 37,300$千円$= \mathbf{132,000}$千円 **13**

4. 仮払金・建設仮勘定の処理

建設にかかわる手付金は、建設仮勘定で処理をし、建物等が完成し引渡しを受けたときに建物等の資産に計上します。

(建 物)	200,000	(仮 払 金)	30,000
		(建 設 仮 勘 定)	170,000

建物:

$500,000$千円$+ 200,000$千円$= \mathbf{700,000}$千円 **18**

5. 貸倒引当金の処理

6 | (貸倒引当金繰入)6,500[01] | (貸 倒 引 当 金) | 6,500 |
|---|---|---|

01) 受取手形:218,000千円×3% = 6,540千円 **12**
売掛金 :(169,300千円−37,300千円)×3 % = 3,960千円 **14**
貸倒見積額 10,500千円
貸倒引当金残高 △4,000千円
繰入額 6,500千円

6. 売上原価の計算および商品の評価

@150円	商品評価損 **3** 3,400千円[03]	棚卸減耗損 **2** 02) 3,000千円
@140円		
貸借対照表←	貸借対照表価額 **16** 47,600千円	

340千個　360千個

02) 棚卸減耗損:@150円×(360千個−340千個)=3,000千円
03) 商品評価損:(@150円−@140円)×340千個=3,400千円

(仕 入)	53,000	(繰 越 商 品)	53,000
(繰 越 商 品)	54,000[04]	(仕 入)	54,000
(棚 卸 減 耗 損)	3,000	(繰 越 商 品)	3,000
(商 品 評 価 損)	3,400	(繰 越 商 品)	3,400
(仕 入)	3,000	(棚 卸 減 耗 損)	3,000
(仕 入)	3,400	(商 品 評 価 損)	3,400

04) 期末商品帳簿棚卸高:@150円×360千個=54,000千円 **1**

7. 減価償却費の計上

建物:

(従来)500,000千円×0.9÷30年=15,000千円

(新築)200,000千円×0.9÷30年×$\frac{10\text{カ月}}{12\text{カ月}}$

= 5,000千円

備品:(160,000千円−30,000千円)×25%

= 32,500千円

減価償却費:15,000千円+5,000千円

+32,500千円=52,500千円 **5**

建物減価償却累計額:

315,000千円+20,000千円=**335,000**千円 **19**

備品減価償却累計額:

30,000千円+32,500千円=**62,500**千円 **20**

(減 価 償 却 費)	52,500	(建物減価償却累計額)	20,000
		(備品減価償却累計額)	32,500

8. 有価証券の評価

(1) 売買目的有価証券(C社株式)

残高試算表の貸方に有価証券評価損益があるのを忘れないようにしましょう。また洗替法のため取得原価と当期末時価の差額を評価損益とします。

(売買目的有価証券)	600[05]	(有価証券評価損益)	600

05) 24,600千円−24,000千円=600千円(評価益)

有価証券:24,000千円+600千円=**24,600**千円 🔟⑮

有価証券評価損益:

1,500千円+600千円=**2,100**千円 ⑧

(2) 満期保有目的の債券(D社社債)

利息配分額(帳簿価額×実効利子率)と利息受取額との差額を帳簿価額に加算します。

(満期保有目的債券)	185[06]	(有価証券利息)	185

06) 19,000千円×4.13%−20,000千円×3%−184.7→185千円
　　　　　　利息配分額　　　利息受取額

有価証券利息:600千円+185千円=**785**千円 ⑦

利息受取額600千円は、1.現金の処理で計上済みです。

(3) 子会社株式(E社株式)

時価がなく、実質価額が著しく低下しているため、実価法を適用します。

⑨ (関係会社株式評価損)	20,000	(子 会 社 株 式)	20,000

実質価額:(60,000千円−40,000千円)×60%

= **12,000**千円 ㉒

関係会社株式評価損:

12,000千円−32,000千円=△**20,000**千円

(4) その他有価証券(F社株式)

(その他有価証券)	1,000[07]	(その他有価証券評価差額金)	1,000
㉕

07) 31,000千円−30,000千円=1,000千円

投資有価証券:

19,000千円+185千円+30,000千円

+1,000千円=**50,185**千円 ㉑

有価証券を貸借対照表に載せる場合は、保有目的に応じて次のような表示科目を使用します。

勘定科目	B/S表示科目	B/S表示区分
売買目的有価証券	**有価証券**	流動資産
満期保有目的債券	**投資有価証券**	投資その他の資産
子(関連)会社株式	関係会社株式	投資その他の資産
その他有価証券	投資有価証券	投資その他の資産

9. 保険料の繰延べ

⑰ (前 払 保 険 料)	3,000	(保　険　料)	3,000

保　険　料:18,000千円−3,000千円

= **15,000**千円 ④

前払保険料を貸借対照表に載せる場合は、前払費用を使用します。

10. 法人税等の計算

⑩ (法 人 税 等)	26,474	(未払法人税等)	26,474
㉓

11. 貸借対照表の繰越利益剰余金の求め方

損益計算書で計算した当期純利益に、残高試算表上の繰越利益剰余金を加算して求めます(貸借差額でも求めることができます)。

39,711千円+11,000千円=**50,711**千円 ㉔

Chapter

5 金銭債権と貸倒引当金

Section

3 貸倒引当金

 問題 1 貸倒実績率の計算

|解答|

（単位：円）

借 方 科 目	金 額	貸 方 科 目	金 額
貸倒引当金繰入	500	貸 倒 引 当 金	500

|解説|

1. 貸倒実績率の計算

第×1期末の貸倒実績率：

690円 ÷ 30,000円 ＝ 2.3％

第×2期末の貸倒実績率：

840円 ÷ 35,000円 ＝ 2.4％

第×3期末の貸倒実績率：

1,120円 ÷ 40,000円 ＝ 2.8％

（2.3％ ＋ 2.4％ ＋ 2.8％）÷ 3年 ＝ 2.5％

貸倒見積高：45,000円 × 2.5％ ＝ 1,125円
　　　　　　　債権金額　　実績率

2. 貸倒引当金繰入額（差額補充法）

1,125円 － 625円 ＝ 500円

2 貸倒懸念債権・財務内容評価法

|解答|

(1) 貸倒懸念債権[01]

（単位：円）

借　方　科　目	金　　額	貸　方　科　目	金　　額
貸倒引当金繰入	10,000	貸　倒　引　当　金	10,000[02]

01) B/S上、貸倒懸念債権という科目は使用せずに、受取手形、売掛金等に含めて表示します。

02) （40,000円－15,000円）×40%＝10,000円

(2) 破産更生債権等

（単位：円）

借　方　科　目	金　　額	貸　方　科　目	金　　額
破産更生債権等	100,000	貸　　付　　金	100,000
貸倒引当金繰入	77,000	貸　倒　引　当　金	77,000[03]

03) 100,000円－23,000円＝77,000円

(3) 一般債権

① 営業債権

（単位：円）

借　方　科　目	金　　額	貸　方　科　目	金　　額
貸倒引当金繰入	1,200	貸　倒　引　当　金	1,200[04]

04) （180,000円＋220,000円－40,000円）×2%－6,000円＝1,200円

② 営業外債権

（単位：円）

借　方　科　目	金　　額	貸　方　科　目	金　　額
貸倒引当金繰入	2,500	貸　倒　引　当　金	2,500[05]

05) （350,000円－100,000円）×3%－5,000円＝2,500円

|解説|

　3種類の債権についてまとめて問われた場合、まず貸倒懸念債権と破産更生債権等について計算し、最後に一般債権について計算する、という順序が効率的です。

3 貸倒懸念債権・キャッシュ・フロー見積法

|解答|

(単位：円)

<table>
<tr><td colspan="2" align="center">貸 借 対 照 表</td><td colspan="2" align="center">損 益 計 算 書</td></tr>
<tr><td colspan="2">流動資産</td><td colspan="2">販売費及び一般管理費</td></tr>
<tr><td>受 取 手 形</td><td>（ 40,000）</td><td>貸 倒 引 当 金 繰 入</td><td>（ 1,200）</td></tr>
<tr><td>売 掛 金</td><td>（ 60,000）</td><td colspan="2">営業外費用</td></tr>
<tr><td>貸 倒 引 当 金</td><td>（ 2,000）</td><td>貸 倒 引 当 金 繰 入</td><td>（ 10,893）</td></tr>
<tr><td colspan="2">固定資産</td><td colspan="2">特別損失</td></tr>
<tr><td colspan="2">投資その他の資産</td><td>貸 倒 引 当 金 繰 入</td><td>（ 22,000）</td></tr>
<tr><td>長 期 貸 付 金</td><td>（ 100,000）</td><td></td><td></td></tr>
<tr><td>貸 倒 引 当 金</td><td>（ 10,893）</td><td></td><td></td></tr>
<tr><td>（破 産 更 生 債 権 等）</td><td>（ 30,000）</td><td></td><td></td></tr>
<tr><td>貸 倒 引 当 金</td><td>（ 22,000）</td><td></td><td></td></tr>
</table>

|解説|

1. 破産更生債権等

(1) 科目の振替え

（借）破 産 更 生 債 権 等	30,000[*1]	（貸）受 取 手 形	10,000
		売 掛 金	20,000

*1 10,000円＋20,000円＝30,000円

(2) 貸倒引当金の設定

（借）貸 倒 引 当 金 繰 入	22,000[*2]	（貸）貸 倒 引 当 金	22,000

*2 30,000円－8,000円＝22,000円

2. 一般債権

（借）貸 倒 引 当 金 繰 入	1,200[*3]	（貸）貸 倒 引 当 金	1,200

*3 受取手形：50,000円－10,000円＝40,000円　売掛金：80,000円－20,000円＝60,000円
　　（40,000円＋60,000円）×2%－800円＝1,200円

3. 貸倒懸念債権

	×7 3/31	×8 3/31	×9 3/31	×10 3/31
		1,000円	1,000円	101,000円
		÷1.05	÷1.05^2	÷1.05^3
89,107円 ◄—				

（借）貸 倒 引 当 金 繰 入	10,893[*4]	（貸）貸 倒 引 当 金	10,893

*4 1,000円÷1.05＋1,000円÷1.05^2＋101,000円÷1.05^3＝89,107.00…→89,107円
　　100,000円－89,107円＝10,893円

|解答|

損　益　計　算　書

自×1年4月1日　　至×2年3月31日　（単位：円）

Ⅲ	販売費及び一般管理費		
	〔貸倒引当金繰入〕		**900**
Ⅴ	営業外費用		
	〔貸倒引当金繰入〕		**2,319**
Ⅶ	特別損失		
	〔貸倒引当金繰入〕		**17,500**

|解説|

各債権に対する貸倒引当金の設定額を求め、前期以前に設定した貸倒引当金残高を差し引いて貸倒引当金繰入額を求めます。

1.　一般債権（売上債権→販管費）

$(30,000円+50,000円)×3\%-1,500円$

$=900円$

2.　貸倒懸念債権（営業外債権→営業外費用）

B社に対する債権は、問題文の指示によりキャッシュ・フロー見積法を用います。表に示すと以下のようになります。

	×3年3月31日	×4年3月31日	×5年3月31日
利子率変更後のキャッシュ・フロー	300[01]	300	15,300[02]
変更前の利子率による割引	277.77…[03]	257.20…[04]	12,145.63…[05]

[01]　15,000円×2%=300円
[02]　15,000円×2%+15,000円=15,300円
[03]　300円÷1.08=277.77…円

[04]　$300円÷1.08^2=257.20…円$
[05]　$15,300円÷1.08^3=12,145.63…円$

貸倒引当金繰入額：$15,000円-\left\{\dfrac{300円}{1.08}+\dfrac{300円}{1.08^2}+\dfrac{15,300円}{1.08^3}\right\}$

$= 15,000円-12,681円^{[06]}=2,319円$

[06]　277.77…円+257.20…円+12,145.63…円≒12,681円

3.　破産更生債権等（特別損失）

債権金額－担保処分・保証回収見込額により貸倒見積高を求めます（財務内容評価法）。

$20,000円-2,500円=17,500円$

Section

4 金銭債権の特殊論点

問題 5 債権の評価

|解答|

当期末の貸付金の評価額 **477,555** 円

当 期 の 受 取 利 息 **35,062** 円

|解説|

債権の取得において債権金額と取得価額が異なり、この差額が金利の調整であると認められる場合には、取得価額と債権金額との差額を弁済期にいたるまで毎期一定の方法で貸借対照表価額に加減する方法（償却原価法）によることとなります。この場合、加減額を受取利息として処理します。

償却原価法（利息法）の計算方法は以下のようになります。

> 債権の帳簿価額×実効利子率＝利息配分額
> 債 権 金 額×約定利子率＝利息受取額
> 利 息 配 分 額−利息受取額＝償 却 額

利息配分額：

467,493円×7.5%≒35,062円

(円未満四捨五入)

利息受取額：

500,000円×5 %　= 25,000円

当期償却額：　　　　　　　10,062円

×1年4月1日（当期首・貸付時）

|(長 期 貸 付 金) 467,493|(現　　　　　金) 467,493|

×2年3月31日（当期末・利払時）

|(現　　　　金) 25,000|(受 取 利 息) 35,062|
|(長 期 貸 付 金) 10,062||

貸付金の評価額：

467,493円 + 10,062円 = 477,555円

受 取 利 息：

25,000円 + 10,062円 = 35,062円

【解】

Chapter 5 金銭債権と貸倒引当金

問題 **6** **電子記録債権・電子記録債務**

|解答|

貸借対照表

×5年3月31日 (単位：円)

資　産　の　部				負　債　の　部		
Ⅰ　流　動　資　産				Ⅰ　流　動　負　債		
現　金　預　金		（	59,500）	支　払　手　形	（	20,000 ）
受　取　手　形	（	42,000 ）		（電子記録債務）	（	3,500 ）
（電子記録債権）	（	1,500 ）		買　　掛　　金	（	48,500 ）
売　　掛　　金	（	56,500 ）				
貸倒引当金	（	2,000）	（　98,000）			

|解説|

1. 期中取引仕訳

　「電子記録債権」とは、電子債権記録機関への電子記録をその発生・譲渡等の要件とする、既存の売掛債権や手形債権とは異なる新たな「金銭債権」です。

(1)(2) 債権者と債務者の双方が電子債権記録機関に「発生記録」の請求をし、これにより電子債権記録機関が記録原簿に「発生記録」を行うことで電子記録債権は発生します。

　売掛金について発生記録をした場合には、売掛金から電子記録債権に振り替え、買掛金について発生記録をした場合には買掛金から電子記録債務に振り替えます。

（電子記録債権）	7,000	（売　　掛　　金）	7,000
（買　　掛　　金）	4,000	（電子記録債務）	4,000

(3) 譲渡人と譲受人の双方が電子債権記録機関に「譲渡記録」の請求をし、これにより電子債権記録機関が記録原簿に「譲渡記録」を行うことで電子記録債権を譲渡できます。

（買　　掛　　金）	1,500	（電子記録債権）	1,500

(4)(5) 金融機関を利用して債務者の預金口座から債権者の預金口座に払込みによる支払が行われた場合、電子記録債権・債務は消滅します。

（現　金　預　金）	1,000	（電子記録債権）	1,000
（電子記録債務）	500	（現　金　預　金）	500

(6) 債権金額と譲渡金額が異なる場合には差額を電子記録債権売却損（益）として処理します。

（現　金　預　金）	2,800	（電子記録債権）	3,000
（電子記録債権売却損）	200		

2. 貸借対照表の作成

現金預金：56,200円＋1,000円－500円
　＋2,800円＝59,500円

売掛金：63,500円－7,000円＝56,500円

買掛金：54,000円－4,000円－1,500円
　＝48,500円

電子記録債権：7,000円－1,500円－1,000円
　－3,000円＝1,500円

電子記録債務：4,000円－500円＝3,500円

貸倒引当金：（42,000円＋1,500円＋56,500円）
　×2％＝2,000円

Chapter 6 商品の評価

Section 1 払出金額の計算

問題 1 数量計算の方法

|解答|

①	帳 簿 記 録	②	直　　　接	③	実 地 棚 卸	④	間　　　接
⑤	在 庫 数 量	⑥	棚 卸 減 耗[01]	⑦	帳　　　簿		

01)　棚卸減耗損＝＠原価×（期末帳簿棚卸数量−期末実地棚卸数量）

問題 2 金額計算の方法

|解答|

①	個　　　別	②	先 入 先 出	③	平 均 原 価	④	総 平 均[01]
⑤	移 動 平 均[01]						

01)　④と⑤は順不同

|解説|

方　法	説　　　　　明	長　　　所	短　　　所
①個　別　法	棚卸資産ごとに、取得原価がわかるように区別して記録しておき、その個々の取得原価を払出原価とする方法。	実際の物の流れと払出単価が完全に一致する。	記録に手間が係る。
②先入先出法	先に取得したものから順次払い出されると仮定して、払出単価を計算する方法。	実際の物の流れと払出単価がほぼ一致し、期末資産価額が時価に近くなる。	物価上昇時には名目的な利益（インフレ利益）が計上される[02]。
③平均原価法	取得した棚卸資産の平均原価を算出し、この平均原価を払出単価とする方法。平均原価法には、④総平均法と⑤移動平均法がある。	④ 移動平均法に比べ取得のつど単価を計算する必要がない。 ⑤ 資産の払出単価は取得のつど決定するので期中に売上原価の計算が可能。	月末、期末にならないと単価を計算できない。 棚卸資産の取得のつど、払出単価を計算しなければならない。

02)　著しい物価変動があった場合に、販売時の新しい物価水準による売上高と古い物価水準による売上原価とが対応してしまいます。

期末棚卸資産の計算

|解答|

	売　上　原　価	貸借対照表価額
(1)　先入先出法	**103,225** 円	**29,575** 円
(2)　平均原価法（総平均法）	**103,750** 円	**29,050** 円

|解説|

1.　先入先出法[01]

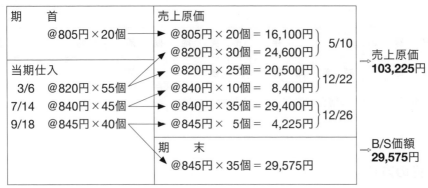

01)　先に取得したものから、順次払い出されると仮定して計算する方法です。

2.　平均原価法（総平均法）[02]

02)　取得した商品の平均原価を算定し、この平均原価を払出単価として計算する方法です。

03)　平均原価　$\dfrac{132,800円}{20個+55個+45個+40個}$＝@830円

2 期末商品の評価

 4 決算時の処理

|解答|

損　益　計　算　書		（単位：円）
Ⅰ　売　　上　　高		（　8,830,000）
Ⅱ　売　上　原　価		
1.　期首商品棚卸高	（　420,000）	
2.　当期商品仕入高	（　6,050,000）	
合　　　計	（　6,470,000）	
3.　期末商品棚卸高	（　430,000）	
差　　　引	（　6,040,000）	
4.　〔商 品 評 価 損〕	（　20,000）	（　6,060,000）
売 上 総 利 益		（　2,770,000）

|解説|

棚卸資産の評価に関する仕訳は以下のとおりです。

（仕　　　　　入）420,000	（繰　越　商　品）420,000
（繰　越　商　品）430,000[01]	（仕　　　　　入）430,000
（商 品 評 価 損）20,000	（繰　越　商　品）20,000
（仕　　　　　入）20,000	（商 品 評 価 損）20,000

01) ＠700円×400個＋＠300円×500個＝430,000円

＜A商品＞

＠700円 ＞ ＠650円（＠750円－＠100円）
　　取得原価　　　　正味売却価額

∴　評価損を計上する。

商品評価損：（＠700円－＠650円）×400個
　　　　　　＝20,000円

＜B商品＞

＠300円 ＜ ＠420円（＠500円－＠80円）
　　取得原価　　　　正味売却価額

∴　評価損を計上しない。

＜A商品＞
＠700円

商品評価損 **20,000円**
（＠750円－＠100円）　正味売却価額 **260,000円**

400個

＜B商品＞
＠300円

取得原価 150,000円

500個

問題 5 損益計算書の作成

|解答|

損　益　計　算　書		（単位：円）
Ⅰ　売　上　高		（　620,000）
Ⅱ　売　上　原　価		
1．期首商品棚卸高	（　　57,000）	
2．当期商品仕入高	（　366,000）	
合　　　計	（　423,000）	
3．期末商品棚卸高	（　　45,750）	
差　　　引	（　377,250）	
4．商品評価損	（　　1,440）	（　378,690）
売上総利益		（　241,310）
Ⅲ　販売費及び一般管理費		
1．〔棚卸減耗損〕	（　　1,830）	（　　1,830）
営　業　利　益		（　239,480）

|解説|

1. 期首商品

前期末の商品の貸借対照表価額が前T/Bの繰越商品勘定の金額となります。

@60円×950個＝57,000円

2. 当期商品仕入高

@61円×6,000個＝366,000円

3. 期末商品

（1）帳簿棚卸高

帳簿棚卸数量が？のため商品のボックス図を描き、差額で帳簿棚卸数量を求めます。

期末商品帳簿棚卸数量：

950個＋6,000個－6,200個＝750個

期末商品帳簿棚卸高：

@61円×750個＝45,750円

先入先出法を採用しているため、期末商品の原価は@61円となります。

（2）棚卸減耗損・商品評価損

棚卸減耗損：

@61円×（750個－720個）＝1,830円

商品評価損：

（@61円－@59円）×720個＝1,440円

（3）仕　訳

（仕　　　入）	57,000	（繰 越 商 品）	57,000
（繰 越 商 品）	45,750	（仕　　　入）	45,750
（棚 卸 減 耗 損）	1,830	（繰 越 商 品）	3,270
（商 品 評 価 損）	1,440		
（仕　　　入）	1,440	（商 品 評 価 損）	1,440

Section 3 売価還元法

問題 6 売価還元法 1

|解答|

損益計算書　　　　　　　　（単位：円）

I 売 上 高		(	**435,000**)
II 売 上 原 価			
1. 期首商品棚卸高	(**70,000**)		
2. 当期商品仕入高	(**350,000**)		
合　　計	(**420,000**)		
3. 期末商品棚卸高	(**72,000**)		
差　　引	(**348,000**)		
4. 商 品 評 価 損	(**9,000**)	(	**357,000**)
売 上 総 利 益		(	**78,000**)
III 販売費及び一般管理費			
棚 卸 減 耗 損	(**800**)		

|解説|

1. データの整理と原価率の算定

売　　価			原　　価		売　　価	
期首	96,000円	期首 70,000円	売上原価	売上	435,000円	
当期	444,000円	当期				
値上	70,000円					
値上取消	△10,000円	350,000円	期末	期末	90,000円	
値下	△80,000円				（差額）	
値下取消	5,000円					
売価合計	525,000円	420,000円			525,000円	

原価率： $\dfrac{420,000円}{525,000円} = 0.8$

2. 期末商品の算定

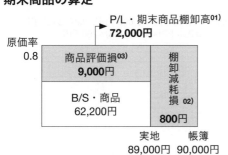

01) 90,000円×0.8＝72,000円
02) （90,000円−89,000円）×0.8＝800円
03) 89,000円×0.8−62,200円＝9,000円

問題 7 売価還元法 2

|解答|

損 益 計 算 書				（単位：千円）
Ⅰ 売 上 高			（	126,250）
Ⅱ 売 上 原 価				
1. 期首商品棚卸高	（	11,250）		
2. 当期商品仕入高	（	103,550）		
合 計	（	114,800）		
3. 期末商品棚卸高	（	11,275）		
差 引	（	103,525）		
4.〔商 品 評 価 損〕	（	260）	（	103,785）
売 上 総 利 益			（	22,465）
Ⅲ 販売費及び一般管理費				
〔棚 卸 減 耗 損〕	（	615）	（	615）
営 業 利 益			（	21,850）

|解説|

1. データの整理と原価率の算定

01) 103,550千円+20,200千円=123,750千円

02) 140,000千円−126,250千円=13,750千円

$$原 価 法 原 価 率 : \frac{114,800千円}{140,000千円} = 0.82$$

$$低 価 法 原 価 率 : \frac{114,800千円}{143,500千円} = 0.8$$

2. 期末商品の評価

03) （13,750千円−13,000千円）×0.82=615千円

04) 13,000千円×（0.82−0.8）=260千円

速解法 | 売価還元法

I ▶問題文をチェックする

> 　某デパートは低価法原価率を用いて期末商品の評価を行っている。以下の資料にもとづいて、損益計算書を完成させなさい。
>
> 📄資料
> 1. 期首商品棚卸高　　　原　価　　　11,250千円　　　売　価　　　13,250千円
> 2. 当期商品仕入高　　　原　価　　103,550千円　　　値入額　　　20,200千円
> 3. 当期値上額　　　　　　　　　6,500千円
> 4. 当期値下額　　　　　　　　　3,500千円
> 5. 当期売上高　　　　　　　　126,250千円
> 6. 期末商品棚卸高　　　帳　簿　　　　？　千円(売価)
> 　　　　　　　　　　　実　地　　　13,000千円(売価)
>
> 棚卸減耗損は、売上原価に算入しない。

I 原価法が問われているのか低価法が問われているのかをチェックし、原価のデータと売価のデータを整理しましょう。

II ▶原価のボックスを書く

原価のボックス

売価　　　　　　　原価　　　　　　　売価

期首商品	売上原価
当期仕入	
	期末商品

II ボックスの中には原価、外には売価を記入できるようにします。

III ▶ データの転記

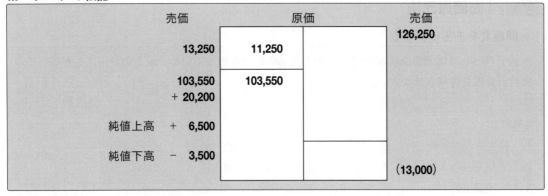

III 与えられたデータを過不足なく転記します。

このとき、実地棚卸売価には（　）を付けて、他の金額と区別します。

また、純値上高を上に、純値下高を下にして記入しておきましょう。

IV ▶ データの集計→原価率の算定

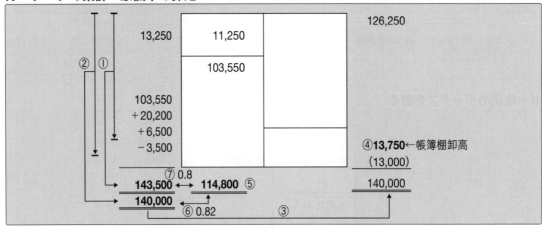

④商品帳簿棚卸高　140,000千円－126,250千円＝13,750千円（売価）

原価率の算定　⑥原価法原価率　114,800千円÷140,000千円＝0.82

⑦低価法原価率　114,800千円÷143,500千円＝0.8

IV ①純値上高を加えた段階の低価法の金額（143,500）をメモしておきます。

②続けて純値下高を引き売価還元法の金額（140,000）を求め③左右の売価合計額の所にメモします。

④そのままの状態（140,000）から売上高を控除し、帳簿棚卸高（13,750）を算定しておきます。→ Ⓒ

⑤当期販売可能額（114,800）を計算し M+ を押しメモリーしておきます。

⑥売価還元法の金額（140,000）で割り原価法の原価率を求めます。

⑦ RM を押し、低価法の金額（143,500）で割り、低価法原価率を求めます。

V ▶ 財務諸表項目の計算

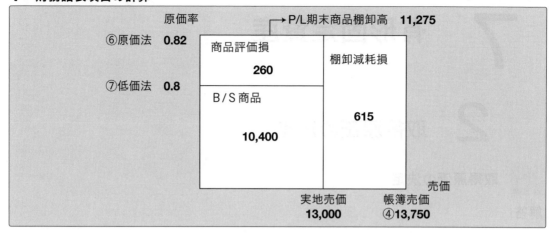

V 期末商品の評価で用いるボックスを利用します。

数量・単価の関係ではなく、売価・原価率の関係で作成します。

上記のデータを所定の場所に記入し、P/L期末商品棚卸高、棚卸減耗損、商品評価損を算定します。

VI ▶ 財務諸表の作成

損益計算書		（単位：千円）	貸借対照表		
Ⅰ　売　上　高		126,250	商　　　　品		10,400
Ⅱ　売　上　原　価					
1.　期首商品棚卸高	11,250				
2.　当期商品仕入高	103,550				
合　　計	114,800				
3.　期末商品棚卸高	11,275				
差　　引	103,525				
4.　商　品　評　価　損	260	103,785			
売　上　総　利　益		22,465			
Ⅲ　販売費及び一般管理費					
1.　棚　卸　減　耗　損		615			
営　業　利　益		21,850			

VI これまでの計算で算定された金額を書き込み、次に他の金額を移記し、その後に売上原価や売上総利益、営業利益を算定します。

Chapter

7 有形固定資産

Section

2 取得原価の決定

問題 1 取得原価の決定

|解答|

①	購　入　代　価⁰¹⁾	②	付　随　費　用	③	値　　　引⁰²⁾
④	割　　　戻⁰²⁾	⑤	原　価　計　算　基　準	⑥	時　　　価
⑦	適　正　な　簿　価	⑧	公　正　に　評　価		

01) 購入代金でも可。
02) ③④は順不同。

|解説|

（4） 交換による取得のうち、有価証券など同種・同用途でない資産との交換は、交換に供された資産の時価を取得原価としています。

これは、いったん資産を売却し、その代金で固定資産を取得したと考えるからです。

3 減価償却

直接法による処理

|解答|

貸 借 対 照 表
×5年3月31日　　　　　　　　　　　　　（単位：円）

建　　　　物	（　100,000）		
減価償却累計額	（　　7,000）	（　93,000）	
備　　　　品	（　　4,000）		
減価償却累計額	（　　1,375）	（　　2,625）	

解説

1. 直接法による処理

　直接法は固定資産の帳簿価額を直接減らす方法です。そのため、固定資産の取得原価から前期末までの減価償却累計額を差し引いた額が残高試算表に計上されていることになります。

2. 建物（定額法）

（1）取得原価の算定

　タイムテーブルを描いて取得時から前期末までに何カ月分の減価償却が行われているかを計算します。

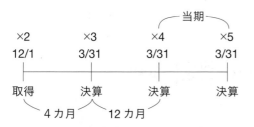

　建物の取得原価をXとすると、取得原価と直接法による帳簿価額の関係は以下の式で表すことができます。

$$X - X \times 0.9 \times \frac{16カ月}{12カ月 \times 30年} = 96,000円$$

上記よりXを求めると次のようになります。

$$X - 0.04X = 96,000円$$
$$0.96X = 96,000円$$
$$X = 100,000円$$

（2）当期の減価償却費の計算

　（1）で求めた取得原価をもとに当期の減価償却費を計算します。

減価償却費：100,000円×0.9÷30年＝3,000円
減価償却累計額：

　（100,000円－96,000円）＋3,000円＝7,000円

3. 備品（定率法）

（1）取得原価の算定

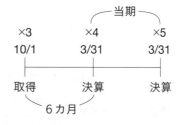

　備品の取得原価をXとすると、取得原価と直接法による帳簿価額の関係は以下の式で表すことができます。

$$X - X \times 0.25 \times \frac{6カ月}{12カ月} = 3,500円$$

上記式よりXを求めると次のようになります。

$$X - 0.125X = 3,500円$$
$$X = 4,000円$$

(2) 当期の減価償却費の計算

　　残高試算表の金額が未償却残高を表している
ため、残高試算表の金額に償却率を掛けて
計算します。

減価償却費：3,500円×25％＝875円

減価償却累計額：

　（4,000円－3,500円）＋875円＝1,375円

問題 **3** 減価償却

|解答|

（単位：円）

貸 借 対 照 表		
固定資産		
有形固定資産		
備　　　品	（	**100,000** ）
減価償却累計額	（	**52,500** ）
車　　　両	（	**180,000** ）
減価償却累計額	（	**36,000** ）

損 益 計 算 書		
販売費及び一般管理費		
減 価 償 却 費	（	**73,400** ）
⋮		⋮
特別利益		
（　　　　　　）	（	）
特別損失		
（ **固定資産売却損** ）	（	**600** ）

|解説|

1. 備品

(1) 取得原価の算定

　　取得原価をX、残存価額を取得原価の10％とすると、期首における減価償却累計額は取得時から前期末までの償却済み年数（月数）をもとに計算します。

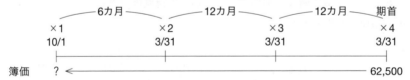

備品の取得原価をXとし、月割りで計算します。

期首減価償却累計額：$X \times 0.9 \times \dfrac{30カ月}{12カ月 \times 6年} = 0.9X \times \dfrac{30カ月}{72カ月} = 0.375X$

期首帳簿価額：$\underbrace{X}_{取得原価} - \underbrace{0.375X}_{減価償却累計額} = 0.625X$

　$0.625X = 62,500$

　$X：62,500円 \div 0.625 = 100,000円$

(2) 減価償却費

（借）減 価 償 却 費	15,000[*1]	（貸）備 　　　　　品	15,000

*1　$100,000円 \times 0.9 \times \dfrac{12カ月}{72カ月} = 15,000円$

　　期首減価償却累計額：100,000円－62,500円＝37,500円

　B／S　備品減価償却累計額：37,500円＋15,000円＝52,500円

2. 車両

(1) 買換え

（借）減 価 償 却 費	22,400*2	（貸）車	両	112,000
車 両	180,000	現	金	91,000*3
固 定 資 産 売 却 損	600*4			

*2　$112,000 円 \times 40\% \times \dfrac{6 カ月}{12 カ月} = 22,400$ 円　　*3　$180,000 円 - 89,000 円 = 91,000$ 円

*4　$89,000 円 - (112,000 円 - 22,400 円) = \triangle 600$ 円（売却損）
　　　下取価額　　　　　　　帳簿価額

(2) 減価償却

（借）減 価 償 却 費	36,000*5	（貸）車	両	36,000

*5　$180,000 円 \times 40\% \times \dfrac{6 カ月}{12 カ月} = 36,000$ 円

(3) 集計

	B/S 取得原価	B/S 減価償却累計額	P/L 減価償却費
備　品	100,000	37,500＋15,000	15,000
旧 車 両	－	－	22,400
新 車 両	180,000	＋36,000	36,000
			73,400

問題 4　減価償却累計額の表示方法

|解答|

①	c	②	b	③	a	④	d

5 減価償却費の計算 1

|解答|

貸 借 対 照 表

×21年3月31日 　　　　　　　　　　（単位：円）

建 物	（	200,000)			
減価償却累計額	（	13,500)	（	186,500)	
備 品	（	82,000)			
減価償却累計額	（	38,800)	（	43,200)	

|解説|

1. 建物（定額法）

200,000円 × 0.9 × 2.5％ = 4,500円

建物減価償却累計額：

9,000円 + 4,500円 = 13,500円

2. 備品

（1）前期以前取得

70,000円 × 0.9 × 20％ = 12,600円

（2）当期取得

$$12,000円 × 20％ × \frac{5カ月}{12カ月} = 1,000円$$

備品減価償却累計額：

25,200円 + 12,600円 + 1,000円 = 38,800円

|解答|

(単位:円)

貸 借 対 照 表		
固定資産		
有形固定資産		
建　物	(	500,000)
減価償却累計額	(	321,300)
備　品	(	120,000)
減価償却累計額	(	20,000)
車　両	(	180,000)
減価償却累計額	(	10,000)

損 益 計 算 書	
販売費及び一般管理費	
減 価 償 却 費 (	45,300)

|解説|

1. 建物

定額法でも、問題文に償却率が与えられている場合には、償却率を用いて計算します。

(借) 減 価 償 却 費	15,300*1	(貸) 建 物 減 価 償 却 累 計 額	15,300

*1　500,000円×0.9×0.034＝15,300円

2. 備品

200％償却率:$\dfrac{1年}{5年} \times 200\% = 0.4$

(借) 減 価 償 却 費	20,000*2	(貸) 備 品 減 価 償 却 累 計 額	20,000

*2　① 120,000円×0.4＝48,000円
　　② 120,000円×0.108＝12,960円
　　③ ①＞② ∴ 48,000円
　　④ 48,000円×$\dfrac{5カ月}{12カ月}$＝20,000円

3. 車両

級数法で期中に取得した場合には、月割計算を行います。

(借) 減 価 償 却 費	10,000*3	(貸) 車 両 減 価 償 却 累 計 額	10,000

*3　総項数:$\dfrac{5 \times (5+1)}{2} = 15$　180,000円×$\dfrac{5}{15} \times \dfrac{2カ月}{12カ月}$＝10,000円

|解答|

損 益 計 算 書

自×5年4月1日 至×6年3月31日　　　　（単位：千円）

Ⅰ	売 上 高			（　2,492,400）
Ⅱ	売 上 原 価			
	1	期首商品棚卸高	（　160,000）	
	2	当期商品仕入高	（　1,605,500）	
		合　　計	（　1,765,500）	
1	3	期末商品棚卸高	（　220,000）	
		差　　引	（　1,545,500）	
2	4	〔棚卸減耗損〕	（　10,000）	
3	5	〔商品評価損〕	（　10,500）	（　1,566,000）
		売 上 総 利 益		（　926,400）
Ⅲ	販売費及び一般管理費			
	1	給　　料	（　458,000）	
4	2	支 払 保 険 料	（　60,000）	
5	3	減 価 償 却 費	（　147,750）	
6	4	貸倒引当金繰入	（　9,100）	（　674,850）
		営 業 利 益		（　251,550）
Ⅳ	営 業 外 収 益			
7	1	有 価 証 券 利 息	（　800）	
8	2	〔受 取 配 当 金〕	（　4,500）	（　5,300）
Ⅴ	営 業 外 費 用			
9	1	支 払 利 息	（　15,000）	
10	2	手 形 売 却 損	（　6,500）	
11	3	〔売 上 割 引〕	（　1,500）	
12	4	〔有価証券評価損〕	（　5,000）	（　28,000）
		税引前当期純利益		（　228,850）
13		法 人 税 等		（　91,000）
		当 期 純 利 益		（　137,850）

貸 借 対 照 表

×6年3月31日　　　　　　　　　　　　　　　　　　　　（単位：千円）

資　産　の　部			負　債　の　部		
Ⅰ　流 動 資 産			Ⅰ　流 動 負 債		
14　現 金 預 金		（　612,000）	支 払 手 形		（　285,000）
15　受 取 手 形	（　172,500）		買 掛 金		（　190,000）**23**
貸 倒 引 当 金	（　5,175）	（　167,325）	未 払 法 人 税 等		（　91,000）**24**
16　売 掛 金	（　247,500）		未 払 費 用		（　5,000）**25**
貸 倒 引 当 金	（　7,425）	（　240,075）	流 動 負 債 合 計		（　571,000）
17　有 価 証 券		（　90,000）	Ⅱ　固 定 負 債		
18　商 品		（　199,500）	長 期 借 入 金		（　342,000）
19　前 払 費 用		（　10,000）	固 定 負 債 合 計		（　342,000）
流 動 資 産 合 計		（　1,318,900）	負 債 合 計		（　913,000）
Ⅱ　固 定 資 産					
1．有形固定資産			純 資 産 の 部		
建 物	（　3,250,000）		Ⅰ　株 主 資 本		
20　減価償却累計額	（　1,410,250）	（　1,839,750）	資 本 金		（　2,000,000）
備 品	（　300,000）		利 益 剰 余 金		
21　減価償却累計額	（　137,500）	（　162,500）	利 益 準 備 金	（　55,000）	
2．投資その他の資産			繰越利益剰余金	（**26**　404,350）	（　459,350）
22　投 資 有 価 証 券		（　38,200）	Ⅱ　評価・換算差額等		
関 係 会 社 株 式		（　12,000）	その他有価証券評価差額金		（　△1,000）**27**
固 定 資 産 合 計		（　2,052,450）	純 資 産 合 計		（　2,458,350）
資 産 合 計		（　3,371,350）	負債及び純資産合計		（　3,371,350）

解説

1. 現金預金の修正

（1）配当金の受取り

配当金の受取りは受取配当金で処理します。

（現 金 預 金）	4,500	（受 取 配 当 金）	4,500	

8

（2）売上割引

売上割引額を売上勘定から控除しないように注意してください。

（現 金 預 金）	73,500	（売 掛 金）	75,000
11 （売 上 割 引）	1,500[01]		

01) 75,000千円×2%=1,500千円

（3）買掛金の未渡小切手

仕入先に対する買掛金の支払のために振り出した小切手が未渡しなので、買掛金を増やします。

（現 金 預 金）	30,000	（買 掛 金）	30,000

B/S 買掛金：

160,000千円 + 30,000千円 = **190,000千円** **23**

（4）受取手形の割引

（現 金 預 金）	38,000	（受 取 手 形）	40,000
（手 形 売 却 損）	2,000		

B/S 現金預金：

466,000千円 + 4,500千円 + 73,500千円
+ 30,000千円 + 38,000千円
= **612,000千円** **14**

B/S 受取手形：

212,500千円 − 40,000千円 = **172,500千円** **15**

手形売却損：

4,500千円 + 2,000千円 = 6,500千円 **10**

2. 貸倒引当金の設定

（1）売掛金の貸倒れ

前期発生売掛金が貸し倒れた場合には、貸倒引当金を取り崩します。

（貸 倒 引 当 金）	15,000	（売 掛 金）	15,000

B/S 売掛金：

337,500千円 − 75,000千円 − 15,000千円
= **247,500千円** **16**

（2）貸倒引当金の設定

6 （貸倒引当金繰入）9,100[02]	（貸 倒 引 当 金）	9,100

02) (172,500千円+247,500千円)×3%−(18,500千円−15,000千円)
　　　受取手形　　　売掛金
=9,100千円

3. 売上原価の計算および商品の評価

@100円
@95円
貸借対照表 ←

商品評価損 **3** 10,500千円[04]	棚卸減耗損 **2**
貸借対照表価額 199,500千円 **18**	

棚卸減耗損[03]
10,000千円

2,100千個　2,200千個

03) 棚卸減耗損：@100円×(2,200千個 −2,100千個)
=10,000千円

04) 商品評価損：(@100円 − @95円)×2,100千個
=10,500千円

（仕　　　　入）	160,000	（繰 越 商 品）	160,000
（繰 越 商 品）	220,000[05]	（仕　　　　入）	220,000
（棚 卸 減 耗 損）	10,000	（繰 越 商 品）	10,000
（商 品 評 価 損）	10,500	（繰 越 商 品）	10,500
（仕　　　　入）	20,500	（棚 卸 減 耗 損）	10,000
		（商 品 評 価 損）	10,500

05) 帳簿棚卸高：@100円×2,200千個=220,000千円 **1**

4. 有価証券の評価

（1）売買目的有価証券（C社株式）

12 （有価証券評価損益）5,000[06]	（売買目的有価証券）	5,000

06) 90,000千円−95,000千円=△5,000千円（評価損）

B/S 有価証券：

95,000千円 − 5,000千円 = **90,000千円** **17**

（2）満期保有目的債券（D社社債）

（満期保有目的債券）	200[07]	（有 価 証 券 利 息）	200

07) (20,000千円−19,000千円)×$\frac{12カ月}{60カ月}$=200千円

利札の受取りの仕訳は期中取引であるため、未処理の指示が無ければ適切に処理済みと考えます。

P/L 有価証券利息：

600千円 + 200千円 = **800千円** **7**

（3）子会社株式（E社株式）

時価が著しく下落していないため、取得原価で評価します。

（ 仕 　 訳 　 な 　 し ）

(4) その他有価証券（F社株式）

㉗（その他有価証券評価差額金）1,000	（その他有価証券）1,000[08]

08)　19,000千円−20,000千円＝△1,000千円

B/S　投資有価証券：

19,000千円＋200千円＋20,000千円

−1,000千円＝**38,200千円**㉒

5.　減価償却費の計上

(1) 建物A

3,000,000千円×0.9×0.02＝54,000千円

(2) 建物B

$$250,000千円×0.05×\frac{6カ月}{12カ月}＝6,250千円$$

(3) 備品C

償却率：1÷8年×200％＝0.25

①（200,000千円−50,000千円）×0.25

　＝37,500千円

②200,000千円×0.07909＝15,818千円

①＞②より　減価償却費：37,500千円

(4) 備品D

償却率：1÷4年×200％＝0.5

①100,000千円×0.5＝50,000千円

②100,000千円×0.12499＝12,499千円

①＞②より　減価償却費：50,000千円

[5]（減 価 償 却 費）147,750	（建物減価償却累計額）　60,250
	（備品減価償却累計額）　87,500

建物減価償却累計額：

1,350,000千円＋60,250千円＝**1,410,250千円**⑳

備品減価償却累計額：

50,000千円＋87,500千円＝**137,500千円**㉑

6.　未払利息の計上

当期分の利息で未払いのもの（8月〜3月までの8カ月分）を計上します。

（支 払 利 息）5,000[09]	（未 払 費 用）5,000	㉕

09)　250,000千円×3％×$\frac{8カ月}{12カ月}$＝5,000千円

支払利息：

10,000千円＋5,000千円＝**15,000千円**[9]

7.　前払保険料の計上

⑲（前 払 費 用）10,000	（支 払 保 険 料）10,000

支払保険料：

70,000千円−10,000千円＝**60,000千円**[4]

8.　法人税等の計上

⑬（法 人 税 等）91,000	（未払法人税等）91,000	㉔

9.　繰越利益剰余金の算定

残高試算表上の繰越利益剰余金に損益計算書で求めた当期純利益を加算して、貸借対照表上の繰越利益剰余金の金額を求めます。

B/S　繰越利益剰余金：

266,500千円＋137,850千円＝**404,350千円**㉖

繰延資産

繰延資産

問題
1 **繰延資産の償却**

|解答|

(1)

損 益 計 算 書 (単位:円)

⋮

III　販売費及び一般管理費
〔開 発 費 償 却〕　（　**300,000**）01)

⋮

V　営業外費用
〔創 立 費 償 却〕　（　**500,000**）02)
〔開 業 費 償 却〕　（　**1,000,000**）03)
〔株式交付費償却〕　（　**200,000**）04)

01)　$1,500,000円 \times \dfrac{12カ月}{60カ月} = 300,000円$　　02)　$2,500,000円 \times \dfrac{12カ月}{60カ月} = 500,000円$

03)　$5,000,000円 \times \dfrac{12カ月}{60カ月} = 1,000,000円$　　04)　$600,000円 \times \dfrac{12カ月}{36カ月} = 200,000円$

(2)

貸 借 対 照 表　　（単位:円）

⋮

III　繰延資産
〔創　　　立　　　費〕　（　**500,000**）
〔開　　　業　　　費〕　（　**1,500,000**）
〔株 式 交 付 費〕　（　**350,000**）
〔開　　　発　　　費〕　（　**675,000**）

|解説|

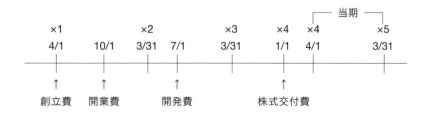

減損会計

1 減損会計

 減損会計 1

|解答|

貸 借 対 照 表		（単位：円）
:		
Ⅱ 固 定 資 産		
1. 有形固定資産		
〔備 品〕	（ 820,000)	
〔減価償却累計額〕	（ 300,000)	（ 520,000)

損 益 計 算 書	（単位：円）
:	
Ⅶ 特 別 損 失	
〔減 損 損 失〕	（ 380,000)

|解説|

1. 減損損失の認識の判定

　割引前将来キャッシュ・フローの総額と帳簿価額を比較し、割引前将来キャッシュ・フローの総額が帳簿価額を下回る場合には、減損損失を認識します。

割引前将来C/F600,000円＜帳簿価額900,000円[01]

　01) 1,200,000円－300,000円＝900,000円

2. 回収可能価額の算定

　正味売却価額と使用価値のいずれか高い方の金額が、回収可能価額となります。

使用価値520,000円＞正味売却価額480,000円

　以上により、**回収可能価額は520,000円**となります。

3. 減損損失の算定

　帳簿価額から回収可能価額を差し引いた残額が減損損失となります。

　なお、表示に関して問題文に特に指示がない場合には、原則の直接控除形式によります。

帳簿価額900,000円－回収可能価額520,000円

＝**380,000円**

(減 損 損 失) 380,000	(備 品) 380,000

|解答|

貸 借 対 照 表		（単位：円）
⋮		
II 固 定 資 産		
1.有形固定資産		
機　　　　　械	（　600,000）	
〔減損損失累計額〕	（　102,000）	
減価償却累計額	（　350,000）	（　148,000）

損 益 計 算 書	（単位：円）
⋮	
VII 特 別 損 失	
〔減 損 損 失〕	（　102,000）

|解説|

1. 減損損失の認識の判定

割引前将来C/F

30,000円 × 5年 ＋ 20,000円 ＝ 170,000円

170,000円＜帳簿価額250,000円[01]

　このため、減損損失を認識します。

01) 600,000円−350,000円=250,000円

2. 回収可能価額の算定

使用価値：

$30,000円÷(1+0.05)+30,000円÷(1+0.05)^2$
$+30,000円÷(1+0.05)^3+30,000円÷(1+0.05)^4$
$+(30,000円+20,000円)÷(1+0.05)^5$
$≒145,555円$

正味売却価額：

160,000円 − 12,000円 ＝ 148,000円

使用価値145,555円＜正味売却価額148,000円

　以上により、**回収可能価額は148,000円**となります。

3. 減損損失の算定

　本問では答案用紙の形式から、**減損損失累計額を取得原価から間接控除する形式で表示して**いることを**判断**します。

帳簿価額250,000円 − 回収可能価額148,000円
＝ **102,000円**

（減 損 損 失）102,000	（減損損失累計額）102,000

問題 3 減損会計 3

|解答|

問1.

減損損失を認識する。

問2.

（単位：円）

借 方 科 目	金 額	貸 方 科 目	金 額
減 損 損 失	1,367,296	建 物	1,367,296

|解説|

（単位：円）

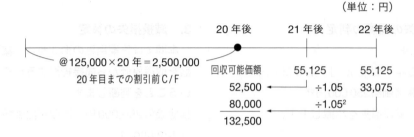

問1. 建物の残存耐用年数が20年を超えるため、20年経過時点の回収可能価額を20年目までの割引前将来キャッシュ・フローに加算した額と、帳簿価額を比較します。

帳簿価額：5,000,000円－2,025,000円
　　　　　＝2,975,000円

20年目までの割引前将来キャッシュ・フロー：
　125,000円×20年＝2,500,000円

20年経過時点の回収可能価額[01]：
　55,125円÷1.05＋（55,125円
　＋33,075円）÷1.05^2＝132,500円

合計：2,500,000円＋132,500円＝2,632,500円

2,975,000円＞2,632,500円

　よって、減損損失を認識します。

01) 本問では20年経過時点の正味売却価額が不明のため、20年経過時点の使用価値が回収可能価額となります。

問2. 正味売却価額：1,250,000円

使用価値：

　125,000円×12.462＋55,125円×0.359

　＋（55,125円＋33,075円）×0.342

　＝1,607,704.275→1,607,704円

回収可能価額：1,250,000円＜1,607,704円

　よって、回収可能価額は1,607,704円となります。

減損損失：

　2,975,000円－1,607,704円＝**1,367,296**円

Section 2 のれん・共用資産の処理

問題 4 のれんを含む減損処理 1

|解答|

(単位：円)

借　方　科　目	金　　額	貸　方　科　目	金　　額
減　損　損　失	150,000	土　　　　　地 の　　れ　　ん	50,000 100,000

|解説|

①のれんを含まない場合

土地：400,000円 − 350,000円 = 50,000円
　　　　帳簿価額　　　回収可能価額

②のれんを含む場合

減損損失の認識：

900,000円 ＞ 770,000円 →減損損失を認識する
　帳簿価額　　　　割引前将来
　　　　　　　キャッシュ・フロー

減損損失の測定：

900,000円 − 750,000円 = **150,000**円
　帳簿価額　　　回収可能価額

③減損損失の配分：減損損失増加額はのれんに
　　　　　　　　　配分します。

問題 5 のれんを含む減損処理 2

|解答|

損益計算書（単位：円）

Ⅲ．販売費及び一般管理費
　　減　価　償　却　費　（　**6,150**　）
Ⅶ．特　別　損　失
　　減　損　損　失　（　**9,400**　）

貸借対照表　　　　（単位：円）

1．有　形　固　定　資　産
　　建　　　　　物　（　**177,600**　）
　　減価償却累計額　（　**100,800**　）（　**76,800**　）
　　備　　　　　品　（　**16,000**　）
　　減価償却累計額　（　**5,400**　）（　**10,600**　）
　　土　　　　　地　　　　　　　　（　**138,000**　）
2．無　形　固　定　資　産
　　の　　れ　　ん　　　　　　　　（　**1,000**　）

解説

(1) 固定資産の減損

　のれんを含む減損損失については、まず、①資産ごとに減損損失の認識・測定を行い減損損失の合計額を求め、次に、②のれんを含めた資産グループ全体で減損損失を求め、③のれんを含めることによる減損損失増加額をのれんに係る減損損失とします。

　①資産ごとの減損損失の認識・測定

	建　物	備　品	土　地	
取 得 原 価：	20,000円	4,000円	30,000円	
減 損 の 兆 候：	あり	なし	あり	
割 引 前 C F：	18,000円	－	29,000円	
減 損 の 認 識：	認識する	－	認識する	
回 収 可 能 価 額：	17,600円	－	28,000円	
減 損 損 失：	2,400円	－	2,000円	→合計 4,400円

　②のれんを含めた資産グループ全体での減損損失の認識・測定

取 得 原 価：	60,000円
減 損 の 兆 候：	あり
割 引 前 C F：	51,200円
減 損 の 認 識：	認識する
回 収 可 能 価 額：	50,600円
減 損 損 失：	9,400円

　③のれんに係る減損損失

　　減損損失増加額：9,400円 － 4,400円 ＝ 5,000円

(借) 減　損　損　失	9,400	(貸) 建　　　　　　　物	2,400
		土　　　　　　　地	2,000
		の　　れ　　ん	5,000

(2) 減価償却

　買収による期末取得資産について、問題文より当期分の償却を行わないことに注意します。

　①建　物

　　(180,000円 － 20,000円) × 0.9 ÷ 30年 ＝ 4,800円

(借) 減 価 償 却 費	4,800	(貸) 建物減価償却累計額	4,800

　②備　品

　　(16,000円 － 4,000円) × 0.9 ÷ 8年 ＝ 1,350円

(借) 減 価 償 却 費	1,350	(貸) 備品減価償却累計額	1,350

共用資産の減損処理 1

|解答|

（単位：円）

借　方　科　目	金　　額	貸　方　科　目	金　　額
減　損　損　失	1,200	土　　　　地 建　　　　物	200 1,000

|解説|

①共用資産を含まない場合

　土地：6,000円 － 5,800円 ＝ 200円

②共用資産を含む場合

　減損損失の認識：

　11,200円＞10,800円→減損損失を認識する

　減損損失の測定：

　11,200円 － 10,000円 ＝ **1,200**円

③減損損失の配分：減損損失増加額を共用資産
　　　　　　　　　（建物）に配分します。

共用資産の減損処理 2

|解答|

（単位：円）

借　方　科　目	金　　額	貸　方　科　目	金　　額
減　損　損　失	840	土　　　　地 建　　　　物	600 240

|解説|

①共用資産の帳簿価額の配分

　土地：3,200円 × 75％ ＝ 2,400円

　備品：3,200円 × 25％ ＝ 800円

②減損損失の認識

　配分後帳簿価額

　土地：6,000円 ＋ 2,400円 ＝ 8,400円

　備品：2,000円 ＋ 800円 ＝ 2,800円

　土地：8,400円＞8,000円→減損損失を認識
　する

③減損損失の測定

　8,400円 － 7,560円 ＝ **840**円

　減損損失の配分：減損損失を土地と共用資産
　　　　　　　　　（建物）に帳簿価額の割合で
　　　　　　　　　配分します。

　土地：$840円 \times \dfrac{6,000円}{6,000円 ＋ 2,400円} ＝ \textbf{600}円$

　共用資産（建物）：

　$840円 \times \dfrac{2,400円}{6,000円 ＋ 2,400円} ＝ \textbf{240}円$

損　益　計　算　書

自×5年10月1日　至×6年9月30日　　　　（単位：千円）

Ⅰ	売　上　高		（	7,250,000）
Ⅱ	売　上　原　価			
1	期首商品棚卸高	（　　　45,000）		
2	当期商品仕入高	（　4,350,000）		
	計	（　4,395,000）		
3	期末商品棚卸高	（　　　55,000）**1**		
	差　　引	（　4,340,000）		
4	棚卸減耗損	（　　　　375）**2**		
5	〔商品評価損〕	（　　　9,100）**3**	（	4,349,475）
	〔売　上〕総利益		（	2,900,525）
Ⅲ	販売費及び一般管理費			
1	販　売　費	（　1,100,270）**4**		
2	一　般　管　理　費	（　　525,389）		
3	貸倒引当金繰入	（　　　11,200）**5**		
4	減　価　償　却　費	（　　　10,260）**6**		
5	支　払　保　険　料	（　　　10,000）**7**	（	1,657,119）
	〔営　業〕利　益		（	1,243,406）
Ⅳ	営　業　外　収　益			
1	受　取　利　息	（　　　　　75）**8**		
2	有　価　証　券　利　息	（　　　3,750）**9**		
3	受　取　配　当　金	（　　　1,605）	（	5,430）
Ⅴ	営　業　外　費　用			
1	支　払　利　息	（　　　1,150）**10**		
2	貸倒引当金繰入	（　　　　250）**11**		
3	投資有価証券評価損	（　　　3,000）**12**		
4	雑　　　損	（　　　　　70）**13**	（	4,470）
	〔経　常〕利　益		（	1,244,366）
Ⅵ	特　別　損　失			
1	〔貸倒引当金〕繰入	（　　170,500）**14**		
2	〔投資有価証券評価損〕	（　　　5,000）**15**		
3	減　損　損　失	（　　　5,500）**16**	（	181,000）
	税引前当期純利益		（	1,063,366）
	法　人　税　等		（	425,112）
	当　期　純　利　益		（	638,254）

解説

本問は損益計算書の作成問題です。なお、当会計期間は×5年10月1日から×6年9月30日までです。

1. 現金

原因不明の過不足は雑損勘定（不足の場合）または雑益勘定（過剰の場合）で処理します。

⑬（雑　　　　損）　70　（現金預金）　70

2. 当座預金

(1) 誤記帳

410千円と140千円の差額だけ当座預金を修正します。

（販　売　費）　270　（現金預金）　270

P/L　販売費：

1,100,000千円 + 270千円 = **1,100,270千円** 4

(2) 未渡小切手

経費支払に関する未渡小切手は未払金勘定で処理します。

（現金預金）　200　（未　払　金）　200

(3) 未取付小切手

未取付小切手は銀行側の修正となるため、当社は仕訳なしとなります。

仕訳なし

3. 貸倒引当金の設定

(1) 受取手形・売掛金

貸倒懸念債権：15,000千円 × 50% = 7,500千円

一般債権：

（160,000千円 + 240,000千円 − 15,000千円）× 2% − 4,000千円 = 3,700千円

合計：7,500千円 + 3,700千円 = 11,200千円

5 （貸倒引当金繰入）11,200　（貸倒引当金）11,200

(2) 長期貸付金

破産更生債権等：

225,000千円 − 50,000千円 − 4,500千円 = 170,500千円

破産更生債権等に関する貸倒引当金繰入は問題文より、特別損失に計上します。

（破産更生債権等）225,000　（長期貸付金）225,000

14 （貸倒引当金繰入）170,500　（貸倒引当金）170,500

一般債権：

（250,000千円 − 225,000千円）× 3% − （5,000千円 − 4,500千円）= 250千円

長期貸付金に関する貸倒引当金繰入は、営業外費用に計上します。

11 （貸倒引当金繰入）　250　（貸倒引当金）　250

4. 有価証券の評価

その他有価証券については、部分純資産直入法を採用しているので、時価が原価より低いときは、評価損を計上します。

(1) A社株式（その他有価証券）

B/S　その他有価証券評価差額金：

（@7,500円 − @6,250円）× 3,000株 = 3,750千円

（その他有価証券）3,750　（その他有価証券評価差額金）3,750

(2) B社株式（その他有価証券）

P/L　投資有価証券評価損：

（@10,500円 − @12,000円）× 2,000株 = △**3,000千円** 12

（投資有価証券評価損）3,000　（その他有価証券）3,000

(3) C社株式（その他有価証券）

時価が50%超下落し、株価の回復の見込みが不明であるため、減損処理を行います。

P/L　投資有価証券評価損：

（@2,000円 − @7,000円）× 1,000株 = △**5,000千円** 15

（投資有価証券評価損）5,000　（その他有価証券）5,000

(4) D社社債（満期保有目的債券）：償却原価法

当期償却額：

（@100円 − @94円）× 500千口 × $\dfrac{12\,カ月}{48\,カ月}$ = 750千円

（満期保有目的債券）　750　（有価証券利息）　750

P/L　有価証券利息：

3,000千円 + 750千円 = **3,750千円** 9

5. 商品

商品ボックス

期首 45,000千円	売上原価 4,340,000千円
当期仕入 4,350,000千円	期末 55,000千円

@5,000円×8,000個+@7,500円×2,000個
=55,000千円 **1**

甲商品

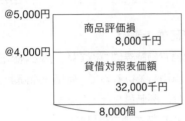

乙商品

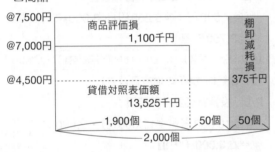

(仕 入)	45,000	(繰 越 商 品)	45,000
(繰 越 商 品)	55,000	(仕 入)	55,000
(棚 卸 減 耗 損)	375[01]	(繰 越 商 品)	9,475
(商 品 評 価 損)	9,100[02]		
(仕 入)	9,475	(棚 卸 減 耗 損)	375
		(商 品 評 価 損)	9,100

01) 棚卸減耗損：@7,500円×50個=375千円 **2**
02) 商品評価損：(@5,000円 − @4,000円) ×8,000個 + (@7,500円 − @7,000円) ×1,900個 + (@7,500円 − @4,500 円) ×50個=9,100千円 **3**
商品評価損は売上原価に算入します。

6. 減価償却費の計上

（1）建物・車両

建物減価償却費：

$$（150,000千円 − 150,000千円 × 0.1）÷ 30年$$
$$= 4,500千円$$

車両減価償却費：

$$（21,000千円 − 6,300千円）× 30\% $$
$$= 4,410千円$$

(減 価 償 却 費)	4,500	(建物減価償却累計額)	4,500
(減 価 償 却 費)	4,410	(車両減価償却累計額)	4,410

（2）備品

前期末減価償却累計額：

$$10,000千円 × 0.9 × \frac{2年}{8年} = 2,250千円$$

残存価額：$10,000千円 × 10\% = 1,000千円$

当期の減価償却費：

$$\frac{（10,000千円 − 2,250千円）− 1,000千円}{5年}$$
$$= 1,350千円$$

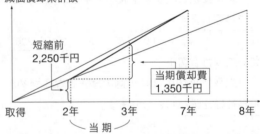

(減 価 償 却 費)	1,350	(備品減価償却累計額)	1,350

P/L　減価償却費：

$$4,500千円 + 4,410千円 + 1,350千円$$
$$= \mathbf{10,260}千円 \ \mathbf{6}$$

7. 減損会計

当期減価償却後の簿価を用いることに注意してください。

	建物	車両	土地
取 得 原 価	50,000千円	10,500千円	150,000千円
前期末減価償却累計額	12,000千円	3,150千円	―
減 価 償 却 費	1,500千円⁰³⁾	2,205千円⁰⁴⁾	―
帳 簿 価 額	36,500千円	5,145千円	150,000千円

03) （50,000千円−50,000千円×0.1）÷30年＝1,500千円
04) （10,500千円−3,150千円）×30％＝2,205千円

	建物	車両	土地
割引前将来C/F	35,000千円	5,200千円	148,000千円
減 損 の 認 識	認識する	認識しない	認識する
使 用 価 値	34,000千円		146,000千円
正味売却価額	32,500千円		147,000千円
回 収 可 能 価 額	34,000千円		147,000千円
減 損 損 失	2,500千円		3,000千円

減損損失合計額：

2,500千円＋3,000千円＝**5,500**千円**16**

（減 損 損 失）	5,500	（建　　　　物）	2,500
		（土　　　　地）	3,000

8. 経過勘定

（前 払 費 用）	2,000	（支 払 保 険 料）	2,000
（支 払 利 息）	150	（未 払 費 用）	150
（未 収 収 益）	25	（受 取 利 息）	25

P/L　支払保険料：

12,000千円 − 2,000千円 ＝ **10,000**千円**7**

P/L　受取利息：50千円 ＋ 25千円 ＝ **75**千円**8**

P/L　支払利息：

1,000千円 ＋ 150千円 ＝ **1,150**千円**10**

9. 法人税等の計上

（法 人 税 等）	425,112	（未 払 法 人 税 等）	425,112

Chapter 10 負債会計（資産除去債務・リース）

Section 1 負債会計の基礎知識

 問題 1 負債の分類

|解答|

①	正 常 営 業 循 環	②	一　　　　　　　　年	③	未　　　　　　　　払
④	前　　　　　　受				

|解説|

流動・固定分類

　正常営業循環基準と一年基準によって、流動負債と固定負債に分類します。

問題 2 引当金の設定要件

|解答|

①	将来の特定の費用または損失であること
②	発生が当期以前の事象に起因していること
③	発生の可能性が高いこと
④	金額を合理的に見積もることができること

|解説|

　企業会計原則では、引当金の計上にあたって、以下のような要件・金額・制限を規定しています。

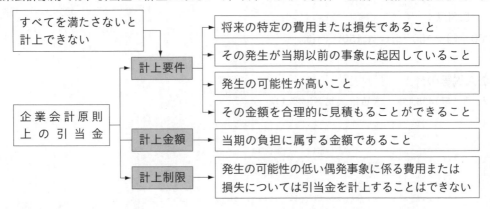

2 資産除去債務

資産除去債務1

|解答|

①	負　　　　　　債	②	将来キャッシュ・フロー	③	有 形 固 定 資 産
④	減 価 償 却	⑤	割　　引　　率	⑥	固 　定 　負 　債
⑦	流 　動 　負 　債	⑧	減 価 償 却 費	⑨	減 価 償 却 費
⑩	除 　去 　費 　用				

|解説|

問題文の空欄を埋めると、以下のようになります。

(1) 資産除去債務の負債計上

資産除去債務は、有形固定資産の取得、建設、開発または通常の使用によって発生したときに ①**負債** として計上する。

資産除去債務の発生時に、当該債務の金額を合理的に見積もることができない場合には、これを計上せず、当該債務額を合理的に見積もることができるようになった時点で ①**負債** として計上する。

(2) 資産除去債務の算定

資産除去債務はそれが発生したときに、有形固定資産の除去に要する割引前の ②**将来キャッシュ・フロー** を見積もり、割引後の金額(割引価値)で算定する。

(3) 資産除去債務に対応する除去費用の資産計上と費用配分

資産除去債務に対応する除去費用は、資産除去債務を負債として計上したときに、当該負債の計上額と同額を、関連する ③**有形固定資産** の帳簿価額に加える。

資産計上された資産除去債務に対応する除去費用は、④**減価償却** を通じて、当該有形固定資産の残存耐用年数にわたり、各期に費用配分する。

(4) 時の経過による資産除去債務の調整額の処理

時の経過による資産除去債務の調整額は、その発生時の費用として処理する。当該調整額は、期首の負債の帳簿価額に当初負債計上時の ⑤**割引率** を乗じて算定する。

(5) 貸借対照表上の表示

資産除去債務は、貸借対照表日後1年以内にその履行が見込まれる場合を除き、⑥**固定負債** の区分に資産除去債務等の適切な科目名で表示する。貸借対照表日後1年以内に資産除去債務の履行が見込まれる場合には、⑦**流動負債** の区分に表示する。

(6) 損益計算書上の表示

資産計上された資産除去債務に対応する除去費用に係る費用配分額は、損益計算書上、当該資産除去債務に関連する有形固定資産の ⑧**減価償却費** と同じ区分に含めて計上する。

(7) 時の経過による資産除去債務の調整額は、損益計算書上、当該資産除去債務に関連する有形固定資産の ⑨**減価償却費** と同じ区分に含めて計上する。

(8) 資産除去債務の履行時に認識される資産除去債務残高と資産除去債務の決済のために実際に支払われた額との差額は、損益計算書上、原則として、当該資産除去債務に対応する ⑩**除去費用** に係る費用配分額と同じ区分に含めて計上する。

問題 4 資産除去債務 2

|解答|

（単位：千円）

	借 方 科 目	金 額	貸 方 科 目	金 額
(1)	機 械 装 置	45,000	当 座 預 金 資 産 除 去 債 務	43,000 2,000
(2)	利 息 費 用 減 価 償 却 費	80 15,000	資 産 除 去 債 務 減価償却累計額[01]	80 15,000
(3)	利 息 費 用 減 価 償 却 費	83 15,000	資 産 除 去 債 務 減価償却累計額[01]	83 15,000
(4)	利 息 費 用 減 価 償 却 費 減価償却累計額[01] 資 産 除 去 債 務 履 行 差 額	87 15,000 45,000 2,250 50	資 産 除 去 債 務 減価償却累計額[01] 機 械 装 置 当 座 預 金	87 15,000 45,000 2,300

01) 機械装置減価償却累計額でも可。

|解説|

1. ×1年4月1日（取得時）

除去に要する将来キャッシュ・フローの割引現在価値を『資産除去債務』として負債に計上し、同額を機械装置の帳簿価額に加えます。

資産除去債務：

2,250千円÷(1.04)³ ≒ **2,000千円**

機械装置（帳簿価額）：

40,000千円 + 3,000千円 + 2,000千円

(据付・試運転費) (資産除去債務)

= **45,000千円**

2. ×2年3月31日（決算）

(1) 時の経過にともなう資産除去債務の増加額を、利息費用として計上します。

利息費用：2,000千円 × 4% = **80千円**

(2) 減価償却費：43,000千円÷3年 + 2,000千円÷3年 ≒ **15,000千円**

3. ×3年3月31日（決算）

時の経過にともなう資産除去債務の増加額を、利息費用として計上します。このさい、前期末に増加した金額を含める点に注意しましょう。減価償却費は定額法なので、前期末と同じ金額となります。

利息費用：

(2,000千円 + 80千円) × 4% ≒ **83千円**

4. ×4年3月31日（除去時）

(1) 利息費用：

(2,000千円 + 80千円 + 83千円) × 4%

≒ **87千円**

(2) 実際の除去費用と当初の見積りによって計上した資産除去債務との差額は、履行差額として処理します。

履行差額：2,300千円 − 2,250千円 = **50千円**

5 資産除去債務3

|解答|

貸　借　対　照　表

×2年3月31日　　　　　　　　　　　　　　（単位：千円）

II　固定資産			II　固定負債	
1．有形固定資産			資産除去債務	**（　27,737）**
備　　　品	**（　176,670）**			
減価償却累計額	**（　58,890）**	**（　117,780）**		

損　益　計　算　書

×1年4月1日～×2年3月31日　（単位：千円）

III　販売費及び一般管理費	
減 価 償 却 費	**（　58,890）**
利 息 費 用	**（　1,067）**

損　益　計　算　書

×3年4月1日～×4年3月31日　（単位：千円）

III　販売費及び一般管理費	
減 価 償 却 費	**（　58,890）**
利 息 費 用	**（　1,154）**
履 行 差 額	**（　1,000）**

|解説|

1.　×1年4月1日（取得時）

資産除去債務：

　　$30,000$千円$\div(1.04)^3 \fallingdotseq 26,670$千円

備品（帳簿価額）：

　　$\underset{\text{資産除去債務}}{150,000\text{千円}+26,670\text{千円}}=\textbf{176,670}$千円

（備　　　　　品）176,670	（当 座 預 金）150,000
	（資産除去債務）　26,670

2.　×2年3月31日（決算）

利息費用：$26,670$千円$\times4\%\fallingdotseq\textbf{1,067}$千円

（利 息 費 用）1,067	（資産除去債務）1,067

（2）減価償却費：$150,000$千円$\div3$年$+$

　　　　　　　　$26,670$千円$\div3$年$=\textbf{58,890}$千円

（減 価 償 却 費）58,890	（減価償却累計額）58,890

3.　×3年3月31日（決算）

利息費用：

　　$(26,670$千円$+1,067$千円$)\times4\%\fallingdotseq1,109$千円

（利 息 費 用）1,109	（資産除去債務）1,109
（減 価 償 却 費）58,890	（減価償却累計額）58,890

4.　×4年3月31日（除去時）

（1）利息費用：

　　$(26,670$千円$+1,067$千円$+1,109$千円$)\times4\%$

　　$\fallingdotseq\textbf{1,154}$千円

（2）履行差額：

　　$31,000$千円$-30,000$千円$=\textbf{1,000}$千円

（利 息 費 用）　1,154	（資産除去債務）　1,154
（減 価 償 却 費）58,890	（減価償却累計額）58,890
（減価償却累計額）176,670	（備　　　　　品）176,670
（資産除去債務）30,000	（当 座 預 金）31,000
（履 行 差 額）1,000	

資産除去債務 4

|解答|

設問1	×5年4月1日の資産除去債務計上額	**15,000**	千円
設問2	×5年4月1日～×6年3月31日の期間の減価償却費(利息費用を含む)	**40,600** [01]	千円
設問3	×8年4月1日～×9年3月31日の期間の資産除去債務の増加額	**2,676** [02]	千円
設問4	×9年3月31日における機械の帳簿価額	**82,000** [03]	千円
設問5	×9年4月1日～×10年3月31日の期間の減価償却費(利息費用を含む)	**41,800** [04]	千円

01) 40,000千円+600千円=40,600千円
02) 676千円+2,000千円=2,676千円
03) 240,000千円−40,000千円×4年+2,000千円=82,000千円
04) 700千円+100千円+40,000千円+1,000千円=41,800千円

|解説|

　本問では、問題文の指示より現価係数表を用いて、先に資産除去債務の年度末残高を計算し、利息費用は差額で計算することに注意します。

タイムテーブルを書いて、資産除去債務の金額と固定資産の帳簿価額を書き込むと、計算しやすくなります。

(単位：千円)

除去債務

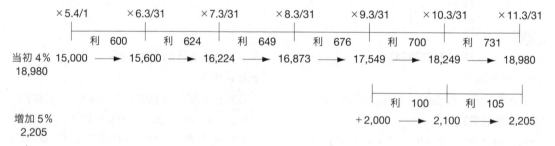

固定資産

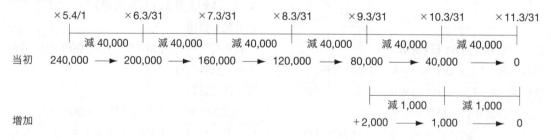

1. ×5年4月1日の仕訳

（機　　　　　械）	240,000	（現 金 預 金）	225,000
		（資産除去債務）	15,000

資産除去債務：

18,980千円×0.7903≒**15,000**千円

2. ×6年3月31日の仕訳

（1）利息費用の計上

（利 息 費 用）	600	（資産除去債務）	600

利息費用：

18,980千円×0.8219≒15,600千円

15,600千円－15,000千円＝**600**千円

（2）減価償却

（減 価 償 却 費）	40,000	（機械減価償却累計額）	40,000

減価償却費：

225,000千円÷6年＋15,000千円÷6年

＝**40,000**千円

3. ×7年3月31日の仕訳

（1）利息費用の計上

（利 息 費 用）	624	（資産除去債務）	624

利息費用：18,980千円×0.8548≒16,224千円

16,224千円－15,600千円＝624千円

（2）減価償却

（減 価 償 却 費）	40,000	（機械減価償却累計額）	40,000

4. ×8年3月31日の仕訳

（1）利息費用の計上

（利 息 費 用）	649	（資産除去債務）	649

利息費用：18,980千円×0.8890≒16,873千円

16,873千円－16,224千円＝649千円

（2）減価償却

（減 価 償 却 費）	40,000	（機械減価償却累計額）	40,000

5. ×9年3月31日の仕訳

（1）利息費用の計上

（利 息 費 用）	676	（資産除去債務）	676

利息費用：18,980千円×0.9246≒17,549千円

17,549千円－16,873千円＝676千円

（2）減価償却

（減 価 償 却 費）	40,000	（機械減価償却累計額）	40,000

（3）資産除去債務の増加

増加額を増加時点の割引率で割り引いた額を資産除去債務の帳簿価額に加えます。

（機　　　　　械）	2,000	（資産除去債務）	2,000

資産除去債務の増加額：

21,185千円－18,980千円＝2,205千円

2,205千円×0.9070≒2,000千円

6. ×10年3月31日の仕訳

（1）利息費用の計上

当初発生額と増加額を分けて計算します。

（利 息 費 用）	800	（資産除去債務）	800

利息費用

当初分：18,980千円×0.9615≒18,249千円

18,249千円－17,549千円＝700千円

増加分：

2,205千円×0.9524≒2,100千円

2,100千円－2,000千円＝100千円

合　計：700千円＋100千円＝800千円

（2）減価償却

増加額は残存耐用年数で償却します。

（減 価 償 却 費）	41,000	（機械減価償却累計額）	41,000

減価償却費

当初分：40,000千円

増加分：2,000千円÷2年＝1,000千円

合　計：40,000千円＋1,000千円＝41,000千円

Section 3 リース会計 1

問題 7 リース取引の会計処理

解答

(1)	○	(2)	×	(3)	×	(4)	×	(5)	×

解説

(2) オペレーティング・リース取引の説明です。

(3) ファイナンス・リース取引の説明です。

(4) 所有権移転ファイナンス・リース取引で貸し手の購入価額が明らかであれば、当該金額がリース資産の取得原価となります。

しかし、所有権移転外ファイナンス・リース取引の場合、貸し手の購入価額が明らかであっても、当該価額とリース料総額の割引現在価値のうち、いずれか低い額をリース資産の取得原価とします。

問題 8 ファイナンス・リース取引 1

解答

(単位：円)

	借 方 科 目	金 額	貸 方 科 目	金 額
(1)×1年4月1日	リ ー ス 資 産	3,000	リ ー ス 債 務	3,000
(2)×2年3月31日	リ ー ス 債 務 支 払 利 息 減 価 償 却 費	909 291 600	当 座 預 金 リース資産減価償却累計額	1,200 600

解説

1．リース資産の取得原価の算定

$$\frac{1,200円}{1.08} + \frac{1,200円}{1.08^2} + \frac{1,200円}{1.08^3} = 3,092.51 \cdots \rightarrow 3,093円 > 3,000円$$
$$\therefore 3,000円$$

2. 支払利息の計算

見積現金購入価額をリース資産とする場合、支払利息はリース料総額の割引現在価値と見積現金購入価額を等しくする割引率を用います。

リース取引に関する問題については、次のようなスケジュール表を作成した方が正確に解くことができます。

支払日	①期首元本	②リース料	③利息分 (①×9.7%)	④元本分 (②-③)	⑤期末元本 (①-④)
×2.3.31	3,000	1,200	291	909	2,091
×3.3.31	2,091	1,200	203	997	1,094
×4.3.31	1,094	1,200	106	1,094	0
		3,600	600	3,000	

所有権移転ファイナンス・リース取引の場合、**耐用年数は経済的耐用年数**となります。

3,000円÷5年＝600円

問題 9 ファイナンス・リース取引2

|解答|

(単位：円)

貸 借 対 照 表	
有形固定資産	
リ ー ス 資 産 （	**35,615**)
減 価 償 却 累 計 額 （	**7,123**)
⋮	⋮
流動負債	
短期借入金	50,000
（リ ー ス 債 務）（	**6,838**)
固定負債	
（リ ー ス 債 務）（	**22,202**)

損 益 計 算 書	
販売費及び一般管理費	
減 価 償 却 費 （	**7,123**)
⋮	⋮
営業外費用	
支 払 利 息 （	**3,425**)

【解】

Chapter 10 負債会計（資産除去債務・リース）

解説

1．リース資産の計上（処理済み）

（1）リース資産の取得原価の算定

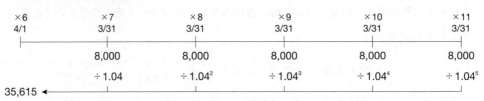

① リース料総額の割引現在価値：

$$\frac{8,000円}{1.04}+\frac{8,000円}{1.04^{2}}+\frac{8,000円}{1.04^{3}}+\frac{8,000円}{1.04^{4}}+\frac{8,000円}{1.04^{5}}=35,614.57\cdots\rightarrow 35,615円$$

② 見積現金購入価額：36,000円

③ ①＜② ∴ 35,615円

（2）リース資産の計上

（借）リ ー ス 資 産	35,615	（貸）リ ー ス 債 務	35,615

2．リース料の支払（未処理）

（借）リ ー ス 債 務	6,575^{*2}	（貸）当 座 預 金	8,000
支 払 利 息	1,425^{*1}		

*1　35,615円×4％＝1,424.6→1,425円
*2　8,000円－1,425円＝6,575円

P/L　支払利息：2,000円＋1,425円＝3,425円

3．減価償却

所有権移転外のためリース期間にわたり減価償却を行います。

（借）減 価 償 却 費	7,123^{*3}	（貸）リース資産減価償却累計額	7,123

*3　35,615円÷5年＝7,123円

4．リース債務の一年基準による分類

翌期中に返済予定のリース債務を流動負債に表示し、翌々期以降に返済予定のリース債務を固定負債に表示します。

当期末リース債務：35,615円－6,575円＝29,040円

翌期の支払利息：29,040円×4％＝1,161.6→1,162円

翌期リース債務返済額：8,000円－1,162円＝6,838円（流動負債）

翌々期以降リース債務返済額：29,040円－6,838円＝22,202円（固定負債）

10 ファイナンス・リース取引の判定

解答

（1）ファイナンス・リース取引の判定

①現在価値基準

リース期間中のリース料総額の現在価値が、リース資産の見積現金購入価額に占める割合は（**94**）％であり、基準となる（**90**）％を超えているため、ファイナンス・リース取引に該当する。

②経済的耐用年数基準

リース期間が、リース物件の経済的耐用年数に占める割合は（**83**）％であり、基準となる（**75**）％を超えているため、ファイナンス・リース取引に該当する。

（2）減価償却費　| **2,136,864円** |

（3）支払利息　| **427,440円** |

解説

（1）ファイナンス・リース取引の判定

①現在価値基準

リース料総額の割引現在価値：

2,400,000円 × 4.4518（4％・5年）

＝ 10,684,320円

見積現金購入価額：　11,400,000円

$\dfrac{10,684,320円}{11,400,000円} ≒ \mathbf{94\%}$

リース期間中のリース料総額の現在価値が、リース資産の見積現金購入価額に占める割合は（94）％であり、基準となる（90）％を超えているため、ファイナンス・リース取引に該当する。

②経済的耐用年数基準

$\dfrac{5年}{6年} ≒ \mathbf{83\%}$

リース期間が、リース物件の経済的耐用年数に占める割合は（83）％であり、基準となる（75）％を超えているため、ファイナンス・リース取引に該当する。

（2）リース資産の取得原価の計算

リース料総額の割引現在価値と見積現金購入価額のうち、いずれか低い金額をリース資産の取得原価とします。

10,684,320円 < 11,400,000円

∴取得原価：10,684,320円

| （リース資産）10,684,320 （リース債務）10,684,320 |

（3）支払利息の計算

×1年度末におけるリース債務残高：

2,400,000円 × 3.6299（4％・4年）

＝ 8,711,760円

×1年度におけるリース債務返済額：

10,684,320円 − 8,711,760円 ＝ 1,972,560円

支払利息：

2,400,000円 − 1,972,560円 ＝ **427,440円**

（4）減価償却費

10,684,320円 ÷ 5年 ＝ **2,136,864円**

【解】

Chapter 10

負債会計（資産除去債務・リース）

Chapter

11 退職給付会計

Section

1 退職給付会計

 問題 1 退職給付引当金

|解答|

> 3,417円

|解説|

1. **期末までに発生したと認められる金額**

$$40,000円 \times \frac{30年（期末までの勤務期間）}{40年（全勤務期間）}$$

$$= 30,000円$$

2. **割引計算**

30,000円 × 0.6139 = 18,417円

3. **退職給付引当金**

18,417円 − 15,000円 = 3,417円

問題 2 退職給付会計 1

|解答|

(1)	勤 務 費 用	**1,778,000**円
	利 息 費 用	**68,384**円
(2)	退職給付引当金	**3,555,984**円

|解説|

1. 当期に発生した勤務費用

2,000,000円[01]（毎期負担額）× 0.8890

= **1,778,000**円

[01] 10,000,000円÷(60歳－55歳)=2,000,000円

2. 当期に発生した利息費用

当期に発生した利息費用：

　期首の退職給付債務×割引率

期首の退職給付債務：

　2,000,000円（毎期負担額）× 0.8548

　= 1,709,600円

　1,709,600円× 4％ = **68,384**円

3. 期末の退職給付引当金

期首の退職給付債務＋勤務費用＋利息費用

　1,709,600円＋1,778,000円＋68,384円

　= **3,555,984**円

|別解|

1. 期末退職給付債務から計算した場合、勤務費用の金額

$\underset{\text{期末の退職給付債務}}{3,556,000円^{02)}} - \underset{\text{期首の退職給付債務}}{1,709,600円}$

　= 1,846,400円

[02] 4,000,000円×0.8890=3,556,000円

1,846,400円 − $\underset{\text{利息費用}}{68,384円}$ = 1,778,016円

2. 退職給付引当金

1,709,600円 + 1,778,016円 + 68,384円

= 3,556,000円

3 退職給付会計 2

|解答|

退職給付引当金 **18,869**円　　退職給付費用 **7,369**円

|解説|

1. 当期の利息費用

48,000円×3％＝1,440円

2. 当期の数理計算上の差異の費用処理額

1,500円×20.6％＝309円

3. 退職給付費用

P/L退職給付費用：

6,850円＋1,440円＋309円－1,230円

＝**7,369**円

(退職給付費用)	7,369	(退職給付引当金)	7,369

4. 掛け金拠出額

年金基金への拠出は、年金資産の増加となるため、正味の退職給付引当金を減少させます。

(退職給付引当金)	7,700	(仮　払　金)	7,700

B/S退職給付引当金：

19,200円＋7,369円－7,700円＝**18,869**円

<勘定連絡図>　　　　　　　　　　　　　　　　　　　　（単位：円）

退職給付費用

勤務費用 6,850	期待運用収益 1,230
利息費用 1,440	P/L 退職給付費用 7,369
数理計算上の差異の償却額 309	

退職給付引当金

掛け金拠出 7,700	期　首 19,200
B/S 退職給付引当金 18,869	退職給付費用 7,369

4 退職給付会計 3

|解答|

退職給付引当金 **3,522円**   退職給付費用 **1,422円**

|解説|

1. 利息費用

18,800円 × 4％ = 752円

2. 期待運用収益

15,000円 × 5％ = 750円

3. 数理計算上の差異の償却額

200円 ÷ 10年 = 20円

4. 退職給付費用

752円 + 1,400円 + 20円 − 750円

= **1,422円**

(退職給付費用)	1,422	(退職給付引当金)	1,422

5. 掛け金拠出額

当社から年金基金への掛け金拠出額は年金資産の増加となるので、正味の退職給付引当金を減少させます。

(退職給付引当金)	1,300	(仮　払　金)	1,300

6. 退職一時金支払額

当社から退職した従業員への一時金の支払額は退職給付債務の減少となるので、退職給付引当金を減少させます。

(退職給付引当金)	400	(仮　払　金)	400

7. 退職年金支払額

年金基金から退職した従業員への退職年金の支払額は年金資産の減少と退職給付債務の減少となるので、「仕訳なし」となります。

8. 退職給付引当金

退職給付引当金：

3,800円 + 1,422円 − 1,300円 − 400円

= **3,522円**

<勘定連絡図>　　　　　　　　　　　　　　　　　（単位：円）

退職給付費用

勤務費用 1,400	期待運用収益 750
利息費用 752	P/L 退職給付費用 1,422
数理計算上の差異の償却額 20	

退職給付引当金

掛け金拠出 1,300	期　首 3,800
一時金支払額 400	
B/S 退職給付引当金 3,522	退職給付費用 1,422

問題 5 退職給付会計 4

|解答|

(単位：円)

貸 借 対 照 表		損 益 計 算 書	
固定負債		販売費及び一般管理費	
退職給付引当金	（ **30,800** ）	（ **退 職 給 付 費 用** ） （ **3,800** ）	

|解説|

1. 退職給付費用の計上

(1) 利息費用：50,000円 × 3％ ＝ 1,500円

(2) 期待運用収益：20,000円 × 4％ ＝ 800円

(3) 数理計算上の差異の当期償却額：1,000円 ÷ 10年 ＝ 100円

(4) 退職給付費用

3,000円 ＋ 1,500円 ＋ 100円 － 800円 ＝ 3,800円

（借）退 職 給 付 費 用 3,800	（貸）退 職 給 付 引 当 金 3,800

2. 年金掛け金拠出額の支払

（借）退 職 給 付 引 当 金 2,000	（貸）当 座 預 金 2,000

退職給付費用

勤務費用 3,000円	期待運用収益 800円
利息費用 1,500円	P/L 退職給付費用 3,800円
数理計算上の差異 の償却額 100円	

退職給付引当金

掛け金拠出 2,000円	期首 29,000円
B/S 退職給付引当金 30,800円	退職給付費用 3,800円

Section
2 会計処理の一巡

問題 社債の会計処理

|解答|

（単位：円）

	借 方 科 目	金 額	貸 方 科 目	金 額
(1)	当 座 預 金 社 債 発 行 費	3,800,000 75,000	社　　　　債 当 座 預 金	3,800,000 75,000
(2)	社 債 利 息	120,000[01]	当 座 預 金	120,000
(3)	社 債 利 息 社債発行費償却 社 債 利 息	30,000[02] 11,250[03] 60,000	社　　　　債 社 債 発 行 費 未 払 社 債 利 息[04]	30,000 11,250 60,000[05]
(4)	未 払 社 債 利 息[06]	60,000	社 債 利 息	60,000
(5)	社 債 利 息	120,000[01]	当 座 預 金	120,000
(6)	社 債 利 息 社債発行費償却 社 債 利 息	40,000[07] 15,000[08] 60,000	社　　　　債 社 債 発 行 費 未 払 社 債 利 息[04]	40,000 15,000 60,000
(7)	社 債 利 息 社　　　　債 社 債 利 息 社債発行費償却	10,000[09] 4,000,000 120,000[01] 3,750[10]	社　　　　債 当 座 預 金 社 債 発 行 費	10,000 4,120,000 3,750

01) $4,000,000円 \times 6\% \times \dfrac{6カ月}{12カ月} = 120,000円$

02) $4,000,000円 \times \dfrac{@100円-@95円}{@100円} = 200,000円$

　　$200,000円 \times \dfrac{9カ月}{60カ月} = 30,000円$

03) $75,000円 \times \dfrac{9カ月}{60カ月} = 11,250円$

04) 未払費用としても可。

05) $4,000,000円 \times 6\% \times \dfrac{3カ月}{12カ月} = 60,000円$

06) 再振替仕訳を行います。

07) $200,000円 \times \dfrac{12カ月}{60カ月} = 40,000円$

08) $75,000円 \times \dfrac{12カ月}{60カ月} = 15,000円$

09) $200,000円 \times \dfrac{3カ月}{60カ月} = 10,000円$

10) $75,000円 \times \dfrac{3カ月}{60カ月} = 3,750円$

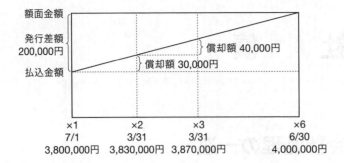

額面金額

発行差額
200,000円 ┤ 償却額 40,000円

払込金額 ┤ 償却額 30,000円

×1	×2	×3	×6
7/1	3/31	3/31	6/30
3,800,000円	3,830,000円	3,870,000円	4,000,000円

問題 2 決算時の会計処理

|解答|

(1)

（単位：円）

借　方　科　目	金　　額	貸　方　科　目	金　　額
社　債　利　息	22,800	社　　　　　債 当　座　預　金	7,800 15,000

(2)

損　益　計　算　書　　　　　（単位：円）

⋮

Ⅴ　営業外費用

〔社　債　利　息〕　（　　22,800）

⋮

貸借対照表　　　　　　（単位：円）

Ⅱ　固定負債

〔社　　　　　債〕　（　957,800）

|解説|

1. 発行日

払込金額：

$$1,000,000円 \times \frac{@\,95円}{@\,100円} = 950,000円$$

（当 座 預 金）950,000 （社　　　　債）950,000

2. 利払日（償却日）

利息法では利払日に償却を行います。

(1) 利息配分額

$$\underbrace{950,000円}_{社債の簿価} \times \underbrace{4.8\%}_{実効利子率} \times \frac{6カ月}{12カ月} = \underbrace{22,800円}_{利息配分額}$$

(2) 利札支払額

$$\underbrace{1,000,000円}_{額面金額} \times \underbrace{3\%}_{券面利子率} \times \frac{6カ月}{12カ月} = \underbrace{15,000円}_{利札支払額}$$

(3) 償却額

$$\underbrace{22,800円}_{利息配分額} - \underbrace{15,000円}_{利札支払額} = \underbrace{7,800円}_{償却額}$$

（社 債 利 息）22,800 （社　　　　債）　7,800

（当 座 預 金）15,000

Section

3 買入償還

問題
3 買入償還の会計処理 1

解答

(単位：円)

貸 借 対 照 表			損 益 計 算 書		
固定負債			営業外費用		
社 債	（	**29,100** ）	社 債 利 息	（	**1,200** ）
			⋮		⋮
			特別利益		
			（	） （	）
			特別損失		
			（ **社 債 償 還 損** ）	（	**200** ）

解説

1．買入償還した社債の期首簿価

$$20,000円 \times \frac{@95円}{@100円} + 20,000円 \times \frac{@5円}{@100円} \times \frac{12カ月}{60カ月} = 19,200円$$

2．買入償還した社債の償却（未処理）

$$20,000円 \times \frac{@5円}{@100円} \times \frac{6カ月}{60カ月} = 100円$$

（借）社 債 利 息	100	（貸）社 債	100

3．社債の買入償還

(1) 社債（未処理）

（借）社 債	19,300*2	（貸）当 座 預 金	19,500*1
社 債 償 還 損	200*3		

*1　$20,000円 \times \dfrac{@97.5円}{@100円} = 19,500円$

*2　$19,200円 + 100円 = 19,300円$

*3　$19,300円 - 19,500円 = △200円$（償還損）

(2) 利息の支払（処理済み）

（借）社 債 利 息	200*4	（貸）当 座 預 金	200

*4　$20,000円 \times 2\% \times \dfrac{6カ月}{12カ月} = 200円$

4．未償還社債の利息の支払(処理済み)

（借）社 債 利 息	600*5	（貸）当 座 預 金	600

*5 30,000円×2%=600円

5．未償還社債の償却

（借）社 債 利 息	300*6	（貸）社 債	300

*6 $30,000円×\dfrac{@5円}{@100円}×\dfrac{12カ月}{60カ月}=300円$

P / L　社債利息：800円＋100円＋300円＝1,200円

B / S　社債：48,000円＋100円－19,300円＋300円＝29,100円

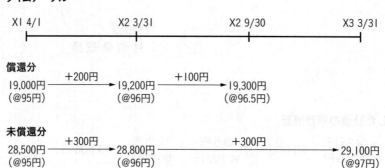

タイムテーブル

X1 4/1　　　　　X2 3/31　　　　　X2 9/30　　　　　X3 3/31

償還分

19,000円　　+200円　　19,200円　　+100円　　19,300円
(@95円)　　　　　　　(@96円)　　　　　　　(@96.5円)

未償還分

28,500円　　+300円　　28,800円　　　　+300円　　　　29,100円
(@95円)　　　　　　　(@96円)　　　　　　　　　　　(@97円)

問題 4 買入償還の会計処理 2

|解答|

(単位：円)

貸 借 対 照 表	
固定負債	
社　債	(**28,378**)

損 益 計 算 書	
営業外費用	
社 債 利 息	(**2,239**)
⋮	⋮
特別利益	
(**社 債 償 還 益**)	(**56**)
特別損失	
( )	( )

|解説|

1. 社債の期首簿価

(1) ×1年9月30日

(借) 社 債 利 息	1,372*1	(貸) 当 座 預 金	1,000*2
		社 債	372*3

*1　$45,740円 \times 6\% \times \dfrac{6カ月}{12カ月} = 1,372.2 \rightarrow 1,372円$

*2　$50,000円 \times 4\% \times \dfrac{6カ月}{12カ月} = 1,000円$

*3　$1,372円 - 1,000円 = 372円$

(2) ×2年3月31日

(借) 社 債 利 息	1,383*4	(貸) 当 座 預 金	1,000*5
		社 債	383*6

*4　$(45,740円 + 372円) \times 6\% \times \dfrac{6カ月}{12カ月} = 1,383.36 \rightarrow 1,383円$

*5　$50,000円 \times 4\% \times \dfrac{6カ月}{12カ月} = 1,000円$

*6　$1,383円 - 1,000円 = 383円$

社債の期首簿価：$45,740円 + 372円 + 383円 = 46,495円$

(当期の処理が未処理のため、前T / Bの金額も同じ)

2. 当期の償却（未処理）：×2年9月30日

（借）社　債　利　息	1,395*7	（貸）当　座　預　金	1,000*8
		社　　　　　債	395*9

*7　$46,495円×6\%×\dfrac{6カ月}{12カ月}=1,394.85→1,395円$

*8　$50,000円×4\%×\dfrac{6カ月}{12カ月}=1,000円$

*9　$1,395円-1,000円=395円$

償還時の社債の簿価：$46,495円+395円=46,890円$

買入償還分の社債の簿価：$46,890円×\dfrac{20,000円}{50,000円}=18,756円$

未償還分の社債の簿価：$46,890円×\dfrac{30,000円}{50,000円}=28,134円$

3. 社債の買入償還：×2年9月30日

（借）社　　　　　債	18,756	（貸）当　座　預　金	18,700
		社　債　償　還　益	56*10

*10　$18,756円-18,700円=56円（償還益）$

4. 未償還社債の償却：×3年3月31日

（借）社　債　利　息	844*11	（貸）当　座　預　金	600*12
		社　　　　　債	244*13

*11　$28,134円×6\%×\dfrac{6カ月}{12カ月}=844.02→844円$

*12　$30,000円×4\%×\dfrac{6カ月}{12カ月}=600円$

*13　$844円-600円=244円$

B／S　社債：$28,134円+244円=28,378円$

P／L　社債利息：$1,395円+844円=2,239円$

タイムテーブル

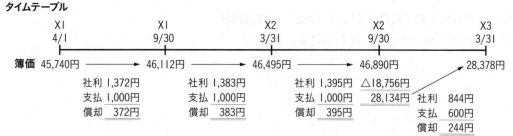

Section **4** 抽選償還

問題 **5** 抽選償還の会計処理

解答

(単位：円)

	借　方　科　目	金　　額	貸　方　科　目	金　　額
(1)	当　座　預　金	**3,844,000**	社　　　　　債	**3,844,000**
(2)	社　債　利　息	**124,546**	当　座　預　金 社　　　　　債	**100,000** **24,546**
(3)	社　債　利　息 社　　　　　債	**125,341** **800,000**	当　座　預　金 社　　　　　債 当　座　預　金	**100,000** **25,341** **800,000**
(4)	社　債　利　息	**100,242**	当　座　預　金 社　　　　　債	**80,000** **20,242**
(5)	社　債　利　息 社　　　　　債	**100,898** **800,000**	当　座　預　金 社　　　　　債 当　座　預　金	**80,000** **20,898** **800,000**

解説

1. 発行日（×1年4月1日）

$$4,000,000円 \times \frac{@96.1円}{@100円} = \textbf{3,844,000}円$$
額面総額

2. 利払日（×1年9月30日）

利息法では利払日に償却原価法を適用します。

(1) 利息配分額

$$3,844,000円 \times 6.48\% \times \frac{6カ月}{12カ月}$$
社債の簿価　　実効利子率

$$≒ 124,546円$$
利息配分額

(2) 利札支払額

$$4,000,000円 \times 5\% \times \frac{6カ月}{12カ月} = 100,000円$$
額面金額　　券面利子率　　　　　　　利札支払額

(3) 償却額

$$124,546円 - 100,000円 = 24,546円$$
利息配分額　　利札支払額　　　償却額

（社　債　利　息）124,546	（当　座　預　金）100,000
	（社　　　　　債）　24,546

(4) 社債の簿価

$$3,844,000円 + 24,546円 = 3,868,546円$$
社債の簿価　　　償却額　　　　×1年9/30

3. 決算・抽選償還日（×2年3月31日）

(1) 利息配分額

$$3,868,546円 \times 6.48\% \times \frac{6カ月}{12カ月}$$
×1年9/30

$$≒ \textbf{125,341}円$$

(2) 利札支払額

$$4,000,000円 \times 5\% \times \frac{6カ月}{12カ月} = 100,000円$$
額面総額

(3) 償却額

$$\underset{\text{利息配分額}}{125,341\text{円}} - \underset{\text{利札支払額}}{100,000\text{円}} = \underset{\text{償却額}}{25,341\text{円}}$$

(社 債 利 息)125,341	(当 座 預 金)100,000
	(社　　　　債)　25,341

(4) 社債の抽選償還

(社　　　　債)800,000	(当 座 預 金)800,000

(5) 社債の簿価

$$\underset{\times 1\text{年}9/30}{3,868,546\text{円}} + \underset{\text{償却額}}{25,341\text{円}} - \underset{\text{抽選償還額}}{800,000\text{円}}$$

$$= \underset{\times 2\text{年}3/31}{3,093,887\text{円}}$$

4. 利払日(×2年9月30日)

(1) 利息配分額

$$\underset{\times 2\text{年}3/31}{3,093,887\text{円}} \times 6.48\% \times \dfrac{6\text{カ月}}{12\text{カ月}}$$

$$\fallingdotseq \textbf{100,242}\text{円}$$

(2) 利札支払額

$$\underset{\text{額面総額}}{4,000,000\text{円}} - \underset{\text{抽選償還分}}{800,000\text{円}} = 3,200,000\text{円}$$

$$3,200,000\text{円} \times 5\% \times \dfrac{6\text{カ月}}{12\text{カ月}} = 80,000\text{円}$$

(3) 償却額

$$\underset{\times 2\text{年}3/31}{100,242\text{円}} - \underset{\text{利札支払額}}{80,000\text{円}} = \underset{\text{償却額}}{20,242\text{円}}$$

(社 債 利 息)100,242	(当 座 預 金) 80,000
	(社　　　　債) 20,242

(4) 社債の簿価

$$\underset{\times 2\text{年}3/31}{3,093,887\text{円}} + \underset{\text{償却額}}{20,242\text{円}} = \underset{\times 2\text{年}9/30}{3,114,129\text{円}}$$

5. 決算・抽選償還日(×3年3月31日)

(1) 利息配分額

$$\underset{\times 2\text{年}9/30}{3,114,129\text{円}} \times 6.48\% \times \dfrac{6\text{カ月}}{12\text{カ月}}$$

$$\fallingdotseq \textbf{100,898}\text{円}$$

(2) 利札支払額

$$3,200,000\text{円} \times 5\% \times \dfrac{6\text{カ月}}{12\text{カ月}} = 80,000\text{円}$$

(3) 償却額

$$\underset{\text{利息配分額}}{100,898\text{円}} - \underset{\text{利札支払額}}{80,000\text{円}} = \underset{\text{償却額}}{20,898\text{円}}$$

(社 債 利 息)100,898	(当 座 預 金) 80,000
	(社　　　　債) 20,898

(4) 社債の抽選償還

(社　　　　債)800,000	(当 座 預 金)800,000

(5) 社債の簿価

$$\underset{\times 2\text{年}9/30}{3,114,129\text{円}} + \underset{\text{償却額}}{20,898\text{円}} - \underset{\text{抽選償還額}}{800,000\text{円}}$$

$$= \underset{\times 3\text{年}3/31}{2,335,027\text{円}}$$

<金額計算のまとめ>　　　　　　　　　　　　　　　　　　　　　　　　　　　(単位:円)

利払日	a 償却前簿価	b 利息配分額	c 利札支払額	d 償却額 (b-c)	e 償却後簿価 (a+d)	f 償還後簿価 (e-800,000)
×1年9月30日	3,844,000	124,546	100,000	24,546	3,868,546	—
×2年3月31日	3,868,546	125,341	100,000	25,341	3,893,887	3,093,887
×2年9月30日	3,093,887	100,242	80,000	20,242	3,114,129	—
×3年3月31日	3,114,129	100,898	80,000	20,898	3,135,027	2,335,027

問題

6 総合問題

|解答|

貸 借 対 照 表
×6年3月31日現在　　　　　　　　　　　（単位：千円）

資産の部				負債の部		
I 流 動 資 産				I 流 動 負 債		
現 金 預 金	❶(	243,035)		支 払 手 形	⓲(	156,500)
受 取 手 形	❷(192,000)			買 掛 金	⓳(	219,000)
売 掛 金	❸(224,000)			1年内返済長期借入金	⓴(	25,000)
計	(416,000)			〔未 払 金〕	㉑(	1,400)
貸 倒 引 当 金	❹(8,320)	(407,680)		〔未 払 費 用〕	㉒(	975)
有 価 証 券	❺(	18,720)		未 払 法 人 税 等	㉓(	28,760)
商 品	❻(	71,250)		〔 〕	(	)
未 収 収 益	❼(	150)		流動負債合計	(	431,635)
前 払 費 用	❽(	400)		II 固 定 負 債		
〔 〕	(	)		社 債	㉔(	74,025)
流動資産合計	(	741,235)		長 期 借 入 金	㉕(	100,000)
II 固 定 資 産				固定負債合計	(	174,025)
有形固定資産				負 債 合 計	(	605,660)
建 物	❾(400,000)					
減価償却累計額	❿(108,000)	(292,000)		純資産の部		
備 品	⓫(100,000)					
減価償却累計額	⓬(39,200)	(60,800)		I 株 主 資 本		
土 地	⓭(	153,740)		資 本 金	㉖(	500,000)
有形固定資産合計	(	506,540)		資 本 剰 余 金		
投資その他の資産				資 本 準 備 金	㉗(	80,000)
投 資 有 価 証 券	⓮(	46,775)		利 益 剰 余 金		
関 係 会 社 株 式	⓯(	40,500)		利 益 準 備 金	㉘(	25,000)
長 期 貸 付 金	⓰(	95,000)		別 途 積 立 金	㉙(	150,000)
〔 〕	(	)		繰越利益剰余金	㉚(	70,340)
投資その他の資産合計	(	182,275)		株主資本合計	(	825,340)
固定資産合計	(	688,815)		II 評価・換算差額等		
III 繰 延 資 産				その他有価証券評価差額金	㉛(	750)
〔株 式 交 付 費〕	⓱(	1,700)		評価・換算差額等合計	(	750)
繰延資産合計	(	1,700)		純資産合計	(	826,090)
資 産 合 計	(	1,431,750)		負債及び純資産合計	(	1,431,750)

解説

1. 現金預金

銀行勘定調整表に関する修正仕訳

① 掛代金の未記帳

(当 座 預 金)	1,100	(売 掛 金)	1,100

② 未渡小切手

(当 座 預 金)	1,400	(未 払 金)	1,400

B/S 未払金**1,400**千円**㉑**

③ 社債の買入償還

償還金額:

$$75,000千円 \times \frac{@99円}{@100円} = 74,250千円$$

買入償還に関する処理は、後述7. を参照。

④ 誤記入

1,200千円 − 120千円 = 1,080千円

(当 座 預 金)	1,080	(販売費及び一般管理費)	1,080

B/S 現金預金:

26,505千円 + 287,200千円 + 1,100千円

+ 1,400千円 − 74,250千円 + 1,080千円

= **243,035**千円**❶**

2. 売掛金の貸倒れ

(貸 倒 引 当 金)	2,800	(売 掛 金)	2,800

3. 貸倒引当金の設定

受取手形 **192,000**千円**❷**

売掛金 227,900千円 − 1,100千円

− 2,800千円 = **224,000**千円**❸**

計 416,000千円

416,000千円 × 2% = **8,320**千円**❹**

8,320千円 − (3,500千円 − 2,800千円)

= 7,620千円

(貸倒引当金繰入)	7,620	(貸 倒 引 当 金)	7,620

4. 有価証券

(1) 振替え

有価証券の分類は次のようになります。

甲社株式 ― 有価証券

乙社株式 ― 投資有価証券(その他有価証券)

丙社株式 ― 関係会社株式

丁社社債 ― 投資有価証券(満期保有目的債券)

(関係会社株式)	40,500[01]	(有 価 証 券)	86,300
(投資有価証券)	45,800[02]		

01) @900円 × 45,000株 = 40,500千円

02) @1,800円 × 15,000株 + @100円 × 200,000口 × $\frac{@94円}{@100円}$ = 45,800千円

(2) 評価など

① 有価証券

(有価証券評価損)	480[03]	(有 価 証 券)	480

03) (@780円 − @800円) × 24,000株 = △480千円

B/S 有価証券:

105,500千円 − 86,300千円 − 480千円

= **18,720**千円**❺**

② 投資有価証券

(投 資 有 価 証 券)	750[04]	(その他有価証券評価差額金)	750	**㉛**

04) (@1,850円 − @1,800円) × 15,000株 = 750千円

i 償却原価法

(投 資 有 価 証 券)	225[05]	(有 価 証 券 利 息)	225

05) (20,000千円 − 18,800千円) × $\frac{9カ月}{48カ月}$ = 225千円

ii 未収利息

❼	(未 収 収 益)	150[06]	(有 価 証 券 利 息)	150

06) 20,000千円 × 3% × $\frac{3カ月}{12カ月}$ = 150千円

B/S 投資有価証券:

45,800千円 + 750千円 + 225千円

= **46,775**千円**⓮**

B/S 関係会社株式:**40,500**千円**⓯**

5. 期末商品の評価

（売 上 割 引）2,000	（売　　　　上）2,000

（仕　　　　入）87,000	（繰 越 商 品）87,000
（繰 越 商 品）80,600⁰⁷⁾	（仕　　　　入）80,600

07) 期末帳簿棚卸高　@62千円×1,300個=80,600千円

（棚 卸 減 耗 損）3,100⁰⁸⁾	（繰 越 商 品）9,350
（商 品 評 価 損）6,250⁰⁹⁾	
（仕　　　　入）9,350	（棚 卸 減 耗 損）3,100
	（商 品 評 価 損）6,250

08) 棚卸減耗損　@62千円×(1,300個−1,250個)=3,100千円
09) 商品評価損(@62千円−@57千円)×1,250個=6,250千円

商品（先入先出法）

期首 @58千円×1,500個	売上原価
当期仕入 @62千円× 10,300個	10,500個¹⁰⁾
	期末（差額） 1,300個

10) 販売数量
　（911,500千円+売上割引2,000千円）÷販売単価87千円
　=10,500個

先入先出法は、先に仕入れたものから先に費用化する方法ですので、期末商品は、当期仕入の商品からなるものとして計算します。

貸借対照表作成問題のため、棚卸減耗損は計算せずに、商品の貸借対照表価額を直接求めると、速く解答することができます。

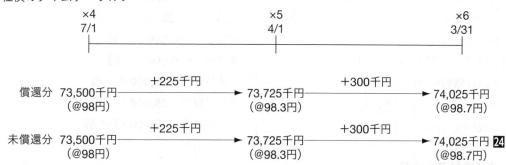

6. 減価償却

（減 価 償 却 費）27,200	（建物減価償却累計額）12,000¹¹⁾
	（備品減価償却累計額）15,200¹²⁾

11) 建物　400,000千円×0.9÷30年=12,000千円
12) 備品(100,000千円−24,000千円)×20%=15,200千円

B/S　建物減価償却累計額：

　96,000千円 + 12,000千円 = **108,000**千円 🔟

B/S　備品減価償却累計額：

　24,000千円 + 15,200千円 = **39,200**千円 ⓬

7. 社債

＜社債のタイムテーブル＞

	×4 7/1		×5 4/1		×6 3/31

償還分　73,500千円 ——+225千円→ 73,725千円 ——+300千円→ 74,025千円
（@98円）　　　　　　　　（@98.3円）　　　　　　　（@98.7円）

未償還分　73,500千円 ——+225千円→ 73,725千円 ——+300千円→ 74,025千円 ㉔
（@98円）　　　　　　　　（@98.3円）　　　　　　　（@98.7円）

期首簿価：$75,000千円 \times \dfrac{@98円}{@100円} + 1,500千円^{13)} \times \dfrac{9カ月}{60カ月} = 73,725千円$

13) $75,000千円 \times \dfrac{@100円 − @98円}{@100円} = \underset{\text{発行差額}}{1,500千円}$

当期償却額：$1,500千円 \times \dfrac{12カ月}{60カ月} = 300千円$

償還時簿価：73,725千円 + 300千円 = 74,025千円

(1) 買入償還した社債に関する処理

① 買入償還した社債に対する償却原価法

（社 債 利 息）	300	（社　　　債）	300

② 買入償還の処理

　ここでのポイントは、100円につき99円（利付相場）で買入償還をしているという点です。つまり、この99円の中には×6年1月から3月までの端数利息が含まれているといえます。仕訳は次のようになります。

（社 債 利 息）	375	（当 座 預 金）	375[14]

14) $75{,}000千円 \times 2\% \times \dfrac{3カ月}{12カ月} = 375千円$

　次に社債利息を除くと、仕訳は以下のようになります。

（社　　　債）	74,025	（当 座 預 金）	73,875[15]
		（社 債 償 還 益）	150[16]

15) $74{,}250千円（利付相場）-375千円（社債利息）=73{,}875千円$

16) $74{,}025千円-73{,}875千円=150千円（社債償還益）$

(2) 未償還分の社債に関する処理

　下記①、②の計算過程については(1)と同様になります。

① 未償還社債に対する償却原価法

（社 債 利 息）	300	（社　　　債）	300

② 期末簿価

　$73{,}725千円 + 300千円 = 74{,}025千円$

③ 未払社債利息の計上

（社 債 利 息）	375	（未 払 費 用）	375[17]

17) $75{,}000千円 \times 2\% \times \dfrac{3カ月}{12カ月} = 375千円$

8. 株式交付費の償却

（株式交付費償却）	1,700[18]	（株 式 交 付 費）	1,700

18) $3{,}400千円 \times \dfrac{12カ月}{24カ月} = 1{,}700千円$

B/S　株式交付費：

　$3{,}400千円 - 1{,}700千円 = \mathbf{1{,}700}千円$ [17]

9. 借入金

（長 期 借 入 金）	25,000	（1年内返済長期借入金）	25,000	[20]

B/S　長期借入金：

　$125{,}000千円 - 25{,}000千円 = \mathbf{100{,}000}千円$ [25]

10. 経過勘定項目

[8]	（前 払 費 用）	400	（支 払 保 険 料）	400
	（支 払 利 息）	600	（未 払 費 用）	600

B/S　未払費用：

　$375千円 + 600千円 = \mathbf{975}千円$ [22]

11. 法人税等

（法 人 税 等）	28,760	（未 払 法 人 税 等）	28,760	[23]

12. その他の項目

繰越利益剰余金

　貸借差額より **70,340**千円 [30]

前T/Bと金額に変化のない項目は、次のとおりです。

受取手形　**192,000**千円 [2]

建物　**400,000**千円 [9]

備品　**100,000**千円 [11]

土地　**153,740**千円 [13]

長期貸付金　**95,000**千円 [16]

支払手形　**156,500**千円 [18]

買掛金　**219,000**千円 [19]

資本金　**500,000**千円 [26]

資本準備金　**80,000**千円 [27]

利益準備金　**25,000**千円 [28]

別途積立金　**150,000**千円 [29]

Section

1 株主資本等の分類

問題
1 純資産の分類

|解答|

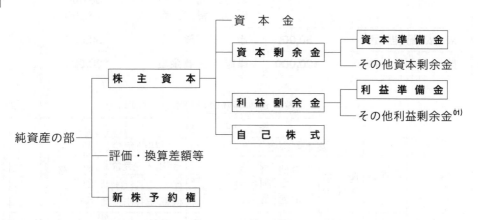

01） なお、その他利益剰余金はさらに任意積立金と繰越利益剰余金に分類されます。

Section 2 剰余金の配当

問題 2 剰余金の配当 1

|解答|

(単位：円)

	借 方 科 目	金 額	貸 方 科 目	金 額
(1)	損　　　　　益	80,000	繰越利益剰余金	80,000
(2)	繰越利益剰余金	38,000	利 益 準 備 金 未 払 配 当 金 任 意 積 立 金	3,000 30,000 5,000
(3)	未 払 配 当 金	30,000	当 座 預 金	30,000
(4)	損　　　　　益	120,000	繰越利益剰余金	120,000

株主資本等変動計算書　　　　　(単位：円)

	株 主 資 本									純資産合計
	資本金	資本剰余金			利益剰余金				株主資本合計	
		資本準備金	その他資本剰余金	資本剰余金合計	利益準備金	その他利益剰余金		利益剰余金合計		
						任意積立金	繰越利益剰余金			
当 期 首 残 高	900,000	70,000	10,000	80,000	90,000	20,000	130,000 01)	240,000	1,220,000	1,220,000
当 期 変 動 額										
剰余金の配当					3,000		△33,000 02)	△30,000	△30,000	△30,000
任意積立金の積立						5,000	△5,000			
当 期 純 利 益							120,000	120,000	120,000	120,000
当期変動額合計					3,000	5,000	82,000	90,000	90,000	90,000
当 期 末 残 高	900,000	70,000	10,000	80,000	93,000	25,000	212,000	330,000	1,310,000	1,310,000

01) 前期の決算整理前T／Bに前期の純利益を加算した金額が繰越利益剰余金の当期首残高になります。
02) 利益準備金積立額を含むことに注意してください。

|解説|

利益準備金積立額

$$\underbrace{900{,}000円 \times \frac{1}{4}}_{資本金} - (\underbrace{70{,}000円}_{資本準備金} + \underbrace{90{,}000円}_{利益準備金}) = 65{,}000円 > \underbrace{30{,}000円}_{配当額合計} \times \frac{1}{10} = 3{,}000円$$

∴準備金積立額 **3,000**円

問題

3 剰余金の配当2

|解答|

(単位：円)

	借 方 科 目	金 額	貸 方 科 目	金 額
(1)	その他資本剰余金	31,500	資 本 準 備 金	1,500
			未 払 配 当 金	30,000
	繰越利益剰余金	73,500	利 益 準 備 金	3,500
			未 払 配 当 金	70,000
(2)	未 払 配 当 金	100,000	当 座 預 金	100,000

|解説|

準備金の積立額

$$500,000円 \times \frac{1}{4} - 80,000円 - 40,000円$$

$$= 5,000円 < \underbrace{(70,000円 + 30,000円)}_{配当額合計} \times \frac{1}{10}$$

$$= 10,000円$$

よって準備金の積立額は5,000円となります。この場合、資本準備金積立額と利益準備金積立額については、配当財源の金額の割合で按分します。

資本準備金積立額

$$5,000円 \times \frac{30,000円}{30,000円 + 70,000円} = \textbf{1,500}円$$

利益準備金積立額

$$5,000円 \times \frac{70,000円}{30,000円 + 70,000円} = \textbf{3,500}円$$

3　自己株式

 取得・処分時の会計処理

|解答|

（単位：円）

	借　方　科　目	金　額	貸　方　科　目	金　額
(1)	自　己　株　式 支　払　手　数　料⁰¹⁾	3,600,000 180,000	当　座　預　金	3,780,000
(2)	当　座　預　金 株　式　交　付　費⁰²⁾	4,000,000 140,000	自　己　株　式 その他資本剰余金 当　座　預　金	3,600,000 400,000 140,000

01)　自己株式取得のための付随費用は、取得原価に含めません。
02)　繰延資産として処理する場合、3年以内の効果の及ぶ期間にわたって、定額法により償却します。

|解説|

(1) 自己株式の取得原価：

@360円×10,000株＝3,600,000円

付随費用：3,600,000円×5％＝**180,000**円

(2) 自己株式処分差益：

4,000,000円 － 3,600,000円 ＝ **400,000**円
（処分の対価）　　（帳簿価額）

自己株式処分差益は、「その他資本剰余金」として処理します。

問題 5 貸借対照表の記載

|解答|

貸　借　対　照　表　　　　　（単位：千円）
純資産の部

I　株　主　資　本
1　〔資　　本　　金〕　　　　　　　　　　（　　2,400,000）
2　〔資　本　剰　余　金〕
　　(1)　〔資　本　準　備　金〕　（　　　350,000）
　　(2)　〔その他資本剰余金〕　（　　　　2,000）01)　（　　　352,000）
3　〔利　益　剰　余　金〕
　　(1)　〔利　益　準　備　金〕　（　　　210,000）
　　(2)　〔その他利益剰余金〕
　　　　〔別　途　積　立　金〕　（　　　170,000）
　　　　〔繰越利益剰余金〕　（　　　250,000）　（　　　630,000）
4　〔自　　己　　株　　式〕　　　　　　　　（　　　△6,000）
　　　　株　主　資　本　合　計　　　　　　（　　3,376,000）
II　評価・換算差額等
1　〔その他有価証券評価差額金〕　　　　　　（　　　　5,000）
　　　　評価・換算差額等合計　　　　　　　（　　　　5,000）
　　　　純　資　産　合　計　　　　　　　　（　　3,381,000）

　01)　16,000千円－14,000千円＝2,000千円

|解説|

自己株式の処分

(当　座　預　金) 20,000	(自　己　株　式) 34,000
(その他資本剰余金) 14,000	

|解答|

貸 借 対 照 表　　　　（単位：千円）

純資産の部

Ⅰ　　株主資本			
1〔資　　本　　金〕			（　120,000）
2〔資　本　剰　余　金〕			
（1）〔資　本　準　備　金〕			（　15,000 ）
3〔利　益　剰　余　金〕			
（1）〔利　益　準　備　金〕		（　10,000）	
（2）〔その他利益剰余金〕			
〔繰越利益剰余金〕		（　32,500）	（　42,500）
株　主　資　本　合　計			（　177,500）
純　資　産　合　計			（　177,500）

|解説|

1. 期 中

（1）自己株式の消却

（その他資本剰余金）[01] 2,000	（自　己　株　式） 2,000

01) 自己株式を消却する場合、会社法の規定により「その他資本剰余金」を減額します。

（2）自己株式の処分

（仮　　受　　金） 2,400	（自　己　株　式） 3,000
（その他資本剰余金）　600 [02]	

02) 自己株式処分差額　2,400千円−3,000千円=△600千円
　　　　　　　　　　　　　処分の対価　　帳簿価額

2. 決算時

　自己株式の処分対価によっては自己株式処分差額がマイナスとなり、結果としてその他資本剰余金がマイナスとなる場合があります。このような場合には、決算において、繰越利益剰余金を減額してその他資本剰余金をゼロとする処理を行います。

その他資本剰余金：

2,300千円−2,000千円−600千円

=△300千円

繰越利益剰余金：

2,800千円+30,000千円−300千円

=**32,500**千円

（繰越利益剰余金）　300	（その他資本剰余金）　300

問題
7 まとめ問題

|解答|

(単位：千円)

	株　主　資　本						評価・換算差額等	純資産合計
	資本金	資本準備金	その他資本剰余金	利益準備金	繰越利益剰余金	自己株式	その他有価証券評価差額金	
当期首残高	95,000	4,000	5,000	14,800	81,000		200	200,000
当期変動額								
新株の発行	5,000	5,000						10,000
剰余金の配当		300	△4,300	900	△12,900			△16,000
当期純利益					8,000			8,000
自己株式の取得						△10,000		△10,000
自己株式の処分			△1,200			6,000		4,800
自己株式の消却			△1,000			1,000		
その他資本剰余金の補てん			1,500		△1,500			
株主資本以外の項目の当期変動額							300	300
当期変動額合計	5,000	5,300	△5,000	900	△6,400	△3,000	300	△2,900
当期末残高	100,000	9,300		15,700	74,600	△3,000	500	197,100

解説

1. 新株の発行

（借）当　座　預　金	10,000	（貸）資　　本　　金	5,000*1
		資　本　準　備　金	5,000*1

*1　$10,000 千円 \times \dfrac{1}{2} = 5,000 千円$

2. 剰余金の配当

(1)　$16,000 千円 \times \dfrac{1}{10} = 1,600 千円$

(2)　$(95,000 千円 + 5,000 千円) \times \dfrac{1}{4} - (4,000 千円 + 5,000 千円 + 14,800 千円) = 1,200 千円$

(3)　準備金要積立額：(1)＞(2)　∴　1,200千円

（借）そ の 他 資 本 剰 余 金	4,300*4	（貸）資　　本　　準　　備　　金	300*2
		未　　払　　配　　当　　金	4,000
（借）繰 越 利 益 剰 余 金	12,900*5	（貸）利　　益　　準　　備　　金	900*3
		未　　払　　配　　当　　金	12,000

*2　$1,200 千円 \times \dfrac{4,000 千円}{4,000 千円 + 12,000 千円} = 300 千円$　　　　*4　$300 千円 + 4,000 千円 = 4,300 千円$

*3　$1,200 千円 \times \dfrac{12,000 千円}{4,000 千円 + 12,000 千円} = 900 千円$　　　　*5　$900 千円 + 12,000 千円 = 12,900 千円$

【解】

Chapter 13

純資産会計1（配当、自己株式）

3. 自己株式

(1) 自己株式の取得

自己株式の取得に係る付随費用は自己株式の取得原価に算入せずに、営業外費用として処理します。

(借)自　己　株　式	10,000*6	(貸)当　座　預　金	10,000
(借)支　払　手　数　料	500	(貸)当　座　預　金	500

*6　@10千円×1,000株＝10,000千円

(2) 自己株式の処分

自己株式の処分に係る付随費用は、原則として営業外費用として処理します。

(借)当　座　預　金	4,800*7	(貸)自　己　株　式	6,000*8
その他資本剰余金	1,200*9		
(借)株　式　交　付　費	300	(貸)当　座　預　金	300
営業外費用			

*7　@8千円×600株＝4,800千円　　*9　(@8千円−@10千円)×600株＝△1,200千円(処分差損)
*8　@10千円×600株＝6,000千円

(3) 自己株式の消却

自己株式の消却に係る付随費用は、営業外費用として処理します。

(借)その他資本剰余金	1,000*10	(貸)自　己　株　式	1,000
(借)支　払　手　数　料	200	(貸)当　座　預　金	200

*10　@10千円×100株＝1,000千円

4. その他有価証券

(1) 期首

(借)その他有価証券評価差額金	200*11	(貸)そ　の　他　有　価　証　券	200

*11　3,200千円−3,000千円＝200千円

(2) 期末

(借)そ　の　他　有　価　証　券	500*12	(貸)その他有価証券評価差額金	500

*12　3,500千円−3,000千円＝500千円

5. その他資本剰余金の負の残高の補てん

その他資本剰余金の残高が負の値となった場合には、会計期間末において、その他資本剰余金をゼロとし、負の値をその他利益剰余金(繰越利益剰余金)から減額します。

その他資本剰余金：5,000千円−4,300千円−1,200千円−1,000千円＝△1,500千円

(借)繰　越　利　益　剰　余　金	1,500	(貸)そ　の　他　資　本　剰　余　金	1,500

6. 当期純利益

(借)損　　　　　　　益	8,000	(貸)繰　越　利　益　剰　余　金	8,000

Chapter 14 外貨換算会計

Section 1 外貨建取引

問題 1 資産・負債の換算 1

解答

①	買掛金（7カ月後決済）	305,000	円
②	売掛金（13カ月後決済）	280,600	円
③	前払費用	28,500	円
④	貸付金	380,640	円
⑤	土地	732,480	円
⑥	長期借入金	352,580	円

解説

	資産・負債	換算の必要性	貸借対照表価額
①	買掛金（7カ月後決済）	有	282,500円÷113円＝2,500ドル 122円×2,500ドル＝305,000円
②	売掛金（13カ月後決済）	有01)	273,700円÷119円＝2,300ドル 122円×2,300ドル＝280,600円
③	前払費用	無	28,500円（帳簿価額）
④	貸付金	有	383,760円÷123円＝3,120ドル 122円×3,120ドル＝380,640円
⑤	土地	無	732,480円（帳簿価額）
⑥	長期借入金	有01)	355,470円÷123円＝2,890ドル 122円×2,890ドル＝352,580円

01) 1年を超えていても、外貨建金銭債権・債務はすべて決算時の為替レートで換算します。

問題 2 資産・負債の換算 2

|解答|

(単位：円)

貸 借 対 照 表		損 益 計 算 書	
流動資産		販売費及び一般管理費	
売 掛 金	(**202,000**)	貸 倒 引 当 金 繰 入	(**1,040**)
貸 倒 引 当 金	(**4,040**)	⋮	⋮
⋮	⋮	営業外収益	
流動負債		(**為 替 差 益**)	(**200**)
買 掛 金	(**102,100**)	営業外費用	
		( )	( )

|解説|

1. 売掛金の換算

資産の決算日の換算は、決算日レートから取得時レートを引いてプラスであれば差益、マイナスであれば差損と考えるといいです。負債の決算日の換算は、逆に取得時レートから決算日レートを引いて同様に考えるといいです。

(借)売 掛 金	2,000*1	(貸)為 替 差 損 益	2,000

*1　(@105円−@103円)×1,000ドル＝2,000円(差益)

B/S　売掛金：200,000円＋2,000円＝202,000円

2. 買掛金の換算

(借)為 替 差 損 益	2,100*2	(貸)買 掛 金	2,100

*2　(@102円−@105円)×700ドル＝△2,100円(差損)

B/S　買掛金：100,000円＋2,100円＝102,100円

3. 貸倒引当金の設定

(借)貸 倒 引 当 金 繰 入	1,040*3	(貸)貸 倒 引 当 金	1,040

*3　202,000円×2%−3,000円＝1,040円

B/S　貸倒引当金：3,000円＋1,040円＝4,040円

P/L　為替差益：300円＋2,000円−2,100円＝200円

2 外貨建有価証券の評価

問題 3 有価証券1

|解答|

(単位：円)

貸 借 対 照 表		損 益 計 算 書	
資 産 の 部		営業外収益	
流動資産		受 取 配 当 金　1,800	
有 価 証 券　（ **30,450**）		有 価 証 券 利 息　（ **3,120**）	
固定資産		**（有価証券評価益）**　（ **450**）	
投資その他の資産		**（為 替 差 益）**　（ **4,780**）	
投 資 有 価 証 券　（ **111,510**）		営業外費用	
関 係 会 社 株 式　（ **8,400**）		（　　　　　）　（　　　　　）	
⋮　　　　　　⋮		⋮　　　　　　⋮	
純 資 産 の 部		特別損失	
評価・換算差額等		**（関係会社株式評価損）**　（ **12,200**）	
その他有価証券評価差額金　（ **310**）			

|解説|

1. 売買目的有価証券（A社株式）

（借）売 買 目 的 有 価 証 券　450*1	（貸）有 価 証 券 評 価 損 益　450

*1　290ドル×@105円−30,000円＝450円（評価益）

2. 満期保有目的の債券（B社社債）

（借）満 期 保 有 目 的 債 券　1,020*2	（貸）有 価 証 券 利 息　1,020*2
（借）満 期 保 有 目 的 債 券　4,780*3	（貸）為 替 差 損 益　4,780*3

*2　外貨建償却額：$(1,000ドル−950ドル)×\dfrac{12カ月}{60カ月}=10$ドル

　　円貨建償却額：10ドル×102円（AR）＝1,020円

*3　貸借対照表価額：（950ドル＋10ドル）×105円（CR）＝100,800円
　　為替差損益：100,800円−（95,000円＋1,020円）＝4,780円（差益）

P/L　有価証券利息：2,100円＋1,020円＝3,120円

3. 子会社株式（C社株式）

子会社株式評価損は、P/L上、関係会社株式評価損として表示します。

（借）子 会 社 株 式 評 価 損　12,200*4	（貸）子 会 社 株 式　12,200

*4　80ドル×@105円−200ドル×@103円＝△12,200円

4. その他有価証券（D社株式）

（借）その他有価証券	310*5	（貸）その他有価証券評価差額金	310

*5　102ドル×@105円−10,400円＝310円

B/S　投資有価証券：95,000円＋1,020円＋4,780円＋10,400円＋310円＝111,510円

有価証券 2

解答

（単位：円）

		借　方　科　目	金　　　額	貸　方　科　目	金　　　額
(1)	A社	その他有価証券	31,200	その他有価証券評価差額金	31,200
	B社	その他有価証券評価差額金	63,600	その他有価証券	63,600
(2)	A社	その他有価証券	31,200	その他有価証券評価差額金 為　替　差　損　益	12,200 19,000
	B社	その他有価証券評価差額金 為　替　差　損　益	36,600 27,000	その他有価証券	63,600

解説

① A社
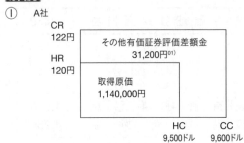

② A社

B社

01)　122円×9,600ドル−1,140,000円＝31,200円
02)　122円×8,700ドル−1,125,000円＝△63,600円

03)　122円×（9,600ドル−9,500ドル）＝12,200円
04)　（122円−120円）×9,500ドル＝19,000円
05)　122円×（8,700ドル−9,000ドル）＝△36,600円
06)　（122円−125円）×9,000ドル＝△27,000円

Section 3 為替予約

問題 5 営業取引の為替予約

|解答|

問1.

（単位：円）

	借 方 科 目	金 額	貸 方 科 目	金 額
①	仕 入	295,000	支 払 手 形	295,000[01]
②	仕 訳 な し			
③	支 払 手 形	295,000	現 金	295,000

01) 予約レート 118円×2,500ドル=295,000円

問2.

（単位：円）

	借 方 科 目	金 額	貸 方 科 目	金 額
①	売 掛 金	86,100	売 上	86,100
②	売 掛 金	2,100	為 替 差 損 益 前 受 収 益	700[02] 1,400[02]
③	前 受 収 益	1,000	為 替 差 損 益	1,000[03]
④	現 金 前 受 収 益	88,200 400	売 掛 金 為 替 差 損 益	88,200[04] 400[05]

×1年度の損益に属する為替差損益： 1,700 円 ※為替差損の場合は、金額の前に△を付しなさい。

02) 直々差額：（124円−123円）×700ドル=700円
直先差額：（126円−124円）×700ドル=1,400円

03) $1,400円 \times \dfrac{5 \, \text{カ月}}{7 \, \text{カ月}} = 1,000円$

04) 126円×700ドル=88,200円

05) $1,400円 \times \dfrac{2 \, \text{カ月}}{7 \, \text{カ月}} = 400円$

解説

問1. 取引発生時に為替予約を付した場合

①取引発生時：取引全体を予約レート1ドル 118円で換算します。

②決算時：換算替の必要がないため仕訳は行いません。

③決済時：取引発生時に付した予約レートで決済します。

問2. 取引発生後に為替予約を付した場合

①取引発生時：取引全体を取引発生時のレート（1ドル123円）で換算します。

②為替予約時：

  a. 取引時レートと予約日のレートの差額（直々差額）→当期の損益

    （124円 − 123円）× 700ドル

    = 700円（為替差益）

  b. 予約日のレートと予約レートとの差額（直先差額）→各期に配分

    （126円 − 124円）× 700ドル

    = 1,400円（前受収益）

③決算時：$1,400円 \times \dfrac{5カ月}{7カ月} = 1,000円$（為替差益）

④決済時：予約レートで決済し、前受収益の残高を為替差損益に振り替えます。

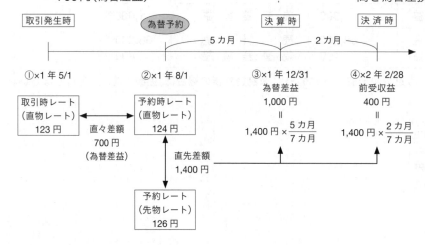

問題

6 資金取引の為替予約

|解答|

(単位:円)

貸 借 対 照 表	
資 産 の 部	
流動資産	
現 金 預 金	150,000
（前 払 費 用）	（ **1,000**）
⋮	⋮
負 債 の 部	
流動負債	
短 期 借 入 金	（ **103,100**）
未 払 費 用	（ **525**）
（ ）	（ ）

損 益 計 算 書	
営業外収益	
（ ）	（ ）
⋮	⋮
営業外費用	
支 払 利 息	（ **525**）
（為 替 差 損）	（ **2,100**）

【解】

Chapter 14

外貨換算会計

|解説|

1. 借入時（処理済み）

（借）現 金 預 金 100,000*1	（貸）短 期 借 入 金 100,000

*1　1,000ドル×@100円=100,000円

2. 為替予約（未処理）

（1） 予約時

直々差額：（@102円－@100円）×1,000ドル＝2,000円（為替差損）

直先差額：（@103.1円－@102円）×1,000ドル＝1,100円（前払費用）

（借）為 替 差 損 益 2,000	（貸）短 期 借 入 金 3,100*2
前 払 費 用 1,100	

*2　（@103.1円－@100円）×1,000ドル＝3,100円

（2） 決算時（直先差額の配分）

（借）為 替 差 損 益 100*3	（貸）前 払 費 用 100

*3　$1,100円 × \dfrac{1カ月}{11カ月} = 100円$

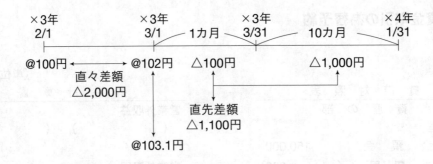

B/S　短期借入金：100,000円＋3,100円＝103,100円

P/L　為替差損：2,000円＋100円＝2,100円

3．利息の見越し計上

　本問では利息については為替予約を付していないため、決算時の為替相場にもとづき計上します。

（借）支 払 利 息	525*4	（貸）未 払 費 用	525

*4　1,000ドル×3%×$\frac{2カ月}{12カ月}$×@105円＝525円

7 総合問題

|解答|

問1.

銘柄	貸借対照表価額	為替差損益
A社株式	❶ 180,250千円	❷ 0千円(−)
B社社債	❸ 101,455千円	❹ 1,975千円(損)
C社株式	❺ 154,500千円	❻ 0千円(−)
D社社債	❼ 164,800千円	❽ 7,500千円(損)
E社株式	❾ 72,100千円	❿ 0千円(−)

為替差損益の( )には損または益を記入し、為替差損益が生じない場合、0千円(−)と記入する。

問2.

損 益 計 算 書

自×5年4月1日 至×6年3月31日 （単位：千円）

I 売 上 高		⓫ (	2,990,000)	
II 売 上 原 価				
1 期首商品棚卸高	(	244,000)		
2 当期商品仕入高	(	2,400,000)		
合 計	(	2,644,000)		
3 期末商品棚卸高	⓬ (	204,000)		
差 引	(	2,440,000)		
4 棚 卸 減 耗 損	⓭ (	9,000)		
5 商 品 評 価 損	⓮ (	27,900)	(2,476,900)	
売 上 総 利 益			(513,100)	
III 販売費及び一般管理費				
販 売 費	⓯ (	54,800)		
一 般 管 理 費	(	20,000)		
貸 倒 引 当 金 繰 入	⓰ (	1,400)		
減 価 償 却 費	⓱ (	59,354)	(135,554)	
営 業 利 益			(377,546)	
IV 営 業 外 収 益				
受 取 利 息	(	6,000)		
受 取 配 当 金	(	4,400)		
有 価 証 券 利 息	⓲ (	12,530)		
〔有 価 証 券 評 価 益〕	⓳ (	7,250)		
( )	(	)	(30,180)	
V 営 業 外 費 用				
貸 倒 引 当 金 繰 入	⓴ (	1,894)		
〔支 払 利 息〕	㉑ (	1,154)		
〔為 替 差 損〕	㉒ (	7,225)	(10,273)	
経 常 利 益			(397,453)	
VI 特 別 損 失				
関係会社株式評価損	㉓ (	171,900)		
〔減 損 損 失〕	㉔ (	7,600)	(179,500)	
税引前当期純利益			(217,953)	
法人税・住民税及び事業税			(98,950)	
当 期 純 利 益			(119,003)	

【解】

Chapter 14

外貨換算会計

解説

本問は、損益計算書の作成が中心となる問題です。加えて、外貨建有価証券の評価（問1）が、問題の核となる論点だと推測できます。

1. 未処理事項の処理
(1) 返品

(売 上) 37,500	(売 掛 金) 37,500

P/L 売上高：3,027,500千円 − 37,500千円
= 2,990,000千円**11**

(2) 為替予約
① 為替予約日の処理

(為 替 差 損 益) 400[01]	(買 掛 金) 1,000[03]
(前 払 費 用) 600[02]	

01) 直々差額：(102円−104円)×200千ドル
= △400千ドル
02) 直先差額：(104円−107円)×200千ドル
= △600千ドル
03) (107円−102円)×200千ドル=1,000千円

② 決算日の処理

(為 替 差 損 益) 150	(前 払 費 用) 150

(3) リース料の支払

資料3の5.（2）を参照

2. 決算整理事項等の処理
(1) 売上原価の算定・期末商品の評価
① 売上原価の算定

手許商品の期末有高には、返品された商品30,000千円（原価）も含める点に注意しましょう。

(仕 入) 244,000	(繰 越 商 品) 244,000
12 (繰 越 商 品) 204,000[04]	(仕 入) 204,000

04) @6千円×29,000個（帳簿棚卸高）+30,000千円（返品分）=204,000千円

② 期末商品の評価

返品されてきた商品にも400千円の評価損が生じている点に注意します。

13 (棚 卸 減 耗 損) 9,000[05]	(繰 越 商 品) 36,900
14 (商 品 評 価 損) 27,900[06]	

05) 棚卸減耗損：@6千円×(29,000個−27,500個)
=9,000千円
06) 商品評価損：(@6千円−@5千円)×27,500個+400千円（返品分）
=27,900千円

手許商品（未処理の返品分を除く）

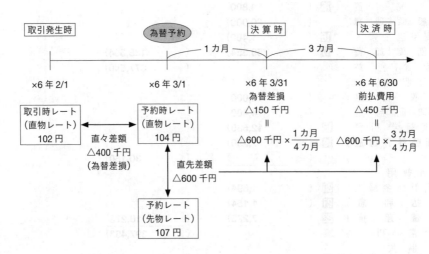

(2) 外貨建売掛金・買掛金の換算

外貨建金銭債権債務である外貨建売掛金と外貨建買掛金を決算日の為替レート（CR）で換算します。

外貨建売掛金：

103円×400千ドル－40,200千円＝1,000千円

外貨建買掛金：

62,000千円－103円×600千ドル＝200千円

(売 掛 金)	1,000	(為 替 差 損 益)	1,200
(買 掛 金)	200		

為替予約を付している外貨建金銭債権債務は、為替予約締結時に予約レート（FR）で換算済みであるため、決算時に改めて換算する必要はありません。

(3) 売上債権に対する貸倒引当金の設定

16 (貸倒引当金繰入) 1,400[07] (貸 倒 引 当 金) 1,400

07) 売掛金(476,500千円－37,500千円＋1,000千円)×2%
　　　　　　　　　　資料2の1.　　 資料3の2.
　　＝8,800千円
　　貸倒引当金残高 △7,400千円
　　貸倒引当金繰入 1,400千円

(4) 外貨建有価証券の評価(問1)

① A社株式(売買目的有価証券)

外貨建売買目的有価証券の換算差額は全額、有価証券評価損益とします。

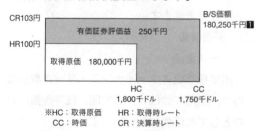

※HC：取得原価　　 HR：取得時レート
　CC：時価　　　　CR：決算時レート

(売買目的有価証券)	250	(有価証券評価損益)	250[08]

08) 103円×1,750千ドル－100円×1,800千ドル＝250千円
　　　期末評価額　　　　　　 取得原価

A社株式に係る為替差損益：0円**2**

P/L有価証券評価損益：7,000千円＋250千円
＝7,250千円(評価益)**19**

② B社社債(満期保有目的債券)

外貨建満期保有目的債券の償却額は、期中平均レート(AR)で換算します。

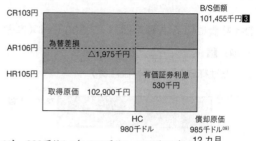

09) 980千ドル＋(1,000千ドル－980千ドル)× $\frac{12 \text{カ月}}{48 \text{カ月}}$
　　＝985千ドル

(満期保有目的債券)	530	(有価証券利息)	530[10]
(為 替 差 損 益)	1,975[11]	(満期保有目的債券)	1,975

10) 円貨建償却額：106円×5千ドル＝530千円
11) 為替差損益：103円×985千ドル－(102,900千円＋530千円)
　　　　　　　　＝△1,975千円(為替差損)

B社社債に係る為替差損益：

1,975千円(為替差損)**4**

P/L有価証券利息：

12,000千円＋530千円＝12,530千円**18**

③ C社株式(子会社株式)

12) (8,400千ドル－5,900千ドル)×60%＝1,500千ドル

23 (関係会社株式評価損) 171,900[13] (子 会 社 株 式) 171,900

13) 103円×1,500千ドル－326,400千円＝△171,900千円

C社株式に係る為替差損益：0円**6**

④ D社社債(その他有価証券)

この方法は債券のみに適用できる容認処理です。原則は換算差額すべてを評価差額とします。

（その他有価証券）10,300[14]	（その他有価証券評価差額金）10,300
（為 替 差 損 益）7,500[15]	（その他有価証券）7,500

14) 103円×（1,600千ドル−1,500千ドル）=10,300千円
15) （103円−108円）×1,500千ドル=△7,500千円

D社社債に係る為替差損益：7,500千円（為替
差損）**8**

⑤　E社株式（その他有価証券）

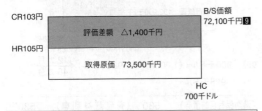

CR103円
HR105円
B/S価額 72,100千円**9**
評価差額　△1,400千円
取得原価　73,500千円
HC 700千ドル

（その他有価証券評価差額金）1,400	（その他有価証券）1,400[16]

16) （103円−105円）×700千ドル=△1,400千円（評価差損）

E社株式の為替差損益：0千円**10**
P/L為替差損：
1,600千円＋△400千円＋△150千円
＋1,200千円＋△1,975千円＋△7,500千円
=△7,225千円**22**

(5)　固定資産の減損

①　資産ごとの減損損失の認識・測定
　　減損の兆候がある固定資産のうち、割引前
将来キャッシュ・フローが取得原価を下回る
ものについて、減損損失を認識します。本問
では建物のみが該当します。
　　また、本問では回収可能価額が資料に与え
られているため、取得原価と回収可能価額の
差額が建物の減損損失となります。
　　建物の減損損失：
40,000千円−35,100千円=4,900千円

②　のれんを含む、より大きな単位での減損損
　　失の認識・測定
　　X事業全体の割引前将来キャッシュ・フ
ローの合計が取得原価の合計を下回っている
ため、減損損失を認識します。X事業全体の
減損損失も建物と同じ要領で計算します。
　　X事業全体の減損損失：
125,000千円−117,400千円=7,600千円

③　のれんの減損損失
　　X事業全体の減損損失から建物の減損損失を
控除した金額が、のれんに対する減損損失の金
額となります。
　　のれんの減損損失：
7,600千円−4,900千円=2,700千円

24（減 損 損 失）7,600	（建　　　　　物）4,900
	（の　れ　ん）2,700

(6)　リース資産の処理

①　残高試算表上のリース債務勘定残高
　　前回のリース料支払い（×5年3月31日、
前期末）が終わった段階での、残存リース期
間は3年間であるため、年間リース料20,000
千円の3年分の割引現在価値が前T/B上の
リース債務の残高となっています。
　　前T/B　リース債務：
20,000千円×2.8839=57,678千円

②　リース料支払いの処理

21（リ ー ス 債 務）18,846[17]	（現 金 預 金）20,000
（支 払 利 息）1,154	

17) 57,678千円−20,000千円×1.9416=18,846千円
　　　　　　　　　　　　　　当期末のリース債務残高
　　リース債務の残高は、リース料の割引現在価
値の総額と一致するので、年金現価係数を使う
ことで計算できます。

(7)　減価償却

①　リース資産
　　所有権移転外ファイナンス・リース取引な
ので、耐用年数はリース期間、残存価額はゼ
ロとして減価償却を行います。

（減 価 償 却 費）18,854[18]	（リース資産減価償却累計額）18,854

18) 94,270千円÷5年=18,854千円

②　その他の固定資産

（減 価 償 却 費）40,500	（建物減価償却累計額）18,000[19]
	（備品減価償却累計額）22,500[20]

19) （440,000千円−40,000千円）×（1−10%）÷20年
　　　　　　　　　　減損適用前のX事業の建物
　　=18,000千円
20) 150,000千円×（1−10%）÷6年=22,500千円

P/L減価償却費：
18,854千円＋40,500千円=59,354千円**17**

(8) 長期貸付金に対する貸倒引当金の設定（キャッシュ・フロー見積法）

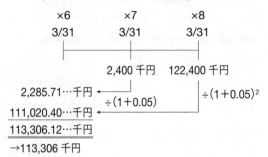

×6   ×7   ×8
3/31   3/31   3/31

2,400 千円   122,400 千円

2,285.71…千円 ←÷(1+0.05)   ÷(1+0.05)²
111,020.40…千円 ←
113,306.12…千円
→113,306 千円

貸倒見積高：

120,000千円 − 113,306千円 = 6,694千円

20 | （貸倒引当金繰入） | 1,894[21] | （貸倒引当金） | 1,894 |

21) 6,694千円−4,800千円=1,894千円

(9) 費用の繰延べ

| （前 払 費 用） | 600 | （販 売 費） | 600 |

P/L販売費：

55,400千円 − 600千円 = 54,800千円 15

(10) 法人税等の処理

| （法人税・住民税及び事業税） | 98,950 | （未払法人税等） | 98,950 |

(11) その他の項目

前T/Bの金額から変動のない一般管理費、受取利息、受取配当金については、前T/Bの金額をそのままP/Lに記入します。

一般管理費：20,000千円

受 取 利 息：6,000千円

受取配当金：4,400千円

Chapter
15 企業結合

Section 2 合併

問題 1 合併

解答

問1.

(単位：円)

借 方 科 目	金　　額	貸 方 科 目	金　　額
諸　　資　　産	420,000	諸　　負　　債	120,000
の　　れ　　ん	20,000	資　　本　　金	100,000
		資 本 準 備 金	180,000
		自　己　株　式	40,000

問2.

(単位：円)

借 方 科 目	金　　額	貸 方 科 目	金　　額
諸　　資　　産	420,000	諸　　負　　債	120,000
		資　　本　　金	100,000
		資 本 準 備 金	60,000
		負ののれん発生益	140,000

解説

問1

(1) 取得原価の算定：

@ 50円 × 6,400株 = 320,000円

自己株式を交付した場合には、交付株式の時価から自己株式の簿価を引いた額を払込資本とします。

本問では払込資本のうち100,000円を資本金とし、残りを資本準備金とします。

払込資本：320,000円 − 40,000円
= 280,000円

資本準備金：280,000円 − 100,000円
= 180,000円

(2) のれんの算定：

320,000円 − (420,000円 − 120,000円)
= 20,000円（のれん）

問2

(1) 取得原価の算定：

@ 50円 × 3,200株 = 160,000円

資本金：100,000円

その他資本剰余金：160,000円 − 100,000円
= 60,000円

(2) のれんの算定：

160,000円 − (420,000円 − 120,000円)
= △140,000円（負ののれん）

3 交付株式数の決定

問題
2 企業評価額の算定方法

解答

	A 社	B 社
(1)純 資 産 額 法[01]	**2,800,000** 円	**1,250,000** 円
(2)純 財 産 額 法[02]	**3,200,000** 円	**1,550,000** 円
(3)収益還元価値法[03]	**4,200,000** 円	**1,500,000** 円
(4)折 衷 法[04]	**3,500,000** 円	**1,375,000** 円

01) 純資産額法　企業評価額＝総資産−総負債
02) 純財産額法　企業評価額＝総資産(時価)−総負債(時価)
03) 収益還元価値法　企業評価額＝(自己資本×自己資本利益率)÷資本還元率
04) 折衷法　企業評価額＝$\dfrac{2\,\text{つの方法による企業評価額の合計}}{2}$
平均利益

解説

(1)　純資産額法

A社　3,500,000円 − 700,000円
　　　＝ **2,800,000**円

B社　1,800,000円 − 550,000円
　　　＝ **1,250,000**円

(2)　純財産額法

A社　3,900,000円 − 700,000円
　　　＝ **3,200,000**円

B社　2,100,000円 − 550,000円
　　　＝ **1,550,000**円

(3)　収益還元価値法

A社　(3,500,000円 − 700,000円)× 15%
　　　　÷ 10% ＝ **4,200,000**円

B社　(1,800,000円 − 550,000円)× 12%
　　　　÷ 10% ＝ **1,500,000**円

(4)　折衷法

A社　(2,800,000円 + 4,200,000円)÷ 2
　　　＝ **3,500,000**円

B社　(1,250,000円 + 1,500,000円)÷ 2
　　　＝ **1,375,000**円

問題
3 合併比率、交付株式数の決定

|解答|

(A)合併比率	(B)交付株式数
0.77	**2,464** 株

|解説|

《解法のポイント》

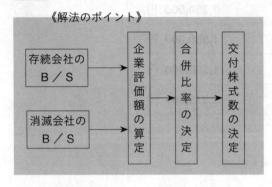

(1) 純資産額法

① 企業評価額の算定

A社 1,600,000円 − 320,000円
= 1,280,000円

B社 302,000円 − 78,000円 = 224,000円

(2) 収益還元価値法

① 企業評価額の算定

A社 (1,600,000円 − 320,000円) × 15%
÷ 10% = 1,920,000円

B社 (302,000円 − 78,000円) × 12%
÷ 10% = 268,800円

(3) 折衷法（純資産額法と収益還元価値法の平均)

① 企業評価額の算定

A社 $\dfrac{1,280,000 円 + 1,920,000 円}{2}$

= 1,600,000 円

B社 $\dfrac{224,000 円 + 268,800 円}{2}$

= 246,400 円

② 合併比率の決定

$\dfrac{246,400 円 ÷ 3,200 株}{1,600,000 円 ÷ 16,000 株}$

$= \dfrac{@ 77 円}{@ 100 円} = $ **0.77**

③ 交付株式数の決定

3,200 株 × 0.77 = **2,464** 株

Section

2 資本連結の基本的処理

問題
1 部分所有子会社の処理

解答

評価替えの仕訳 (単位:千円)

借 方 科 目	金 額	貸 方 科 目	金 額
諸 資 産	1,000	評 価 差 額	1,000

資本連結の仕訳 (単位:千円)

借 方 科 目	金 額	貸 方 科 目	金 額
資 本 金	20,000	S 社 株 式	37,500
資 本 剰 余 金	10,000	非支配株主持分	10,000[02]
利 益 剰 余 金	9,000		
評 価 差 額	1,000[01]		
の れ ん	7,500[03]		

01) 75,000千円-74,000千円=1,000千円

02) 40,000千円×25%=10,000千円
    S社純資産　非支配株主持分割合

03) 37,500千円-40,000千円×75%=7,500千円
    　　　　　　　　　　親会社持分

連結貸借対照表
×1年3月31日 (単位:千円)

諸 資 産	(	182,500)	諸 負 債	(	105,000)
〔の れ ん〕	(	7,500)	資 本 金	(	50,000)
			資 本 剰 余 金	(	15,000)
			利 益 剰 余 金	(	10,000)
			〔非支配株主持分〕	(	10,000)
	(	190,000)		(	190,000)

解説

本問は投資消去差額が生じる場合の部分所有の資本連結です。本問を図示すると次のようになります。

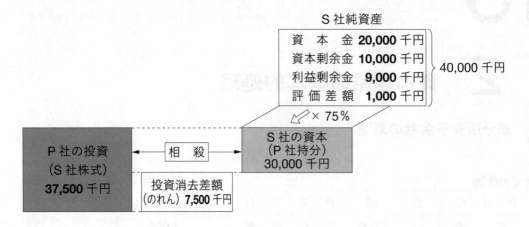

 Section

3 支配獲得日後の処理

問題 2 のれんの償却と子会社の当期純利益の振替え

解答

(単位：円)

借　方　科　目	金　　額	貸　方　科　目	金　　額
非支配株主に帰属する当期純利益	1,300	非支配株主持分当期変動額	1,300
の れ ん 償 却 額	396	の　　れ　　ん	396

解説

1.　×2年度の開始仕訳

(1)　S社諸資産の評価替え

(諸　資　産)	1,200	(評 価 差 額)	1,200

(2)　資本連結

(資本金当期首残高)	75,000	(S 社 株 式)	99,000
(利益剰余金当期首残高)	25,000	(非支配株主持分当期首残高)	10,120[01]
(評 価 差 額)	1,200		
(の　　れ　　ん)	7,920[02]		

01)　(75,000円+25,000円+1,200円)×10％=10,120円
02)　貸借差額で求めます。

2.　当期純利益の振替え

13,000円×10％=**1,300**円

3.　のれんの償却

7,920円÷20年=**396**円

問題 3 連結2年度目の開始仕訳

|解答|

（単位：円）

借　方　科　目	金　　　額	貸　方　科　目	金　　　額
資本金当期首残高	1,000,000	S 　社　 株　 式	1,180,000
利益剰余金当期首残高	825,000	非支配株主持分当期首残高	740,000
の　　れ　　ん	95,000		

|解説|

　以下の仕訳を合計して開始仕訳となります。▨▨▨の部分（損益項目）が利益剰余金当期首残高となるので注意が必要です。

×7年度の開始仕訳	（資本金当期首残高）	1,000,000	（S 社 株 式）	1,180,000
	（利益剰余金当期首残高）	800,000	（非支配株主持分当期首残高）	720,000
	（の　れ　ん）	100,000		
のれんの償却	（のれん償却額）	5,000[01]	（の　れ　ん）	5,000
剰余金の配当	（受取配当金）	120,000[02]	（剰余金の配当）	200,000
	（非支配株主持分当期変動額）	80,000		
S社当期純利益の振替	（非支配株主に帰属する当期純利益）	100,000[03]	（非支配株主持分当期変動額）	100,000

- 01) 100,000円÷20年＝5,000円
- 02) 200,000円×60%＝120,000円
- 03) 250,000円×40%＝100,000円

＜タイムテーブル＞

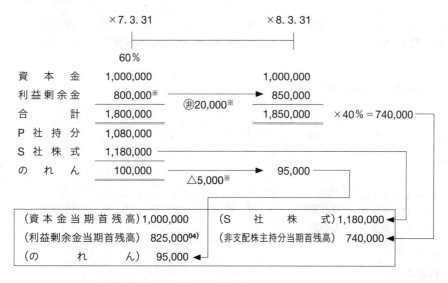

- 04) 800,000円＋（850,000円－800,000円）×40%＋5,000円＝825,000円（※の合計）
  　　　　　　 増加利益剰余金のうちの　　　　　のれん償却額
  　　　　　　 非支配株主持分

問題 4 **連結財務諸表の作成**

|解答|

連結損益計算書 (単位：円)

費　用	金　額	収　益	金　額
売 上 原 価	132,000	売 上 高	204,000
の れ ん 償 却 額	30	受 取 配 当 金	3,000
法 人 税 等	34,000		
非支配株主に帰属する当期純利益	8,000		
親会社株主に帰属する当期純利益	32,970		
	207,000		207,000

連結貸借対照表 (単位：円)

資　産	金　額	負債・純資産	金　額
現 金 預 金	219,000	買 掛 金	90,000
商 品	56,000	資 本 金	100,000
の れ ん	570	利 益 剰 余 金	57,970
		非 支 配 株 主 持 分	27,600
	275,570		275,570

連結株主資本等変動計算書 (単位：円)

	資 本 金	利益剰余金	非支配株主持分
当期首残高	100,000	50,000	25,600
当期変動額			
剰余金の配当		△25,000	
親会社株主に帰属 　する当期純利益		32,970	
株主資本以外の項目 　の当期変動額			2,000
当期変動額合計		7,970	2,000
当期末残高	100,000	57,970	27,600

|解説|

1. 開始仕訳

（借）資 本 金 当 期 首 残 高	40,000	（貸）S 　社　　株 　式	39,000
利 益 剰 余 金 当 期 首 残 高	24,000	非支配株主持分当期首残高	25,600
の 　れ 　ん	600*1		

*1　39,000円－(40,000円＋24,000円)×60%＝600円

2. のれんの償却

（借）の れ ん 償 却 額*2	30	（貸）の 　れ 　ん	30

*2　600円÷20年＝30円

3. 剰余金の配当

（借）受 　取 　配 　当 　金	9,000*3	（貸）剰 　余 　金 　の 　配 　当	15,000
非支配株主持分当期変動額	6,000		

*3　15,000円×60%＝9,000円

4. S社当期純利益の振替え

（借）非支配株主に帰属する当期純利益	8,000*4	（貸）非支配株主持分当期変動額	8,000

*4　20,000円×40%＝8,000円

5. 連結財務諸表の作成

(1) 各科目の金額の計算

親会社と子会社の個別財務諸表を合算し、連結修正仕訳を加味して、連結上の金額を計算します。

受取配当金：11,000円＋1,000円－9,000円＝3,000円

資本金当期首残高：100,000円＋40,000円－40,000円＝100,000円*5

*5　連結上の資本金の金額は、親会社の資本金の金額となります。

利益剰余金当期首残高：50,000円＋24,000円－24,000円＝50,000円

剰余金の配当：25,000円＋15,000円－15,000円＝25,000円*6

*6　連結上の剰余金の配当の金額は、親会社の剰余金の配当の金額となります。

のれん：600円－30円＝570円

(2) 利益の金額の計算

① 連結損益計算書で計算した「親会社株主に帰属する当期純利益」を連結株主資本等変動計算書の利益剰余金に移記します。

② 連結株主資本等変動計算書で、利益剰余金当期末残高を計算します。

③ 連結株主資本等変動計算書で計算した利益剰余金当期末残高を、連結貸借対照表の利益剰余金に移記します。

Chapter
17 連結会計2（成果連結、包括利益）

Section
1 債権・債務の相殺消去

問題 1 債権・債務の相殺消去

|解答|

(1)

（単位：円）

借　方　科　目	金　　額	貸　方　科　目	金　　額
短 期 借 入 金	600,000	短 期 貸 付 金	600,000
受 取 利 息	12,000	支 払 利 息	12,000
未 払 費 用	12,000	未 収 収 益	12,000

(2)

（単位：円）

借　方　科　目	金　　額	貸　方　科　目	金　　額
支 払 手 形	600,000	受 取 手 形	400,000
		短 期 借 入 金	200,000
支 払 利 息	2,000[01]	手 形 売 却 損	2,000
前 払 費 用	500	支 払 利 息	500[01]

01) 借方の支払利息と貸方の支払利息を相殺して記載してもよいです。

解説

(1)貸付金・借入金の相殺消去

連結会社間で資金の貸借を行い、連結決算期末に債権債務残高がある場合、それを示す貸付金と借入金を相殺消去します。また、利息の授受や経過勘定の計上が行われた場合にも相殺消去します。

〈企業グループ〉

	P社			資金取引		S社		
（短期貸付金）	600,000	（現　　金）	600,000	←→	（現　　金）	600,000	（短期借入金）	600,000
（未 収 収 益）	12,000*	（受 取 利 息）	12,000		（支 払 利 息）	12,000*	（未 払 費 用）	12,000

$$* \ 600{,}000\text{円} \times 4\% \times \frac{6\text{カ月}^{02)}}{12\text{カ月}} = \mathbf{12{,}000}\text{円}$$

02) ×1年10月～×2年3月までの6カ月

17-1　商業簿記・会計学1級｜トレーニングⅠ｜基礎編

(2)受取手形・支払手形の相殺消去

連結会社間で手形取引を行い、連結決算期末に未決済の場合、それを示す受取手形と支払手形を相殺消去します。

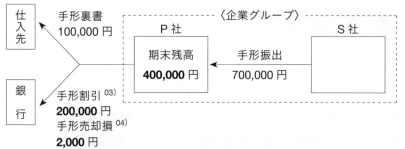

03) 連結上は手形による資金の借入れと考え、「短期借入金」勘定に振り替えます。
04) 連結上は短期借入金に係る利息であると考え、「支払利息」勘定に振り替えます。

2 売掛金・買掛金

|解答|

(単位：円)

	借 方 科 目	金 額	貸 方 科 目	金 額
債権債務の相殺消去	買 掛 金	750,000	売 掛 金	750,000
期首貸倒引当金の修正	貸 倒 引 当 金	10,000	利益剰余金当期首残高	10,000
期末貸倒引当金の修正	貸 倒 引 当 金	5,000	貸倒引当金繰入	5,000

|解説|

債権債務の相殺消去：

連結会社間で商品売買を掛けで行い、連結決算期末に売掛金・買掛金の残高がある場合、これを相殺します。

期首貸倒引当金の修正：

期首（前期末）の対S社売掛金に含まれる貸倒引当金 500,000円×2％＝**10,000**円

(貸 倒 引 当 金) 10,000 (利益剰余金当期首残高) 10,000

期末貸倒引当金の修正：

当期末の対S社売掛金に含まれる貸倒引当金 750,000円×2％＝15,000円

当期末のS社売掛金に対する貸倒引当金繰入 15,000円－10,000円＝5,000円

(貸 倒 引 当 金) 5,000 (貸倒引当金繰入) 5,000

問題
3 固定資産に係る未実現利益の消去

|解答|

問1.

(単位：円)

借 方 科 目	金 額	貸 方 科 目	金 額
備 品 売 却 益	100,000	備 品	100,000
減 価 償 却 累 計 額	10,000	減 価 償 却 費	10,000

問2.

(単位：円)

借 方 科 目	金 額	貸 方 科 目	金 額
備 品 売 却 益	100,000	備 品	100,000
非支配株主持分当期変動額	40,000	非支配株主に帰属する当期純利益	40,000
減 価 償 却 累 計 額	10,000	減 価 償 却 費	10,000
非支配株主に帰属する当期純利益	4,000	非支配株主持分当期変動額	4,000

※ 非支配株主持分は相殺して以下の仕訳でも可。

(単位：円)

借 方 科 目	金 額	貸 方 科 目	金 額
非支配株主持分当期変動額	36,000	非支配株主に帰属する当期純利益	36,000

解説

問1. ダウン・ストリームの場合（減価償却あり）

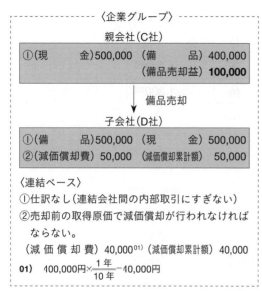

〈企業グループ〉

親会社（C社）
| ①（現 金）500,000 | （備 品）400,000 |
| | （備品売却益）**100,000** |

↓ 備品売却

子会社（D社）
| ①（備 品）500,000 | （現 金）500,000 |
| ②（減価償却費）50,000 | （減価償却累計額）50,000 |

〈連結ベース〉
①仕訳なし（連結会社間の内部取引にすぎない）
②売却前の取得原価で減価償却が行われなければならない。
（減 価 償 却 費）40,000[01]（減価償却累計額）40,000

01) $100,000円 \times \dfrac{1年}{10年} = 10,000円$

　親会社が利益を付加しているので、減価償却費の修正額についても親会社が負担します。したがって、非支配株主持分には影響しません。

問2. アップ・ストリームの場合（減価償却あり）

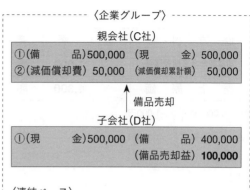

〈企業グループ〉

親会社（C社）
| ①（備 品）500,000 | （現 金）500,000 |
| ②（減価償却費）50,000 | （減価償却累計額）50,000 |

↑ 備品売却

子会社（D社）
| ①（現 金）500,000 | （備 品）400,000 |
| | （備品売却益）**100,000** |

〈連結ベース〉
①仕訳なし（連結会社間の内部取引にすぎない）
②売却前の取得原価で減価償却が行われなければならない。
（減 価 償 却 費）40,000（減価償却累計額）40,000

　子会社が利益を付加しているので、減価償却費の修正額についても子会社が負担します。したがって、非支配株主持分に影響します[02]。

　非支配株主持分負担額

　（500,000円 − 400,000円）× 40%

　= **40,000**円（備品売却益分）

　（50,000円 − 40,000円）× 40%

　= **4,000**円（減価償却費分）

02) 子会社の付加した未実現利益が減価償却によって一部実現したと考えることもできます。

4 棚卸資産に係る未実現利益の消去

|解答|

問1.

(単位：円)

借　方　科　目	金　　　　額	貸　方　科　目	金　　　　額
利益剰余金当期首残高	**1,000**	売　上　原　価	**1,000**[01]
売　上　原　価	**1,300**	商　　　　品	**1,300**[02]

01) $6,000円 \times \dfrac{0.2}{1.2} = 1,000円$

02) $7,800円 \times \dfrac{0.2}{1.2} = 1,300円$

問2.

(単位：円)

借　方　科　目	金　　　　額	貸　方　科　目	金　　　　額
利益剰余金当期首残高	**1,000**	売　上　原　価	**1,000**
非支配株主持分当期首残高	**300**	利益剰余金当期首残高	**300**[03]
非支配株主に帰属する当期純利益	**300**	非支配株主持分当期変動額	**300**
売　上　原　価	**1,300**	商　　　　品	**1,300**
非支配株主持分当期変動額	**390**	非支配株主に帰属する当期純利益	**390**[04]

03) 1,000円×30％＝300円
04) 1,300円×30％＝390円

|解説|

問1. ダウン・ストリームのケースです。親会社が子会社に商品を販売しているので、未実現利益は親会社に計上されており、全額消去・親会社負担方式で消去します。

問2. アップ・ストリームのケースです。子会社が親会社に商品を販売しているので、未実現利益は子会社に計上されており、全額消去・持分比率負担方式で消去します。

 5 商品未達

|解答|

(単位：円)

	借　方　科　目	金　　　　額	貸　方　科　目	金　　　　額
(1)未達事項の修正	商　　　　品	**2,000**	買　　掛　　金	**2,000**
(2)売上高・仕入高の相殺消去	売　　上　　高	**80,000**	売　上　原　価	**80,000**
(3)未実現利益の消去	売　上　原　価	**2,400**	商　　　　品	**2,400**

解説

(1)未達事項の修正：

S社のP社からの商品未達分 2,000円についての修正仕訳を行うとともに、未達分を期末商品に振り替えます。

①商品未達

| (売 上 原 価) | 2,000 | (買 掛 金) | **2,000** |

仕入

②期末商品への振替

| (商 品) | **2,000** | (売 上 原 価) | 2,000 |

仕入

(2)売上高・仕入高の相殺消去：

S社の対P社仕入高(＝P社の対S社売上高)

78,000円＋2,000円＝80,000円

| (売 上 高) | 80,000 | (売 上 原 価) | 80,000 |

(3)未実現利益の消去：

①S社の期末商品棚卸高(P社からの仕入分)

6,000円＋2,000円＝8,000円

②S社の期末商品に含まれる未実現利益

8,000円×30％＝**2,400円**

| (売 上 原 価) | 2,400 | (商 品) | 2,400 |

決済未達

|解答|

(単位：円)

	借 方 科 目	金 額	貸 方 科 目	金 額
(1)未達事項の修正	現 金 預 金	3,000	売 掛 金	3,000
(2)債権債務の相殺消去	買 掛 金	9,000	売 掛 金	9,000
(3)貸倒引当金の修正	貸 倒 引 当 金	240	貸倒引当金繰入	240

解説

(1)未達事項の修正：

P社のS社からの決済未達分 **3,000**円についての修正仕訳を行います。

| (現 金 預 金) | 3,000 | (売 掛 金) | 3,000 |

(2)債権債務の相殺消去：

P社の対S社売掛金残高（＝S社の対P社買掛金残高）

12,000円－3,000円＝**9,000**円

| (買 掛 金) | 9,000 | (売 掛 金) | 9,000 |

(3)貸倒引当金の修正：

P社の個別財務諸表上は未達事項考慮前の対S社売掛金12,000円に対して貸倒引当金が設定されているため、この12,000円を基準として貸倒引当金の修正を行います。

12,000円×2％＝**240**円

| (貸 倒 引 当 金) | 240 | (貸倒引当金繰入) | 240 |

7 総合問題（連結財務諸表の作成）

|解答|

連結貸借対照表
×6年3月31日現在　　　　　　　　　　　　　　　　　（単位：千円）

借方		貸方	
現　金　預　金	（　48,700）	支　払　手　形	（　16,380）
受　取　手　形（　60,500）		買　掛　金	（　22,730）
売　掛　金（　60,500）		短　期　借　入　金	（　45,000）
貸　倒　引　当　金（△　2,420） （　118,580）		未　払　法　人　税　等	（　13,000）
有　価　証　券	（　12,800）	未　払　費　用	（　1,840）
商　　　品	（　26,700）	資　　本　　金	（　130,000）
短　期　貸　付　金	（　10,000）	資　本　剰　余　金	（　10,000）
前　払　費　用	（　2,670）	利　益　剰　余　金	（　75,860）
未　収　収　益	（　200）	〔非支配株主持分〕	（　11,140）
建　　　物（　80,000）			
減価償却累計額（△　18,600） （　61,400）			
備　　　品（　35,000）			
減価償却累計額（△　17,100） （　17,900）			
土　　　地	（　23,400）		
〔の　れ　ん〕	（　3,600）		
	（　325,950）		（　325,950）

連結損益計算書
自×5年4月1日　至×6年3月31日　　　　　　　　　　（単位：千円）

借方		貸方	
売　上　原　価	（　130,500）	売　上　高	（　265,100）
販　　売　　費	（　38,700）	受　取　利　息	（　400）
貸　倒　引　当　金　繰　入	（　1,700）	受　取　配　当　金	（　1,050）
一　般　管　理　費	（　68,900）	固　定　資　産　売　却　益	（　5,000）
減　価　償　却　費	（　7,350）		
〔の れ ん 償 却 額〕	（　200）		
支　払　利　息	（　2,500）		
法　人　税　等	（　13,000）		
非支配株主に帰属する当期純利益	（　460）		
親会社株主に帰属する当期純利益	（　8,240）		
	（　271,550）		（　271,550）

17-7　商業簿記・会計学1級｜トレーニングⅠ｜基礎編

連結株主資本等変動計算書

自×5年4月1日　至×6年3月31日　　　　　　　　　　（単位：千円）

	株　　主　　資　　本				非支配株主 持　　分	純資産 合　計
	資本金	資　本 剰余金	利　益 剰余金	株主資本 合　計		
当期首残高	（　130,000）	（　10,000）	（　76,620）	（　216,620）	（　10,980）	（　227,600）
当期変動額						
剰余金の配当			（△　9,000）	（△　9,000）		（△　9,000）
親会社株主に帰属 　する当期純利益			（　8,240）	（　8,240）		（　8,240）
株主資本以外の項目の 　当期変動額（純額）					（　160）	（　160）
当期変動額合計			（　△　760）	（　△　760）	（　160）	（　△　600）
当期末残高	（　130,000）	（　10,000）	（　75,860）	（　215,860）	（　11,140）	（　227,000）

【解説】

1. 連結に関するタイムテーブルの作成

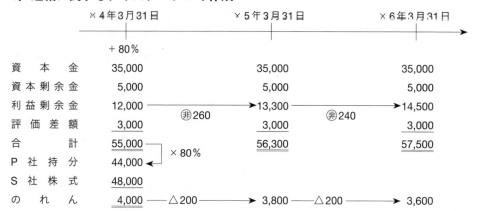

×4年3月31日　　　　　　×5年3月31日　　　　　　×6年3月31日

　　　　　　　　　＋80%

	×4年3月31日		×5年3月31日		×6年3月31日
資　本　金	35,000		35,000		35,000
資本剰余金	5,000		5,000		5,000
利益剰余金	12,000	→⑪260→	13,300	→⑪240→	14,500
評　価　差　額	3,000		3,000		3,000
合　　　　計	55,000		56,300		57,500
P社持分	44,000 ←×80%				
S社株式	48,000				
の　れ　ん	4,000	—△200→	3,800	—△200→	3,600

P社利益剰余金

剰余金の配当 9,000千円	期　首 76,900千円 （差額）
期　末 84,700千円	当期純利益 16,800千円

2. 連結に先立って、子会社S社の資産負債を時価に評価替え

取得時の土地の評価替え

（土 地）	3,000	（評 価 差 額）	3,000[01]

01) 11,000千円−8,000千円＝3,000千円

土地：12,400千円＋8,000千円＋3,000千円

$\qquad$ ＝23,400千円

3. 連結修正仕訳

(1)開始仕訳

（資本金当期首残高）	35,000	（S 社 株 式）	48,000
（資本剰余金当期首残高）	5,000	（非支配株主持分当期首残高）	11,260
（利益剰余金当期首残高）	12,460		
（評 価 差 額）	3,000		
（の れ ん）	3,800		

(2)当期純利益の振替え

（非支配株主に帰属する当期純利益）	540[02]	（非支配株主持分当期変動額）	540

02) 2,700千円×20%＝540千円

(3)のれんの償却

（のれん償却額）	200[03]	（の れ ん）	200

03) 4,000千円÷20年＝200千円

のれん：3,800千円−200千円＝3,600千円

(4)剰余金の配当

（受 取 配 当 金）	1,200	（剰余金の配当）	1,500
（非支配株主持分当期変動額）	300[04]		

04) 1,500千円×20%＝300千円

受取配当金：2,250千円−1,200千円

$\qquad$ ＝1,050千円

剰余金の配当：9,000千円＋1,500千円

$\qquad$ −1,500千円＝9,000千円

(5)内部取引の相殺消去と未実現利益の消去（アップ・ストリーム）

①未達事項の修正

（商 品）	2,000	（買 掛 金）	2,000

②内部取引の相殺消去

（売 上 高）	34,000	（売 上 原 価）	34,000

売上高：214,600千円＋84,500千円

$\qquad$ −34,000千円＝265,100千円

③期首商品に含まれる未実現利益の相殺消去

（利益剰余金当期首残高）	1,400[05]	（売 上 原 価）	1,400
（非支配株主持分当期首残高）	280[06]	（利益剰余金当期首残高）	280
（非支配株主に帰属する当期純利益）	280	（非支配株主持分当期変動額）	280

05) 3,500千円×40%＝1,400千円
06) 1,400千円×20%＝280千円

利益剰余金当期首残高：

76,900千円＋13,300千円−12,460千円

$\qquad$ −1,400千円＋280千円＝76,620千円

非支配株主持分当期首残高：

11,260千円−280千円＝10,980千円

④期末商品に含まれる未実現利益の相殺消去

未達分に含まれる未実現利益も相殺消去します。

（売 上 原 価）	1,800[07]	（商 品）	1,800
（非支配株主持分当期変動額）	360[08]	（非支配株主に帰属する当期純利益）	360

07) （2,500千円＋2,000千円）×40%＝1,800千円
08) 1,800千円×20%＝360千円

商品：18,600千円＋7,900千円＋2,000千円

$\qquad$ −1,800千円＝26,700千円

売上原価：113,400千円＋50,700千円

$\qquad$ −34,000千円−1,400千円

$\qquad$ ＋1,800千円＝130,500千円

非支配株主に帰属する当期純利益：

540千円＋280千円−360千円＝460千円

非支配株主持分当期変動額：

540千円−300千円＋280千円−360千円

$\qquad$ ＝160千円

(6)債権債務の相殺消去

本問では、S社はP社に対する売上債権（受取手形・売掛金）に対して貸倒引当金を設定していないため、売上債権・仕入債務の相殺消去にともなう貸倒引当金の修正は不要と判断します。また、貸付金に関する貸倒引当金の指示がないため、貸付金と借入金の相殺消去にともなう貸倒引当金の修正も不要と判断します。

①売上債権（受取手形・売掛金）と仕入債務（支払手形・買掛金）の相殺消去

P社のS社に対する買掛金に未達分を加えるのを忘れないようにしましょう。

（支 払 手 形）	5,000[09]	（受 取 手 形）	5,000
（買 掛 金）	9,000[10]	（売 掛 金）	9,000

09) 10,000千円－5,000千円＝5,000千円
　　　　　　　　割引　　　手許

10) 7,000千円＋2,000千円＝9,000千円

受取手形：45,000千円＋20,500千円
　　　　　　－5,000千円＝60,500千円

売掛金：45,000千円＋24,500千円
　　　　　－9,000千円＝60,500千円

買掛金：19,430千円＋10,300千円
　　　　　＋2,000千円－9,000千円
　　　　　＝22,730千円

②割引手形の処理

連結会社間で振り出された手形を企業外部の銀行に割り引いたときは、手形による資金の借入と考えて、「支払手形」を「**短期借入金**」に振り替えます。また、手形売却損として計上した割引料は、手形借入金に係る利息と考えて「**支払利息**」に振り替えます。

（支 払 手 形）	5,000	（短 期 借 入 金）	5,000
（支 払 利 息）	500	（手 形 売 却 損）	500
（前 払 費 用）	100[11]	（支 払 利 息）	100

11) 次期に係る部分は前払費用勘定に振り替えます。

支払手形：18,700千円＋7,680千円
　　　　　　－5,000千円－5,000千円
　　　　　　＝16,380千円

手形売却損：500千円－500千円＝0

前払費用：1,480千円＋1,090千円＋100千円
　　　　　　＝2,670千円

③貸付金・借入金と利息の相殺消去

月割計算によって見越計上した利息についても相殺消去します。

（短 期 借 入 金）	20,000	（短 期 貸 付 金）	20,000
（受 取 利 息）	200[12]	（支 払 利 息）	200
（未 払 費 用）	200	（未 収 収 益）	200

12) 20,000千円×2%×$\frac{6カ月}{12カ月}$＝200千円

短期貸付金：30,000千円－20,000千円
　　　　　　　＝10,000千円

短期借入金：30,000千円＋30,000千円
　　　　　　　＋5,000千円－20,000千円
　　　　　　　＝45,000千円

支払利息：1,700千円＋600千円＋500千円
　　　　　　－100千円－200千円
　　　　　　＝2,500千円

受取利息：600千円－200千円＝400千円

未収収益：400千円－200千円＝200千円

未払費用：1,100千円＋940千円－200千円
　　　　　　＝1,840千円

(7)償却性資産の未実現利益の消去と減価償却費の修正（ダウン・ストリーム）

（固定資産売却益）	10,000[13]	（建 物）	10,000
（建物減価償却累計額）	900[14]	（減 価 償 却 費）	900

13) 20,000千円－10,000千円＝10,000千円

14) （10,000千円－10,000千円×0.1）×$\frac{1年}{10年}$＝900千円

建物：50,000千円＋40,000千円
　　　－10,000千円＝80,000千円

固定資産売却益：15,000千円－10,000千円
　　　　　　　　＝5,000千円

建物減価償却累計額：
7,500千円＋12,000千円－900千円
＝18,600千円

減価償却費：4,500千円＋3,750千円
　　　　　　－900千円＝7,350千円

3 連結精算表

連結精算表の作成

|解答|

連 結 精 算 表

(単位：円)

勘定科目	個別財務諸表			消去・振替		連結財務諸表
	P社	S社	合計			
貸借対照表						
現 金 預 金	119,520	86,900	206,420			206,420
受 取 手 形	30,000	20,000	50,000		1,000	49,000
売 掛 金	80,000	55,000	135,000		4,000	131,000
商 品	15,000	6,000	21,000		390	20,610
土 地	55,400	32,100	87,500	2,400	1,000	88,900
S 社 株 式	100,080		100,080		100,080	0
の れ ん				6,660	370	6,290
資 産 合 計	400,000	200,000	600,000	9,060	106,840	502,220
支 払 手 形	(20,000)	(8,000)	(28,000)	1,000		(27,000)
買 掛 金	(50,000)	(15,700)	(65,700)	4,000		(61,700)
その他の諸負債	(27,800)	(14,800)	(42,600)			(42,600)
貸 倒 引 当 金	(2,200)	(1,500)	(3,700)	100		(3,600)
資 本 金	(200,000)	(100,000)	(300,000)	100,000		(200,000)
利 益 剰 余 金	(100,000)	(60,000)	(160,000)	81,280	40,180	(118,900)
評 価 差 額				2,400	2,400	0
非 支 配 株 主 持 分				900	49,320	(48,420)
負債・純資産合計	(400,000)	(200,000)	(600,000)	189,680	91,900	(502,220)
損益計算書						
売 上 高	(625,000)	(210,000)	(835,000)	37,500		(797,500)
売 上 原 価	370,000	150,000	520,000	390	37,780	482,610
貸倒引当金繰入	700	500	1,200		40	1,160
受 取 配 当 金	(5,000)	(500)	(5,500)	1,400		(4,100)
固定資産売却益	(3,200)	(1,000)	(4,200)	1,000		(3,200)
その他の収益	(12,500)	(8,000)	(20,500)			(20,500)
その他の費用	220,000	49,000	269,000			269,000
のれん償却額				370		370
税金等調整前当期純利益	(55,000)	(20,000)	(75,000)	40,660	37,820	(72,160)
法 人 税 等	22,000	8,000	30,000			30,000
当 期 純 利 益	(33,000)	(12,000)	(45,000)	40,660	37,820	(42,160)
非支配株主に帰属する当期純利益				3,600	300	3,300
親会社株主に帰属する当期純利益	(33,000)	(12,000)	(45,000)	44,260	38,120	(38,860)
株主資本等変動計算書						
資本金当期首残高	(200,000)	(100,000)	(300,000)	100,000		(200,000)
資本金当期末残高	(200,000)	(100,000)	(300,000)	100,000		(200,000)
利益剰余金当期首残高	(75,000)	(50,000)	(125,000)	37,020	60	(88,040)
当 期 変 動 額						
剰 余 金 の 配 当	8,000	2,000	10,000		2,000	8,000
親会社株主に帰属する当期純利益	(33,000)	(12,000)	(45,000)	44,260	38,120	(38,860)
利益剰余金当期末残高	(100,000)	(60,000)	(160,000)	81,280	40,180	(118,900)
非支配株主持分当期首残高					45,720	(45,720)
非支配株主持分当期変動額				900	3,600	(2,700)
非支配株主持分当期末残高				900	49,320	(48,420)

解説

(1) 資産・負債の評価替え

（土　　　　地）	2,400	（評　価　差　額）	2,400[01]

01)　12,400円－10,000円＝2,400円

(2) 開始仕訳

（資 本 金 当 期 首 残 高）	100,000	（S　社　株　式）	100,080
（利益剰余金当期首残高）	36,740[02]	（非支配株主持分当期首残高）	45,720[03]
（評　価　差　額）	2,400		
（の　　れ　　ん）	6,660		

02)　30,000円＋6,000円＋370円×2＝36,740円
　　　支配獲得日
　　　S社利益剰余金
03)　152,400円×30％＝45,720円
　　　×3年3月31日
　　　S社資本

タイムテーブル

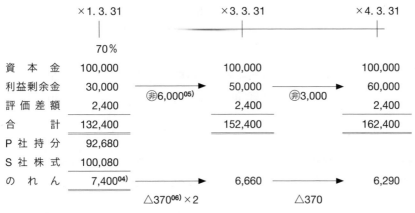

```
                    ×1.3.31            ×3.3.31            ×4.3.31
                      │        ────────┼────────────────────┤
                     70%
資 本 金          100,000           100,000              100,000
利益剰余金         30,000    非6,000[05]  50,000  非3,000    60,000
評 価 差 額         2,400             2,400                2,400
合    計          132,400           152,400              162,400
P 社 持 分        92,680
S 社 株 式        100,080
の れ ん           7,400[04]            6,660                6,290
                         △370[06]×2          △370
```

04)　100,080円－92,680円＝7,400円
05)　（50,000円－30,000円）×30％＝6,000円
06)　7,400円÷20年＝370円

(3) 当期の連結修正仕訳（資本連結関係）

① のれんの償却

（の　れ　ん　償　却　額）	370	（の　　れ　　ん）	370

② 子会社当期純利益の振替え

（非支配株主に帰属する当期純利益）	3,600[07]	（非支配株主持分当期変動額）	3,600

07)　12,000円×30％＝3,600円
　　　S社当期純利益

③ 剰余金の配当

（受　取　配　当　金）	1,400[08]	（剰　余　金　の　配　当）	2,000
（非支配株主持分当期変動額）	600		

08)　2,000円×70％＝1,400円

(4) 当期の連結修正仕訳（成果連結関係）

① 売上高と売上原価の相殺消去

（売 上 高）	37,500	（売 上 原 価）	37,500

② 期末棚卸資産の未実現利益の消去

（売 上 原 価）	390	（商 品）	390[09]

09) 2,340円÷120%×20%＝390円

③ 期首棚卸資産の未実現利益の消去

（利益剰余金当期首残高）	280	（売 上 原 価）	280[10]

10) 1,680円÷120%×20%＝280円

④ 債権・債務の相殺消去

（支 払 手 形）	1,000	（受 取 手 形）	1,000
（買 掛 金）	4,000	（売 掛 金）	4,000

⑤ 貸倒引当金の消去

（貸 倒 引 当 金）	100	（利益剰余金当期首残高）	60
		（貸 倒 引 当 金 繰 入）	40

⑥ 固定資産売却益

（固 定 資 産 売 却 益）	1,000	（土 地）	1,000
（非支配株主持分当期変動額）	300	（非支配株主に帰属する当期純利益）	300[11]

11) 1,000円×<u>30%</u>＝300円
　　　　　 非支配株主持分

(5) 親会社株主に帰属する当期純利益、利益剰余金当期末残高、非支配株主持分当期末残高の算定

① 親会社株主に帰属する当期純利益の算定

797,500円－482,610円－1,160円＋4,100円＋3,200円＋20,500円－269,000円－370円

＝<u>72,160円</u>
　　税金等調整前
　　当期純利益

72,160円－<u>30,000円</u>＝<u>42,160円</u>　　　　　42,160円－<u>3,300円</u>＝<u>38,860円</u>
　　　　　　法人税等　　当期純利益　　　　　　　　　　　　非支配株主に帰属　親会社株主に帰属
　　　　　　　　　　　　　　　　　　　　　　　　　　　　　する当期純利益　する当期純利益

② 利益剰余金当期末残高の算定　　　　　　③ 非支配株主持分当期末残高の算定

<u>88,040円</u>－<u>8,000円</u>＋<u>38,860円</u>＝118,900円　　<u>45,720円</u>＋<u>2,700円</u>＝48,420円
利益剰余金　　剰余金の配当　親会社株主に帰属　　　　非支配株主持分　非支配株主持分
当期首残高　　　　　　　　　する当期純利益　　　　　当期首残高　　当期変動額

(6) 資本金当期末残高、利益剰余金当期末残高、非支配株主持分当期末残高を貸借対照表欄の資本金、利益剰余金、非支配株主持分の項目にそれぞれ書き写します。

4 包括利益

問題9 包括利益

|解答|

問1.

連結包括利益計算書 （単位：千円）

当期純利益	（ 24,000）
その他の包括利益：	
その他有価証券評価差額金	（ 1,680）
包括利益	（ 25,680）
（内訳）	
親会社株主に係る包括利益	（ 19,680）
非支配株主に係る包括利益	（ 6,000）

問2.

連結損益及び包括利益計算書 （単位：千円）

Ⅰ	売 上 高	（ 180,000）
Ⅱ	売上原価	（ 80,000）
Ⅲ	販売費及び一般管理費	（ 60,000）
	税金等調整前当期純利益	（ 40,000）
	法人税等	（ 16,000）
	当期純利益	（ 24,000）
	（内訳）	
	親会社株主に帰属する当期純利益	（ 18,000）
	非支配株主に帰属する当期純利益	（ 6,000）
	その他の包括利益：	
	その他有価証券評価差額金	（ 1,680）
	包括利益	（ 25,680）

解説

問1.

1. その他の包括利益の計算

その他の包括利益となるその他有価証券評価差額金の金額は、次のように計算します。

	（A）前期末	（B）当期末	当期変動額 （（B）－（A））
①取得原価	12,000 千円	12,000 千円	―
②時価	13,200 千円	14,880 千円	1,680 千円
③その他有価証券評価 　差額金計上額（②－①）	1,200 千円	2,880 千円	1,680 千円

その他の包括利益

2. 親会社株主に係る包括利益と非支配株主に係る包括利益の計算

その他有価証券評価差額金は親会社であるP社に帰属するものであるため、その当期変動額であるその他の包括利益はすべて親会社株主に係る包括利益となり、非支配株主に係る包括利益の金額は非支配株主に帰属する当期純利益と一致することになります。

親会社株主に係る包括利益：

18,000 千円 ＋ 1,680 千円 ＝ 19,680 千円
親会社株主　　その他の包括利益
に帰属する
当期純利益

非支配株主に係る包括利益：6,000 千円

（非支配株主に帰属する当期純利益）

問2.

1計算書方式と2計算書方式は表示形式が異なるだけなので、包括利益はどちらも同じ金額となります。

問題 10 子会社のその他有価証券評価差額金

解答

連結損益計算書
自×1年4月1日 至×2年3月31日（単位：円）

諸　　収　　益	(335,000[01])
諸　　費　　用	(195,000[02])
税金等調整前当期純利益	(140,000)
法　人　税　等	(56,000[03])
当　期　純　利　益	(84,000)
非支配株主に帰属する当期純利益	(4,800)
親会社株主に帰属する当期純利益	(79,200)

連結包括利益計算書
自×1年4月1日 至×2年3月31日（単位：円）

当期純利益	(84,000)
その他の包括利益：	
その他有価証券評価差額金	(1,600[04])
包括利益	(85,600)
（内訳）	
親会社株主に係る包括利益	(80,660[05])
非支配株主に係る包括利益	(4,940[06])

01) 223,000円+112,000円=335,000円
02) 123,000円+72,000円=195,000円
03) 40,000円+16,000円=56,000円
04) 900円+700円=1,600円
05) 79,200円+900円+700円×80%=80,660円
06) 4,800円+700円×20%=4,940円

連結株主資本等変動計算書
自×1年4月1日 至×2年3月31日 （単位：円）

	株主資本			その他の包括利益累計額	非支配株主持分	純資産合計
	資本金	利益剰余金	株主資本合計	その他有価証券評価差額金		
当期首残高	(150,000[07])	(102,000[08])	(252,000)	(2,100[09])	(20,000)	(274,100)
当期変動額						
剰余金の配当		(△15,000)	(△15,000)			(△15,000)
親会社株主に帰属する当期純利益		(79,200)	(79,200)			(79,200)
株主資本以外の項目の当期変動額（純額）				(1,460[10])	(4,940)	(6,400)
当期変動額合計		(64,200)	(64,200)	(1,460)	(4,940)	(70,600)
当期末残高	(150,000)	(166,200)	(316,200)	(3,560)	(24,940)	(344,700)

07) 150,000円+50,000円-50,000円=150,000円
08) 102,000円+49,500円-49,500円=102,000円
09) 2,100円+500円-500円=2,100円
10) 900円+700円-140円=1,460円

連結貸借対照表
×2年3月31日 （単位：円）

資　産	金　額	負債・純資産	金　額
諸　資　産	(629,000[11])	諸　負　債	(284,300[12])
		資　本　金	(150,000)
		利　益　剰　余　金	(166,200)
		その他有価証券評価差額金	(3,560)
		非支配株主持分	(24,940)
	(629,000)		(629,000)

11) 420,000円+209,000円=629,000円
12) 200,000円+84,300円=284,300円

解説

連結包括利益計算書における「その他の包括利益」と、連結株主資本等変動計算書における「その他の包括利益累計額の当期変動額」の金額が異なる点に注意しましょう。

連結包括利益計算書：1,600円

……非支配株主の分を含む当期変動額

連結株主資本等変動計算書：1,460円

……非支配株主の分を除いた当期変動額

(1) 連結修正仕訳

① 開始仕訳

(借) 資本金当期首残高	50,000	(貸) S 社 株 式	80,000
利益剰余金当期首残高	49,500	非支配株主持分当期首残高	20,000
その他有価証券評価差額金当期首残高	500		

② 当期純利益の振替え

(借) 非支配株主に帰属する当期純利益	4,800[13]	(貸) 非支配株主持分当期変動額	4,800

13) 24,000円×20%＝4,800円

③ その他有価証券評価差額金の振替え

(借) その他有価証券評価差額金当期変動額	140[14]	(貸) 非支配株主持分当期変動額	140

14) 700円×20%＝140円

(2) 連結包括利益計算書

その他の包括利益：900円＋700円

親会社・評価差額金当期変動額　子会社・評価差額金当期変動額

＝1,600円[15]

包括利益の内訳

親会社株主に係る包括利益：

79,200円＋900円＋700円×80％

親会社株主に帰属する当期純利益　親会社・評価差額金当期変動額　子会社・評価差額金当期変動額の親会社持分

＝80,660円

非支配株主に係る包括利益：

4,800円＋140円＝4,940円

非支配株主に帰属する当期純利益　子会社・評価差額金の非支配株主持分への振替額

15) 連結包括利益計算書上は、非支配株主の分も含みます。

(3) 連結株主資本等変動計算書

その他の包括利益累計額（その他有価証券評価差額金）当期変動額：

900円＋700円－140円＝1,460円[16]

親会社・評価差額金当期変動額　子会社・評価差額金当期変動額　非支配株主持分への振替額

16) 連結株主資本等変動計算書上は、非支配株主の分は除きます。

Section

2 持分法の処理

問題
1 当期の持分法適用の処理 1

|解答|

持分法による投資損益 | **41,500** 円

C社株式勘定 | **224,000** 円

|解説|

① タイムテーブル

	×2.3.31		×3.3.31
取得割合	30%		
資 本 金	300,000		300,000
利益剰余金	200,000	Ⓟ 45,000 05)	350,000
合 計	500,000		650,000
P 社 持 分	150,000 01)		195,000 06)
評価差額(P社持分)	15,000 02)		15,000
取得原価	182,500		
の れ ん	17,500 03)	△ 3,500 04)	14,000

01) 500,000円×30% ＝150,000円
02) (550,000円−500,000円)×30%＝15,000円
03) 182,500円−(150,000円＋15,000円)＝17,500円
04) 17,500円÷5年＝3,500円
05) 150,000円×30%＝45,000円
06) 650,000円×30%＝195,000円

② 仕訳

（ⅰ） 資産・負債の評価替え 07)

| (土 地) | 15,000 | (評 価 差 額) | 15,000 |

07) 持分法では財務諸表を合算しないので、評価
替えに係る仕訳は連結財務諸表に直接反映さ
れない点に注意してください。

（ⅱ） のれんの償却

| (持分法による投資損益) | 3,500 | (C 社 株 式) | 3,500 |

（ⅲ） 当期純利益の振替え

| (C 社 株 式) | 45,000 | (持分法による投資損益) | 45,000 |

③ 解答数値

（ⅰ）持分法による投資損益：

− 3,500円 + 45,000円 ＝ **41,500**円

（ⅱ）C社株式勘定：

182,500円 − 3,500円 + 45,000円

＝ **224,000**円

または、

$$\underbrace{(195,000円 + 15,000円)}_{\text{P 社持分}} + \underbrace{14,000円}_{\text{のれん}}$$

＝ **224,000**円

2 当期の持分法適用の処理 2

|解答|

（単位：円）

	借　方　科　目	金　　額	貸　方　科　目	金　　額
問1	仕　訳　な　し			
問2	C　社　株　式	9,000	持分法による投資損益	9,000
	持分法による投資損益	1,000	C　社　株　式	1,000
問3	受　取　配　当　金	10,000	C　社　株　式	10,000
問4	C　社　株　式	12,000	持分法による投資損益	12,000

解説

問1〜問3

① タイムテーブル

```
          ×8.12.31              ×9.12.31
─────────┼─────────────────────┼──────────▶
取 得 割 合    20%
資　本　金   150,000               150,000
利益剰余金   150,000⁰¹⁾    Ⓟ△1,000⁰⁵⁾  145,000
  合　計     300,000               295,000
P 社 持 分    60,000⁰²⁾              59,000
取 得 原 価    70,000
の  れ  ん    10,000⁰³⁾     △1,000⁰⁴⁾    9,000
```

01) 30,000円+40,000円+80,000円=150,000円
02) 300,000円×20%=60,000円
03) 70,000円−60,000円=10,000円
04) 10,000円÷10年=1,000円
05) 9,000円−10,000円=△1,000円
　　または(145,000円−150,000円)×20%=△1,000円

② 仕訳

（ⅰ）のれんの償却

（持分法による投資損益）	1,000	（C　社　株　式）	1,000

（ⅱ）当期純利益の振替え

（C　社　株　式）	9,000	（持分法による投資損益）	9,000⁰⁶⁾

06) 45,000円×20%=9,000円

（ⅲ）剰余金の配当

（受　取　配　当　金）	10,000	（C　社　株　式）	10,000⁰⁷⁾

07) 50,000円×20%=10,000円

問4

① タイムテーブル

```
          ×8.12.31
─────────┼──────────────────▶
取 得 割 合    20%
資　本　金   150,000
利益剰余金   150,000
  合　計     300,000
P 社 持 分    60,000
取 得 原 価    48,000
負ののれん    △12,000⁰⁸⁾
```

② 仕訳

（C　社　株　式）	12,000	（持分法による投資損益）	12,000⁰⁸⁾

08) 48,000円−60,000円=△12,000円

3 未実現利益の消去 1

|解答|

(1)

(単位：円)

借　方　科　目	金　　額	貸　方　科　目	金　　額
売　上　高	600	C　社　株　式	600

(2)

(単位：円)

借　方　科　目	金　　額	貸　方　科　目	金　　額
持分法による投資損益	2,000	商　　　　品	2,000

|解説|

(1) ダウンストリームの場合

C社（被投資会社）の期末商品に含まれる未実現利益のうち、P社（投資会社）持分について売上高から減額するとともに、相手勘定を投資勘定として処理します。

未実現利益：$\underset{\text{未実現利益}}{(15,000円-12,000円)} \times \underset{\text{P社持分}}{20\%}$

$= \mathbf{600}円$

(2) アップストリームの場合

P社（投資会社）の期末商品に含まれる未実現利益のうち、P社（投資会社）持分について商品勘定から減額するとともに、相手勘定を持分法による投資損益として処理します。

C社の売上利益率：$\dfrac{50,000円-30,000円}{50,000円}$

$= 40\%$

未実現利益：$\underset{\text{未実現利益}}{(50,000円-25,000円)} \times 40\%$

$\times \underset{\text{P社持分}}{20\%} = \mathbf{2,000}円$

問題
4　未実現利益の消去 2

|解答|

持分法による投資損益　| **7,325**千円 |　　　　C社株式勘定　| **207,325**千円 |

解説

1. タイムテーブル

	当期首		当期末
取 得 割 合	30%		
資 本 金	400,000		400,000
利益剰余金	160,000	ⓟ 11,250[04) →	197,500
合 計	560,000		597,500
P 社 持 分	168,000[01)		179,250
取 得 原 価	200,000		
の れ ん	32,000[02)	△ 1,600[03) →	30,400

01)　560,000千円×30%＝168,000千円
02)　200,000千円−168,000千円＝32,000千円
03)　32,000千円÷20年＝1,600千円
04)　37,500千円×30%＝11,250千円

2. 仕訳　　　　　（仕訳単位：千円）

（1）　のれんの償却

（持分法による投資損益）　1,600	（C 社 株 式）　1,600

（2）　当期純利益の振替え

（C 社 株 式）11,250	（持分法による投資損益）11,250

（3）　商品に含まれる未実現利益の消去（アップストリーム）

（持分法による投資損益）　　525	（C 社 株 式）　525[05)

05)　5,000千円×35%×30%＝525千円

（4）　土地に含まれる未実現利益の消去（ダウンストリーム）

（持分法による投資損益）　1,800	（C 社 株 式）　1,800[06)

06)　（26,000千円−20,000千円）×30%＝1,800千円

3. 解答数値

持分法による投資損益：

　　− 1,600千円 + 11,250千円 − 525千円

　　− 1,800千円 = **7,325**千円

C社株式勘定：

　　200,000千円 − 1,600千円 + 11,250千円

　　− 525千円 − 1,800千円 = **207,325**千円

または、

　　179,250千円 + 30,400千円 − 525千円
　　　　P 社持分　　　　のれん

　　− 1,800千円 = **207,325**千円

問題 5 持分法適用後の開始仕訳

|解答|

持分法による投資損益	**59,000** 円	C社株式勘定	**655,500** 円

|解説|

1. タイムテーブル

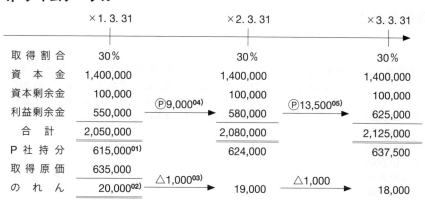

	×1.3.31		×2.3.31		×3.3.31
取 得 割 合	30%		30%		30%
資 本 金	1,400,000		1,400,000		1,400,000
資本剰余金	100,000		100,000		100,000
利益剰余金	550,000	Ⓟ9,000[04]	580,000	Ⓟ13,500[05]	625,000
合 計	2,050,000		2,080,000		2,125,000
P 社 持 分	615,000[01]		624,000		637,500
取 得 原 価	635,000				
の れ ん	20,000[02]	△1,000[03]	19,000	△1,000	18,000

01) 2,050,000円×30%=615,000円
02) 635,000円−615,000円=20,000円
03) 20,000円÷20年=1,000円
04) (580,000円−550,000円)×30%=9,000円
05) 60,000円−46,500円=13,500円
　　または
　　(625,000円−580,000円)×30%=13,500円

2. 仕訳

（1） 開始仕訳

(利益剰余金当期首残高)	1,000	（C 社 株 式）	1,000
（C 社 株 式）	9,000	(利益剰余金当期首残高)	9,000

（2） のれんの償却

(持分法による投資損益)	1,000	（C 社 株 式）	1,000

（3） 当期純利益の振替え

（C 社 株 式）	60,000	(持分法による投資損益)	60,000[06]

06) 200,000円×30%=60,000円

（4） 剰余金の配当

（受 取 配 当 金）	46,500	（C 社 株 式）	46,500[07]

07) 155,000円×30%=46,500円

3. 解答数値

（1） 持分法による投資損益：

$$-1,000円+60,000円=\textbf{59,000}円$$

（2） C社株式勘定：

635,000円 − 1,000円 + 9,000円 − 1,000円

+ 60,000円 − 46,500円 = **655,500** 円

または、

637,500円 + 18,000円 = **655,500** 円
（P社持分）（のれん）

問題 1 繰延税金資産の計上

|解答|

損 益 計 算 書		(単位：千円)
Ⅰ 売 上 高		784,500
Ⅱ 売上原価		
期 首 商 品 棚 卸 高	(30,000)	
当 期 商 品 仕 入 高	(450,000)	
合 計	(480,000)	
期 末 商 品 棚 卸 高	(10,000)	
差 引	(470,000)	
棚 卸 減 耗 損	(500)	
商 品 評 価 損	(200)	(470,700)
売 上 総 利 益		(313,800)
Ⅲ 販売費及び一般管理費		
減 価 償 却 費	(10,000)	
	:	
税引前当期純利益		100,000
法 人 税 等	(31,860)	
法 人 税 等 調 整 額	(△1,860)	(30,000)
当 期 純 利 益		(70,000)

貸 借 対 照 表		(単位：千円)
商 品 (9,300)	未払法人税等	(31,860)
建 物 200,000	減価償却累計額	(20,000)
繰延税金資産 (3,660)		

|解説|

（以下、仕訳の単位：千円）

1. 商品評価損

(仕 入) 30,000	(繰 越 商 品) 30,000
(繰 越 商 品) 10,000	(仕 入) 10,000
(棚 卸 減 耗 損) 500[01]	(繰 越 商 品) 700
(商 品 評 価 損) 200[02]	

(繰延税金資産) 60[03]	(法人税等調整額) 60

01) 棚卸減耗損：10,000千円−9,500千円=500千円
02) 商品評価損：9,500千円−9,300千円=200千円
03) 繰延税金資産：200千円×0.3=60千円

2. 減価償却

(減 価 償 却 費) 10,000[04]	(建物減価償却累計額) 10,000

(繰延税金資産) 1,800[05]	(法人税等調整額) 1,800

04) 減価償却費：$\dfrac{200,000千円}{20年}$ =10,000千円

05) 税務上の限度額：$\dfrac{200,000千円}{50年}$ =4,000千円

　　繰延税金資産：（10,000千円−4,000千円）×0.3=1,800千円

3. 法人税等

(法 人 税 等) 31,860	(未払法人税等) 31,860

解答数値

　法人税等調整額：60千円＋1,800千円

　　＝1,860千円

　繰延税金資産：

　　1,800千円＋60千円＋1,800千円＝3,660千円

4 将来加算一時差異

2 圧縮積立金

|解答|

貸 借 対 照 表　　　　　　　　　（単位：円）

Ⅱ 固 定 資 産			Ⅱ 固 定 負 債	
Ⅰ有形固定資産			繰 延 税 金 負 債 （ **2,700** ）	
機　　　械 （ **50,000** ）			Ⅰ 株主資本	
減価償却累計額 （ **5,000** ）			利益剰余金	
			圧 縮 積 立 金 （ **6,300** ）	
			繰越利益剰余金 （ **54,700** ）	

損 益 計 算 書　　　　　　　（単位：円）

税 引 前 当 期 純 利 益		30,000
法人税、住民税及び事業税	6,300	
法 人 税 等 調 整 額 （ **2,700** ）	（ **9,000** ）	
当 期 純 利 益	（ **21,000** ）	

|解説|

(1) 圧縮積立金の積立て

圧縮積立金は、税効果会計を適用したあとの繰越利益剰余金から積み立てられるので、税効果会計を適用する場合の圧縮積立金の積立額は、国庫補助金の金額に（1−実効税率）を掛けた金額となります。

税務上、積立額は損金として認められるため、将来加算一時差異が発生します。

（法人税等調整額）	3,000[01]	（繰延税金負債） 3,000
（繰越利益剰余金）	7,000[02]	（圧 縮 積 立 金） 7,000

01) 10,000円×30%=3,000円
02) 10,000円−(1−30%)=7,000円

(2) 減価償却

取得原価をもとに減価償却を行います。

（減 価 償 却 費）	5,000[03]	（機械減価償却累計額） 5,000

03) 50,000円÷10年=5,000円

(3) 圧縮積立金の取崩し

会計上、計上した圧縮積立金は、固定資産の耐用年数にわたり取り崩します。

税務上、取崩額は益金として認められる（益金算入）ため、将来加算一時差異が解消します。

（繰延税金負債）	300[04]	（法人税等調整額） 300
（圧 縮 積 立 金）	700[05]	（繰越利益剰余金） 700

04) 3,000円÷10年=300円
05) 7,000円÷10年=700円

(4) 当期純利益の振替え

（損　　　　　益）	21,000	（繰越利益剰余金） 21,000

Section 5 その他有価証券、その他の一時差異

問題 3 その他有価証券

|解答|

(単位：円)

貸 借 対 照 表
資 産 の 部

固定資産
投資その他の資産
　投 資 有 価 証 券 （　　　**25,000**）
（　　　　　　　　）　（　　　　　　　）
固定負債
（ 繰 延 税 金 負 債 ）　（　　　　**240**）
純 資 産 の 部

評価・換算差額等
その他有価証券評価差額金　（　　　**560**）

損 益 計 算 書

営業外費用
　（　　　　　　）　（　　　　　　　）
特別損失
　（ 投資有価証券評価損 ）　（　　　**5,800**）

|解説|

1. 上場株式と非上場株式

　上場株式とは証券取引所で売買が行われている株式であり、期末に時価（株価）で評価します。

　一方、非上場株式とは証券所取引所で売買が行われていない株式であり、期末に取得原価で評価します。

2. 有価証券の評価

(1) A社株式

（その他有価証券）　1,000[01]	（繰延税金負債）　　　300[02]
	（その他有価証券評価差額金）　700[03]

01) 9,000円－8,000円＝1,000円
02) 1,000円×30%＝300円
03) 1,000円×(1－30%)＝700円

(2) B社株式

（繰延税金資産）　　　60[05]	（その他有価証券）　　200[04]
（その他有価証券評価差額金）　140[06]	

04) 6,800円－7,000円＝△200円
05) 200円×30%＝60円
06) 200円×(1－30%)＝140円

(3) C社株式

（投資有価証券評価損）　3,300[07]	（その他有価証券）　3,300

07) 2,700円－6,000円＝△3,300円

(4) 甲社株式

　取得原価で評価します。

(5) 乙社株式

　実質価額が著しく下落しているため、実価法を適用します。

（投資有価証券評価損）　2,500[08]	（その他有価証券）　2,500

08) 実質価額：15,000円×10%＝1,500円
　　評価損：1,500円－4,000円＝△2,500円

その他の差異

|解答|

決算整理後残高試算表　　　　　（単位：千円）

勘　定　科　目	金　　　額	勘　定　科　目	金　　　額
現　金　預　金	(87,500)	機械減価償却累計額	(6,000)
機　　　　　械	(28,000)	退職給付引当金	(337,500)
投　資　有　価　証　券	(24,250)	繰　延　税　金　負　債	(75)
繰　延　税　金　資　産	(101,850)	その他有価証券評価差額金	(175)
減　価　償　却　費	(3,000)	法　人　税　等　調　整　額	(11,850)
減　損　損　失	(2,000)		
退　職　給　付　費　用	(50,000)		

|解説|

1．減損会計

減損会計を適用するさいの帳簿価額は、当期の減価償却後の金額とします。

（1）　減価償却

（減 価 償 却 費）	3,000[01]	（機械減価償却累計額）	3,000

01)　$\dfrac{30,000千円}{10年}$ = 3,000千円

（2）　減損会計

（減　損　損　失）	2,000[02]	（機　　　　　械）	2,000
（繰 延 税 金 資 産）	600[03]	（法人税等調整額）	600

02)　回収可能価額22,000千円 > 20,750千円　∴22,000千円
　　減損損失：22,000千円 −（30,000千円 − 3,000千円×2回）
　　　　　　　= △2,000千円

03)　繰延税金資産：2,000千円×0.3 = 600千円

2．退職給付引当金

（1）　退職給付費用の計上

（退 職 給 付 費 用）	50,000[04]	（退職給付引当金）	50,000
（繰 延 税 金 資 産）	15,000[05]	（法人税等調整額）	15,000

04)　35,000千円 + 22,500千円 − 7,500千円 = 50,000千円
05)　50,000千円×0.3 = 15,000千円

（2）　年金掛金の支払

（退 職 給 付 引 当 金）	12,500	（現　金　預　金）	12,500
（法 人 税 等 調 整 額）	3,750[06]	（繰 延 税 金 資 産）	3,750

06)　12,500千円×0.3 = 3,750千円

3．その他有価証券の評価

（投資有価証券）	250[07]	（繰延税金負債）	75[08]
		（その他有価証券評価差額金）	175[09]

07)　24,250千円 − 24,000千円 = 250千円（評価差益）
08)　250千円×0.3 = 75千円
09)　250千円 − 75千円 = 175千円

解答数値（一部）

繰延税金資産：

90,000千円 + 600千円 + 15,000千円

− 3,750千円 = 101,850千円

退職給付引当金：

300,000千円 + 50,000千円 − 12,500千円

= 337,500千円

法人税等調整額：

600千円 + 15,000千円 − 3,750千円

= 11,850千円

※繰延税金資産と繰延税金負債の相殺

繰延税金資産と繰延税金負債は、貸借対照表上、相殺して表示します。一方、残高試算表は帳簿上の残高を表すものであるため、通常、相殺しません。

法人税等調整額の算定

|解答|

(単位：千円)

借 方 科 目	金 額	貸 方 科 目	金 額
繰 延 税 金 資 産	945	法人税等調整額	945

繰延税金資産　10,200 千円

|解説|

前期末繰延税金資産：30,850千円×0.3 ＝ 　9,255千円

当期末繰延税金資産：34,000千円×0.3 ＝ 10,200千円

法 人 税 等 調 整 額：　　　　　　　　△ 945千円（貸方残高）

なお、税効果会計に関する処理は期中に行わないため[01]、前期末残高＝前T/Bの残高です。

本問では、前期末に比べて当期末の方が繰延税金資産の金額が大きくなっているので、**『繰延税金資産』**を借方に計上して、**『法人税等調整額』**は貸方に計上します（繰延税金資産を増額）。

[01]　その他有価証券の振戻し等を除きます。

Column わかった気になっちゃいけない！

実力がつく問題の解き方をお伝えしましょう。

①まず、とにかく解く

このとき、自信がないところも想像を働かせて、できる限り解答用紙を埋める。

②次に、解答・解説を見る

このとき、自分が解答できなかったところまで含めて、すべての解説に目を通しておく。ここでわかった気になって、次の問題に行くと、これまでの努力が水泡に帰す。

わかった気になっただけでは、試験での得点にはならない。

だから、これをやってはいけない！

③すぐに、もう一度"真剣に"解く

ここで、わかっているからと気を抜いて解いてはいけない。

真剣勝負で解く。そうすればわかっている所は、頭に定着するし、わかっていないところも「わかっていない」ことがはっきりする。

④最後に、わかっていないところを復習しておく

つまり、勉強とは「自分がわかっている所と、わかっていないところを峻別する作業」。

こうして峻別して、わかっていないところをはっきりさせておけば、試験前の総復習もしやすく、確実に実力をつけていくことができる。

商業簿記　本試験の出題傾向（過去16回）

商業簿記　本試験の出題傾向	頻度	131	132	134	135	137	138	140	141	143	144	146	147	149	150	152	153
損益計算書	4									●						●	●
貸借対照表	0																
決算整理後残高試算表	7		●		●		●	●	●		●				●		
本支店会計	2						●						●				
連結財務諸表	3	●		●										●			

決算整理事項等		頻度	131	132	134	135	137	138	140	141	143	144	146	147	149	150	152	153
現金預金	当座預金	1		●														
有価証券	売買目的有価証券	4				●			●			●				●		
	満期保有目的債券	6				●	●		●			●				●	●	
	子会社・関連会社株式	4				●			●							●		
	その他有価証券	8				●	●		●	●		●	●			●	●	
	外貨建有価証券	6				●	●		●			●				●	●	
貸倒引当金	財務内容評価法	4		●							●	●				●		
	キャッシュ・フロー見積法	4				●		●						●				●
商品売買	期中取引	3		●						●				●				
	商品評価損	9		●		●	●	●	●	●		●					●	●
	売価還元法	2						●										●
	未着品売買	2				●										●		
	委託販売	1												●				
有形固定資産	200%定率法	9				●	●	●	●	●			●			●	●	●
	資本的支出	1										●						
	圧縮記帳(積立金方式)	1														●		
減損会計	基本問題	1																●
	共用資産	1							●									
	のれん	0																
資産除去債務	基本問題	2							●							●		
	除去費用の変更	1								●								
リース会計	基本問題	4							●	●	●							●
	リース料の前払い	1		●														
	セール・アンド・リースバック	2				●								●				
	中途解約	1						●										
ソフトウェア	市場販売目的	1				●												
	自社利用	2											●			●		
	受注制作	1											●					
負債性引当金	退職給付引当金	6				●					●		●			●	●	●
社債	社債　償却原価法	4				●			●	●						●		
	社債　抽選償還	2				●						●						
	新株予約権付社債	3						●				●						●
純資産会計	剰余金の配当	3									●					●	●	
	自己株式	3				●					●	●						
	ストック・オプション	3						●				●	●					
	新株予約権	1				●												
為替予約	振当処理	3					●	●								●		
	独立処理	1											●					
	予定取引	1						●										
デリバティブ	金利スワップ	2		●						●								
	ヘッジ会計	2		●						●								
税効果会計	決算整理	4							●								●	
	回収可能性	3							●								●	
会計上の変更および誤謬の訂正	会計方針の変更	1							●									
	会計上の見積りの変更	5		●					●				●				●	
	誤謬の訂正	2															●	
連結会計	資本連結	3	●		●										●			
	成果連結	3	●		●										●			
	追加取得・一部売却	2	●												●			
	包括利益	3	●		●										●			
	在外子会社の連結	1	●															
	事業分離　連結	1			●													
本支店会計	合併処理	2					●							●				
	在外支店	2					●							●				
その他	貸付金の譲渡	2		●						●								
	返品権付き販売	1								●								
	代理人に該当する場合	2									●						●	
	企業結合(事業の取得)	1														●		

会計学　本試験の出題傾向（過去16回）

会計学　本試験の出題傾向	頻度	131	132	134	135	137	138	140	141	143	144	146	147	149	150	152	153
正誤問題	4		●	●	●								●				
語句記入問題	11	●		●	●	●	●	●		●		●	●			●	●
語群選択問題	2								●						●		
記述問題	2		●												●		

	計算問題	頻度	131	132	134	135	137	138	140	141	143	144	146	147	149	150	152	153
有価証券	売買目的有価証券	1		●														
	満期保有目的債券	1		●														
	子会社・関連会社株式	1		●														
	その他有価証券	1		●														
貸倒引当金	財務内容評価法	0																
	キャッシュ・フロー見積法	0																
商品売買	商品評価損	0																
	トレーディング目的	1														●		
有形固定資産	200%定率法	0																
	圧縮記帳(積立金方式)	1										●						
減損会計	基本問題	1				●												
	共用資産	1			●													
	のれん	1												●				
資産除去債務	基本問題	1																●
	除去費用の変更	1					●											
リース会計	基本問題	3				●										●	●	
	リース料の前払い	0																
	セール・アンド・リースバック	0																
	中途解約	0																
ソフトウェア	市場販売目的	0																
	自社利用	0																
	受注制作	0																
負債性引当金	退職給付引当金	2										●			●			
社債	社債　償却原価法	0																
	社債　抽選償還	0																
	新株予約権付社債	1	●															
純資産会計	剰余金の配当	0																
	自己株式	1														●		
	ストック・オプション	0																
為替予約	振当処理	0																
	独立処理	0																
	予定取引	1											●					
デリバティブ	金利スワップ	0																
	ヘッジ会計	0																
	オプション取引	1											●					
税効果会計	決算整理	1																●
	実効税率の変更	1												●				
会計上の変更および誤謬の訂正	会計方針の変更	0																
	会計上の見積りの変更	1										●						
	誤謬の訂正	1										●						
連結会計	資本連結	3								●		●						●
	成果連結	3								●		●						●
	連結上の税効果	1								●								
	追加取得・一部売却	3								●		●						●
	段階取得	1														●		
	包括利益	3						●		●								●
	連結上の退職給付	2										●			●			
	在外子会社の連結	1									●							
	事業分離 連結	1											●					
	持分法	1															●	
	評価差額の実現	2								●								●
	取得関連費用	1																●
その他	分配可能額	1							●									
	キャッシュ・フロー計算書	1							●									
	工事契約	1									●							
	株式交換(個別・連結)	1		●														
	株式移転(個別・連結)	1					●											
	企業結合(合併)	1													●			
	共同支配企業の形成	1												●				

日商簿記1級

簿記検定の最高峰、日商簿記1級の WEB 講座では、実務的な話も織り交ぜながら、誰もが納得できるよう分かりやすく講義を進めていきます。

また、WEB 講座であれば、自宅にいながら受講できる上、受講期間内であれば何度でも繰り返し納得いくまで受講できるため、範囲が広くて1つひとつの内容が高度な日商簿記1級の学習を無理なく進めることが可能です。

ネットスクールと一緒に、日商簿記1級に挑戦してみませんか?

標準コース　学習期間（約1年）

じっくり学習したい方向けのコースです。初学者の方や、実務経験のない方でも、わかり易く取引をイメージして学習していきます。お仕事が忙しくても1級にチャレンジされる方向きです。

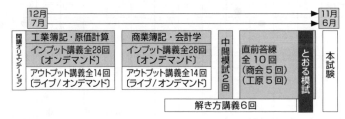

速修コース　学習期間（約6カ月）

短期間で集中して1級合格を目指すコースです。比較的残業が少ない等、一定の時間が取れる方向きです。また、税理士試験の受験資格が必要な方にもオススメのコースです。

※1級標準・速修コースをお申し込みいただくと、特典として**2級インプット講義**が本試験の前日まで学習いただけます。
2級の内容に少し不安が…という場合でも安心してご受講いただけます。

Point　日商簿記1級WEB講座で採用『反転学習』とは?

【従　来】

INPUT（集合授業）　➡　OUTPUT（各自の復習）

簿記の授業でも、これまでは上記のように問題演習を授業後の各自の復習に委ねられ、学習到達度の大きな差が生まれる原因を作っていました。そこで、ネットスクールの日商簿記対策 WEB 講座では、このスタイルを見直し、反転学習スタイルで講義を進めています。

【反転学習】

INPUT（オンデマンド講義）　➡　OUTPUT（ライブ講義）

各自、オンデマンド講義でまずは必要な知識のインプットを行っていただき、その後のライブ講義で、インプットの復習とともに具体的な問題演習を行っていきます。ライブ講義とオンデマンド講義、それぞれの良い点を組み合わせた「反転学習」のスタイルを採用することにより、学習時間を有効活用しながら、早い段階で本試験レベルの問題にも対応できる実力が身につきます。

ネットスクールが誇る講師、スタッフが一丸となってこの1冊ができあがりました。
十分理解できましたか?
繰り返し学習し、合格の栄冠を勝ち取ってください。
制作スタッフ一同、心よりお祈り申し上げます。

■制作スタッフ■
森田　文雄／中村　雄行／藤本　拓也

■カバーデザイン■
久積　昌弘（B-rain）

■DTP■
長谷川　正晴（ドアーズ本舎）

■編集コーディネート■
落合　明江

◆**本書に関する制度改正及び訂正情報について**◆

本書の発行後に公表された法令等及び試験制度の改正情報、並びに判明した誤りに関する訂正情報については、弊社 WEB サイト内の『**読者の方へ**』にてご案内しておりますので、ご確認下さい。

https://www.net-school.co.jp/

なお、万が一、誤りではないかと思われる箇所のうち、弊社 WEB サイトにて掲載がないものにつきましては、**書名（ＩＳＢＮコード）と誤りと思われる内容**のほか、お客様の**お名前及びご連絡先（電話番号）**を明記の上、弊社まで**郵送または e-mail** にてお問い合わせ下さい。

〈郵送先〉　〒 101-0054
　　　　　東京都千代田区神田錦町 3-23 メットライフ神田錦町ビル 3 階
　　　　　ネットスクール株式会社　正誤問い合わせ係
〈e-mail〉　seisaku@net-school.co.jp

※正誤に関するもの以外のご質問にはお答えできません。
※<u>お電話によるお問い合わせはお受けできません。ご了承下さい。</u>
※回答及び内容確認のためにお電話を差し上げることがございますので、必ずご連絡先をお書きください。

〈別冊〉答案用紙

ご利用方法

以下の答案用紙は、この紙を残したまま
ていねいに抜き取りご利用ください。
なお、抜取りのさいの損傷によるお取替
えはご遠慮願います。

答案用紙

解き直しのさいには…
答案用紙ダウンロードサービス

ネットスクール HP（https://www.net-school.co.jp/）➡ 読者の方へ
をクリック

解答用紙 〈別冊〉

Chapter 1 簿記一巡の手続

Section 1 簿記一巡の手続

問題 1 簿記一巡の手続

解答・解説 P.1-1

損　　益			（単位：円）
仕　　　　入 （　　　　）	売　　　上 （　　　　）
支払保険料 （　　　　）	
支 払 利 息 （　　　　）	
繰越利益剰余金 （　　　　）	
（　　　　）	（　　　　）

損益計算書			（単位：円）
売 上 原 価 （　　　　）	売 上 高 （　　　　）
支払保険料 （　　　　）	
支 払 利 息 （　　　　）	
当期純利益 （　　　　）	
（　　　　）	（　　　　）

貸借対照表			（単位：円）
現　　　金 （　　　　）	買 掛 金 （　　　　）
売 掛 金 （　　　　）	未 払 費 用 （　　　　）
商　　　品 （　　　　）	借 入 金 （　　　　）
前 払 費 用 （　　　　）	資 本 金 （　　　　）
土　　　地 （　　　　）	繰越利益剰余金 （　　　　）
（　　　　）	（　　　　）

2 損益計算書・貸借対照表の構造

Section
1 損益計算書の構造

問題 1 損益計算書の分類

解答・解説 P.2-1

損益計算書		（単位：円）
Ⅰ 売　上　高		1,200,000
Ⅱ 売　上　原　価		900,000
売　上　総　利　益		300,000
Ⅲ 販売費及び一般管理費		
給　　　　　料	3,000	
交　　通　　費	2,200	
（　　　　　）	（　　　　）	
（　　　　　）	（　　　　）	
（　　　　　）	（　　　　）	
（　　　　　）	（　　　　）	
（　　　　　）	（　　　　）	（　　　　）
営　業　利　益		（　　　　）
Ⅳ 営　業　外　収　益		
（　　　　　）	（　　　　）	
（　　　　　）	（　　　　）	
受　取　配　当　金	1,100	（　　　　）
Ⅴ 営　業　外　費　用		
（　　　　　）	（　　　　）	
（　　　　　）	（　　　　）	（　　　　）
経　常　利　益		（　　　　）
Ⅵ 特　別　利　益		
（　　　　　）	（　　　　）	（　　　　）
Ⅶ 特　別　損　失		
（　　　　　）	（　　　　）	
（　　　　　）	（　　　　）	（　　　　）
税引前当期純利益		（　　　　）
法人税、住民税及び事業税		91,200
当　期　純　利　益		（　　　　）

Section

2 貸借対照表の構造

問題 2 **貸借対照表総論**

解答・解説 P2-2

(1)		(2)		(3)		(4)		(5)	

問題 3 **流動・固定の分類基準**

解答・解説 P.2-2

①		②		③		④	
⑤		⑥		⑦			

3

3 資産会計総論・現金預金

2 現　　金

 1 現金の範囲

解答・解説 P.3-1

(単位：円)

貸　借　対　照　表		
流動資産		
現　金　預　金	(	)
受　取　手　形	(	)
売　　掛　　金	(	)
貸　倒　引　当　金	(	)

損　益　計　算　書			
販売費及び一般管理費			
貸倒引当金繰入		(	)
営業外収益			
(	)	(	)
(	)	(	)
(	)	(	)
営業外費用			
(	)	(	)

3 預　　金

 2 銀行勘定調整表

解答・解説 P.3-2

(単位：円)

貸　借　対　照　表		
流動資産		
現　金　預　金	(	)
：	：	
流動負債		
買　　掛　　金	(	)
短　期　借　入　金	(	)
(	)　(	)

損　益　計　算　書		
販売費及び一般管理費		
販　　売　　費	(	)
：	：	
営業外費用		
支　払　利　息	(	)

問題 3 総合問題

解答・解説 P.3-3

貸 借 対 照 表

×6年3月31日　　　　　　　（単位：千円）

資 産 の 部				負 債 の 部			
Ⅰ 流 動 資 産				Ⅰ 流 動 負 債			
1 現 金 預 金		(	)	1 支 払 手 形		(	)
2 受 取 手 形	( )			2 買 掛 金		(	)
貸 倒 引 当 金	( )	(	)	3 〔 〕		(	)
3 売 掛 金	( )			4 未 払 法 人 税 等		(	)
貸 倒 引 当 金	( )	(	)	5 未 払 費 用		(	)
4 商 品		(	)	流 動 負 債 合 計		(	)
5 前 払 費 用		(	)	Ⅱ 固 定 負 債			
流 動 資 産 合 計		(	)	1 長 期 借 入 金		(	)
Ⅱ 固 定 資 産				固 定 負 債 合 計		(	)
(1) 有形固定資産				負 債 合 計		(	)
1 建 物	( )			純 資 産 の 部			
減価償却累計額	( )	(	)	Ⅰ 資 本 金		(	)
2 備 品	( )			Ⅱ 利 益 剰 余 金			
減価償却累計額	( )	(	)	(1) 利 益 準 備 金	( )		
(2) 投資その他の資産				(2) 任 意 積 立 金	( )		
1 投 資 有 価 証 券		(	)	(3) 繰 越 利 益 剰 余 金	( )	(	)
固 定 資 産 合 計		(	)	純 資 産 合 計		(	)
資 産 合 計		(	)	負債・純資産合計		(	)

損 益 計 算 書

自×5年4月1日　至×6年3月31日　（単位：千円）

Ⅰ 売 上 高		(	)
Ⅱ 売 上 原 価			
1 期 首 商 品 棚 卸 高	( )		
2 当 期 商 品 仕 入 高	( )		
合 計	( )		
3 期 末 商 品 棚 卸 高	( )		
差 引	( )		
4 棚 卸 減 耗 損	( )		
5 商 品 評 価 損	( )	(	)
売 上 総 利 益		(	)
Ⅲ 販売費及び一般管理費			
1 給 料 手 当	( )		
2 広 告 宣 伝 費	( )		
3 支 払 保 険 料	( )		
4 貸 倒 引 当 金 繰 入	( )		
5 減 価 償 却 費	( )	(	)
営 業 利 益		(	)
Ⅳ 営 業 外 収 益			
1 有 価 証 券 利 息		(	)
Ⅴ 営 業 外 費 用			
1 支 払 利 息	( )		
2 〔 〕	( )	(	)
税 引 前 当 期 純 利 益		(	)
法 人 税 等		(	)
当 期 純 利 益		(	)

Chapter 4 有価証券

Section 1 有価証券の分類・表示

 問題 1 金融商品に関する会計基準による分類・表示

解答・解説 P.4-1

種類（目的）	満期日	表示科目	表示区分
売買目的有価証券			
満期保有目的の債券	1年内		
	1年超		
子 会 社 株 式			
その他有価証券 （株式の場合）			

Section 2 有価証券の取得と売却

 問題 2 有価証券の取得と売却

解答・解説 P.4-2

（単位：円）

	借 方 科 目	金 額	貸 方 科 目	金 額
(1)				
(2)				
(3)				

3 有価証券の期末評価

解答・解説 P.4-3

解答・解説 P.4-4

解答・解説 P.4-5

問題 3 売買目的有価証券

（単位：円）

貸 借 対 照 表	
流動資産	
有 価 証 券	（　　　　　）

損 益 計 算 書			
営業外収益			
（　　　　　）	（　　　　　）
営業外費用			
（　　　　　）	（　　　　　）

問題 4 満期保有目的債券

（単位：円）

貸 借 対 照 表	
固定資産	
投資その他の資産	
投 資 有 価 証 券	（　　　　　）

損 益 計 算 書	
営業外収益	
有 価 証 券 利 息	（　　　　　）

問題 5 その他有価証券 1

（単位：円）

貸 借 対 照 表	
資 産 の 部	
固定資産	
投資その他の資産	
投 資 有 価 証 券	（　　　　　）
関 係 会 社 株 式	（　　　　　）
純 資 産 の 部	
評価・換算差額等	
その他有価証券評価差額金	（　　　　　）

損 益 計 算 書			
営業外費用			
（　　　　　）	（　　　　　）
特別損失			
（　　　　　）	（　　　　　）

7

問題 6 その他有価証券 2

（単位：円）

貸　借　対　照　表		損　益　計　算　書	
資　産　の　部		営業外費用	
固定資産		（　　　　　　　）（　　　　　　　）	
投資その他の資産		特別損失	
投 資 有 価 証 券　（　　　　　）		（　　　　　　　）（　　　　　　　）	
関 係 会 社 株 式　（　　　　　）			
純 資 産 の 部			
評価・換算差額等			
その他有価証券評価差額金　（　　　　　）			

問題 7 実価法

解答・解説 P.4-7

（単位：円）

借　方　科　目	金　　額	貸　方　科　目	金　　額

貸借対照表価額 [　　　　　　　　　円]

問題 8 有価証券の評価

解答・解説 P.4-8

(1) 流　動　資　産 [　　　　　　　　　円]

(2) 投資その他の資産 [　　　　　　　　　円]

損益計算書
自×5年4月1日　至×6年3月31日　　　　　　（単位：千円）

Ⅰ　売　上　高		（　　　　　　　）
Ⅱ　売　上　原　価		
1　期首商品棚卸高	（　　　　　　　）	
2　当期商品仕入高	（　　　　　　　）	
合　　計	（　　　　　　　）	
3　期末商品棚卸高	（　　　　　　　）	
差　　引	（　　　　　　　）	
4　〔　　　　　　　〕	（　　　　　　　）	
5　〔　　　　　　　〕	（　　　　　　　）	（　　　　　　　）
売上総利益		（　　　　　　　）
Ⅲ　販売費及び一般管理費		
1　給　　　料	（　　　　　　　）	
2　保　険　料	（　　　　　　　）	
3　減価償却費	（　　　　　　　）	
4　貸倒引当金繰入	（　　　　　　　）	（　　　　　　　）
営　業　利　益		（　　　　　　　）
Ⅳ　営　業　外　収　益		
1　有価証券利息	（　　　　　　　）	
2　有価証券評価益	（　　　　　　　）	（　　　　　　　）
Ⅴ　営　業　外　費　用		
1　支　払　利　息		（　　　　　　　）
経　常　利　益		（　　　　　　　）
Ⅵ　特　別　利　益		
1　固定資産売却益		（　　　　　　　）
Ⅶ　特　別　損　失		
1　関係会社株式評価損		（　　　　　　　）
税引前当期純利益		（　　　　　　　）
法　人　税　等		（　　　　　　　）
当　期　純　利　益		（　　　　　　　）

貸借対照表
×6年3月31日　　　　　　（単位：千円）

資　産　の　部			負　債　の　部		
Ⅰ　流　動　資　産			Ⅰ　流　動　負　債		
現　金　預　金		（　　　　）	支　払　手　形		（　　　　）
受　取　手　形	（　　　　）		買　掛　金		（　　　　）
貸倒引当金	（　　　　）	（　　　　）	未　払　金		（　　　　）
売　掛　金	（　　　　）		未払法人税等		（　　　　）
貸倒引当金	（　　　　）		流動負債合計		（　　　　）
有　価　証　券		（　　　　）	Ⅱ　固　定　負　債		
商　　　品		（　　　　）	長　期　借　入　金		（　　　　）
前　払　費　用		（　　　　）	固定負債合計		（　　　　）
流動資産合計		（　　　　）	負　債　合　計		（　　　　）
Ⅱ　固　定　資　産			純　資　産　の　部		
1．有形固定資産			Ⅰ　株　主　資　本		
建　　　物	（　　　　）		資　本　金		（　　　　）
減価償却累計額	（　　　　）	（　　　　）	利　益　剰　余　金		
備　　　品	（　　　　）		利　益　準　備　金	（　　　　）	
減価償却累計額	（　　　　）	（　　　　）	別　途　積　立　金	（　　　　）	
2．投資その他の資産			繰越利益剰余金	（　　　　）	（　　　　）
投資有価証券		（　　　　）	Ⅱ　評価・換算差額等		
関係会社株式		（　　　　）	その他有価証券評価差額金		（　　　　）
固定資産合計		（　　　　）	純　資　産　合　計		（　　　　）
資　産　合　計		（　　　　）	負債及び純資産合計		（　　　　）

5 金銭債権と貸倒引当金

3 貸倒引当金

問題 1 貸倒実績率の計算

解答・解説 P.5-1

(単位：円)

借 方 科 目	金 額	貸 方 科 目	金 額

問題 2 貸倒懸念債権・財務内容評価法

解答・解説 P.5-2

(1) 貸倒懸念債権 (単位：円)

借 方 科 目	金 額	貸 方 科 目	金 額

(2) 破産更生債権等 (単位：円)

借 方 科 目	金 額	貸 方 科 目	金 額

(3) 一般債権

① 営業債権 (単位：円)

借 方 科 目	金 額	貸 方 科 目	金 額

② 営業外債権 (単位：円)

借 方 科 目	金 額	貸 方 科 目	金 額

問題 3 貸倒懸念債権・キャッシュ・フロー見積法

解答・解説 P.5-3

（単位：円）

貸 借 対 照 表		
流動資産		
受 取 手 形	（	）
売 　掛 　金	（	）
貸 倒 引 当 金	（	）
固定資産		
投資その他の資産		
長 期 貸 付 金	（	）
貸 倒 引 当 金	（	）
（ 　　　 ）	（	）
貸 倒 引 当 金	（	）

損 益 計 算 書		
販売費及び一般管理費		
貸 倒 引 当 金 繰 入	（	）
営業外費用		
貸 倒 引 当 金 繰 入	（	）
特別損失		
貸 倒 引 当 金 繰 入	（	）

問題 4 破産更生債権等

解答・解説 P.5-4

損 益 計 算 書
自×1年4月1日　　至×2年3月31日　　（単位：円）

⋮　　　　　　　　　　　　⋮

Ⅲ　販売費及び一般管理費
　（　　　　　　　　 ）　　　[　　　　　　]

Ⅴ　営業外費用
　（　　　　　　　　 ）　　　[　　　　　　]

Ⅶ　特別損失
　（　　　　　　　　 ）　　　[　　　　　　]

Section

4 金銭債権の特殊論点

問題 5 債権の評価

解答・解説 P.5-5

当期末の貸付金の評価額	円
当 期 の 受 取 利 息	円

問題 6 電子記録債権・電子記録債務

解答・解説 P.5-6

貸借対照表
×5年3月31日 （単位：円）

資 産 の 部		負 債 の 部	
Ⅰ 流 動 資 産		Ⅰ 流 動 負 債	
現 金 預 金 （ ）		支 払 手 形 （ ）	
受 取 手 形 （ ）		（ ） （ ）	
（ ） （ ）		買 掛 金 （ ）	
売 掛 金 （ ）			
貸 倒 引 当 金 （ ） （ ）			

Chapter 6 商品の評価

Section 1 払出金額の計算

問題 1 数量計算の方法

解答・解説 P.6-1

①		②		③		④	
⑤		⑥		⑦			

問題 2 金額計算の方法

解答・解説 P.6-1

①		②		③		④	
⑤							

問題 3 期末棚卸資産の計算

解答・解説 P.6-2

	売　上　原　価	貸借対照表価額
（1）　先入先出法	円	円
（2）　平均原価法（総平均法）	円	円

4 決算時の処理

解答・解説 **P.6-3**

	損 益 計 算 書		(単位：円)
Ⅰ　売　上　高			（　　　　　）
Ⅱ　売　上　原　価			
1.　期首商品棚卸高	（　　　　　）		
2.　当期商品仕入高	（　　　　　）		
合　　　計	（　　　　　）		
3.　期末商品棚卸高	（　　　　　）		
差　　　引	（　　　　　）		
4.〔　　　　　　　〕	（　　　　　）	（　　　　　）	
売 上 総 利 益		（　　　　　）	

 5 損益計算書の作成

解答・解説 **P.6-4**

	損 益 計 算 書		(単位：円)
Ⅰ　売　上　高			（　　　　　）
Ⅱ　売　上　原　価			
1.　期首商品棚卸高	（　　　　　）		
2.　当期商品仕入高	（　　　　　）		
合　　　計	（　　　　　）		
3.　期末商品棚卸高	（　　　　　）		
差　　　引	（　　　　　）		
4.　商 品 評 価 損	（　　　　　）	（　　　　　）	
売 上 総 利 益		（　　　　　）	
Ⅲ　販売費及び一般管理費			
1.〔　　　　　　　〕	（　　　　　）	（　　　　　）	
営 業 利 益		（　　　　　）	

Section

3　売価還元法

問題 6　**売価還元法 1**

解答・解説　P.6-5

損　益　計　算　書　　　　　　（単位：円）

I　売　　上　　高		（　　　　　）
II　売　上　原　価		
1. 期首商品棚卸高	（　　　　　）	
2. 当期商品仕入高	（　　　　　）	
合　　　計	（　　　　　）	
3. 期末商品棚卸高	（　　　　　）	
差　　　引	（　　　　　）	
4. 商 品 評 価 損	（　　　　　）	（　　　　　）
売 上 総 利 益		（　　　　　）
III　販売費及び一般管理費		
棚 卸 減 耗 損	（　　　　　）	

問題 7　**売価還元法 2**　*速*解法

解答・解説　P.6-6

損　益　計　算　書　　　　　　（単位：千円）

I　売　　上　　高		（　　　　　）
II　売　上　原　価		
1. 期首商品棚卸高	（　　　　　）	
2. 当期商品仕入高	（　　　　　）	
合　　　計	（　　　　　）	
3. 期末商品棚卸高	（　　　　　）	
差　　　引	（　　　　　）	
4.〔　　　　　〕	（　　　　　）	（　　　　　）
売 上 総 利 益		（　　　　　）
III　販売費及び一般管理費		
〔　　　　　〕	（　　　　　）	（　　　　　）
営 業 利 益		（　　　　　）

15

7 有形固定資産

2 取得原価の決定

問題 1 取得原価の決定

解答・解説 P.7-1

①		②		③	
④		⑤		⑥	
⑦		⑧			

3 減価償却

問題 2 直接法による処理

解答・解説 P.7-2

貸 借 対 照 表
×5年3月31日　　　　　　　　（単位：円）

建　　　　物	（　　　　　）		
減価償却累計額	（　　　　　）	（　　　　　）	
備　　　　品	（　　　　　）		
減価償却累計額	（　　　　　）	（　　　　　）	

問題 3 減価償却

解答・解説 P.7-3

（単位：円）

貸 借 対 照 表		損 益 計 算 書	
固定資産		販売費及び一般管理費	
有形固定資産		減 価 償 却 費 （　　　　　）	
備　　　　品 （　　　　　）		⋮　　　　　　　　⋮	
減価償却累計額 （　　　　　）		特別利益	
車　　　両 （　　　　　）		（　　　　　） （　　　　　）	
減価償却累計額 （　　　　　）		特別損失	
		（　　　　　） （　　　　　）	

減価償却累計額の表示方法

解答・解説 P.7-4

①		②		③		④	

減価償却費の計算 1

解答・解説 P.7-5

貸 借 対 照 表
×21年3月31日　　　　　　　　　（単位：円）

建　　　物	（　　　　）		
減価償却累計額	（　　　　）	（　　　　）	
備　　　品	（　　　　）		
減価償却累計額	（　　　　）	（　　　　）	

減価償却費の計算 2

解答・解説 P.7-6

（単位：円）

貸 借 対 照 表　　　　　　　　　　　　　　損 益 計 算 書

固定資産			販売費及び一般管理費	
有形固定資産			減 価 償 却 費	（　　　　）
建　　　物	（　　　　）			
減価償却累計額	（　　　　）			
備　　　品	（　　　　）			
減価償却累計額	（　　　　）			
車　　　両	（　　　　）			
減価償却累計額	（　　　　）			

損 益 計 算 書

自×5年4月1日　至×6年3月31日　　（単位：千円）

Ⅰ	売　上　高		（　　　　）
Ⅱ	売　上　原　価		
	1　期首商品棚卸高	（　　　　）	
	2　当期商品仕入高	（　　　　）	
	合　　計	（　　　　）	
	3　期末商品棚卸高	（　　　　）	
	差　　引	（　　　　）	
	4〔　　　　　　〕	（　　　　）	
	5〔　　　　　　〕	（　　　　）	（　　　　）
	売 上 総 利 益		（　　　　）
Ⅲ	販売費及び一般管理費		
	1　給　　　料	（　　　　）	
	2　支 払 保 険 料	（　　　　）	
	3　減 価 償 却 費	（　　　　）	
	4　貸倒引当金繰入	（　　　　）	（　　　　）
	営 業 利 益		（　　　　）
Ⅳ	営 業 外 収 益		
	1　有価証券利息	（　　　　）	
	2〔　　　　　　〕	（　　　　）	（　　　　）
Ⅴ	営 業 外 費 用		
	1　支 払 利 息	（　　　　）	
	2　手 形 売 却 損	（　　　　）	
	3〔　　　　　　〕	（　　　　）	
	4〔　　　　　　〕	（　　　　）	（　　　　）
	税引前当期純利益		（　　　　）
	法 人 税 等		（　　　　）
	当 期 純 利 益		（　　　　）

貸 借 対 照 表

×6年3月31日　　　　　　　　　　　　　　　　（単位：千円）

資　産　の　部				負　債　の　部		
Ⅰ　流 動 資 産			Ⅰ　流 動 負 債			
現 金 預 金		（　　　）	支 払 手 形		（　　　）	
受 取 手 形	（　　　）		買 掛 金		（　　　）	
貸 倒 引 当 金	（　　　）	（　　　）	未 払 法 人 税 等		（　　　）	
売 掛 金	（　　　）		未 払 費 用		（　　　）	
貸 倒 引 当 金	（　　　）	（　　　）	流 動 負 債 合 計		（　　　）	
有 価 証 券		（　　　）	Ⅱ　固 定 負 債			
商　　　品		（　　　）	長 期 借 入 金		（　　　）	
前 払 費 用		（　　　）	固 定 負 債 合 計		（　　　）	
流 動 資 産 合 計		（　　　）	負 債 合 計		（　　　）	
Ⅱ　固 定 資 産						
1．有形固定資産			純　資　産　の　部			
建　　　物	（　　　）		Ⅰ　株 主 資 本			
減価償却累計額	（　　　）	（　　　）	資 本 金		（　　　）	
備　　　品	（　　　）		利 益 剰 余 金			
減価償却累計額	（　　　）	（　　　）	利 益 準 備 金	（　　　）		
2．投資その他の資産			繰越利益剰余金	（　　　）	（　　　）	
投 資 有 価 証 券		（　　　）	Ⅱ　評価・換算差額等			
関 係 会 社 株 式		（　　　）	その他有価証券評価差額金		（　　　）	
固 定 資 産 合 計		（　　　）	純 資 産 合 計		（　　　）	
資 産 合 計		（　　　）	負債及び純資産合計		（　　　）	

8 繰延資産

1 繰延資産

問題
1 繰延資産の償却

解答・解説 **P.8-1**

(1)

損 益 計 算 書（単位：円）

⋮

Ⅲ　販売費及び一般管理費

〔　　　　　　　　　〕　（　　　　　　　　　　）

⋮

Ⅴ　営業外費用

〔　　　　　　　　　〕　（　　　　　　　　　　）
〔　　　　　　　　　〕　（　　　　　　　　　　）
〔　　　　　　　　　〕　（　　　　　　　　　　）

(2)

貸 借 対 照 表　　　（単位：円）

⋮

Ⅲ　繰延資産

〔　　　　　　　　　〕　（　　　　　　　　　　）
〔　　　　　　　　　〕　（　　　　　　　　　　）
〔　　　　　　　　　〕　（　　　　　　　　　　）
〔　　　　　　　　　〕　（　　　　　　　　　　）

9 減損会計

8

Section

1 減損会計

問題 1 減損会計 1

解答・解説 P.9-1

貸 借 対 照 表　　（単位：円）

⋮

Ⅱ　固 定 資 産
　1.有形固定資産
　〔　　　　　　〕（　　　　　　）
　〔　　　　　　〕（　　　　　　）　（　　　　　　）

損 益 計 算 書　　（単位：円）

⋮

Ⅶ　特 別 損 失
〔　　　　　　　〕（　　　　　　）

問題 2 減損会計 2

解答・解説 P.9-2

貸 借 対 照 表　　（単位：円）

⋮

Ⅱ　固 定 資 産
　1.有形固定資産
　　機　　　　　械　（　　　　　）
　〔　　　　　　　〕（　　　　　）
　　減価償却累計額　（　　　　　）（　　　　　）

損 益 計 算 書　　（単位：円）

⋮

Ⅶ　特 別 損 失
〔　　　　　　　〕（　　　　　　）

問題 3 減損会計 3

解答・解説 P.9-3

問1.

問2.

（単位：円）

借 方 科 目	金 額	貸 方 科 目	金 額

2 のれん・共用資産の処理

問題 4 のれんを含む減損処理 1

解答・解説 **P.9-4**

(単位：円)

借 方 科 目	金 額	貸 方 科 目	金 額

問題 5 のれんを含む減損処理 2

解答・解説 **P.9-4**

損益計算書　　(単位：円)

Ⅲ. 販売費及び一般管理費
　　　減 価 償 却 費 （　　　　　）
Ⅶ. 特 別 損 失
　　　減 損 損 失 （　　　　　）

貸借対照表　　　　(単位：円)

1. 有 形 固 定 資 産
　　建 　 物 （　　　　　）
　　減価償却累計額 （　　　　　）（　　　　　）
　　備 　 品 （　　　　　）
　　減価償却累計額 （　　　　　）（　　　　　）
　　土 　 地 （　　　　　）
2. 無 形 固 定 資 産
　　の 　 れ 　 ん （　　　　　）

問題 6 共用資産の減損処理 1

解答・解説 **P.9-6**

(単位：円)

借 方 科 目	金 額	貸 方 科 目	金 額

問題 7 共用資産の減損処理 2

解答・解説 **P.9-6**

(単位：円)

借 方 科 目	金 額	貸 方 科 目	金 額

総合問題

問題 8

損 益 計 算 書

自×5年10月1日　至×6年9月30日　　　　（単位：千円）

I	売　上　高		（　　　　　）
II	売　上　原　価		
1	期首商品棚卸高	（　　　　　）	
2	当期商品仕入高	（　　　　　）	
	計	（　　　　　）	
3	期末商品棚卸高	（　　　　　）	
	差　　引	（　　　　　）	
4	棚 卸 減 耗 損	（　　　　　）	
5	〔　　　　　〕	（　　　　　）	（　　　　　）
	〔　　〕総利益		（　　　　　）
III	販売費及び一般管理費		
1	販　　売　　費	（　　　　　）	
2	一 般 管 理 費	（　　　　　）	
3	貸倒引当金繰入	（　　　　　）	
4	減 価 償 却 費	（　　　　　）	
5	支 払 保 険 料	（　　　　　）	（　　　　　）
	〔　　〕利　益		（　　　　　）
IV	営 業 外 収 益		
1	受 取 利 息	（　　　　　）	
2	有 価 証 券 利 息	（　　　　　）	
3	受 取 配 当 金	（　　　　　）	（　　　　　）
V	営 業 外 費 用		
1	支 払 利 息	（　　　　　）	
2	貸倒引当金繰入	（　　　　　）	
3	投資有価証券評価損	（　　　　　）	
4	雑　　　　損	（　　　　　）	（　　　　　）
	〔　　〕利　益		（　　　　　）
VI	特　別　損　失		
1	〔　　　　〕繰入	（　　　　　）	
2	〔　　　　　　〕	（　　　　　）	
3	減　損　損　失	（　　　　　）	（　　　　　）
	税引前当期純利益		（　　　　　）
	法 人 税 等		（　　　　　）
	当 期 純 利 益		（　　　　　）

Chapter 10 負債会計（資産除去債務・リース）

Section 1 負債会計の基礎知識

問題 1 負債の分類

解答・解説 P.10-1

①		②		③	
④					

問題 2 引当金の設定要件

解答・解説 P.10-1

①	
②	
③	
④	

2 資産除去債務

 資産除去債務 1

解答・解説 P.10-2

①		②		③	
④		⑤		⑥	
⑦		⑧		⑨	
⑩					

 資産除去債務 2

解答・解説 P.10-3

(単位：千円)

	借 方 科 目	金 額	貸 方 科 目	金 額
(1)				
(2)				
(3)				
(4)				

資産除去債務 3

解答・解説 P.10-4

貸 借 対 照 表
×2年3月31日 （単位：千円）

II 固定資産		II 固定負債	
1.有形固定資産		資産除去債務 （ ）	
備　　　品 （ ）			
減価償却累計額 （ ）（ ）			

損 益 計 算 書
×1年4月1日～×2年3月31日 （単位：千円）

III　販売費及び一般管理費
　　減 価 償 却 費　　　　（　　　　　　）
　　利 息 費 用　　　　　（　　　　　　）

損 益 計 算 書
×3年4月1日～×4年3月31日 （単位：千円）

III　販売費及び一般管理費
　　減 価 償 却 費　　　　（　　　　　　）
　　利 息 費 用　　　　　（　　　　　　）
　　履 行 差 額　　　　　（　　　　　　）

資産除去債務 4

解答・解説 P.10-5

設問1　×5年4月1日の資産除去債務計上額
　　　　　　　　　　　　　　　　　　　　　　　　　　　　　　　　　　千円

設問2　×5年4月1日～×6年3月31日の期間の減価償却費
　　　　　　　　　　（利息費用を含む）
　　　　　　　　　　　　　　　　　　　　　　　　　　　　　　　　　　千円

設問3　×8年4月1日～×9年3月31日の期間の資産除去債務の増加額
　　　　　　　　　　　　　　　　　　　　　　　　　　　　　　　　　　千円

設問4　×9年3月31日における機械の帳簿価額
　　　　　　　　　　　　　　　　　　　　　　　　　　　　　　　　　　千円

設問5　×9年4月1日～×10年3月31日の期間の減価償却費
　　　　　　　　　　（利息費用を含む）
　　　　　　　　　　　　　　　　　　　　　　　　　　　　　　　　　　千円

3 リース会計1

問題 7 リース取引の会計処理

解答・解説 P.10-7

(1)		(2)		(3)		(4)		(5)	

問題 8 ファイナンス・リース取引1

解答・解説 P.10-7

(単位：円)

	借 方 科 目	金 額	貸 方 科 目	金 額
(1) × 1 年 4 月 1 日				
(2) × 2 年 3 月31日				

問題 9 ファイナンス・リース取引2

解答・解説 P.10-8

(単位：円)

貸 借 対 照 表

有形固定資産
　リ ー ス 資 産　（　　　　　　）
　減 価 償 却 累 計 額　（　　　　　　）
　　　　　⋮　　　　　　　⋮
流動負債
短期借入金　　　　　　　50,000
（　　　　　）（　　　　　）
固定負債
（　　　　　）（　　　　　）

損 益 計 算 書

販売費及び一般管理費
　減 価 償 却 費　（　　　　　　）
　　　　⋮　　　　　　⋮
営業外費用
　支 払 利 息　（　　　　　　）

ファイナンス・リース取引の判定

解答・解説 P.10-10

（1）ファイナンス・リース取引の判定

　①現在価値基準

　　リース期間中のリース料総額の現在価値が、リース資産の見積現金購入価額に占める割合は

　　（　　　）％であり、基準となる（　　　）％を超えているため、ファイナンス・リース取引に該当す

　　る。

　②経済的耐用年数基準

　　リース期間が、リース物件の経済的耐用年数に占める割合は（　　　）％であり、基準となる（　　　）％

　　を超えているため、ファイナンス・リース取引に該当する。

（2）減価償却費 | 円 |

（3）支　払　利　息 | 円 |

11 退職給付会計

1 退職給付会計

問題 1 退職給付引当金

解答・解説 P.11-1

	円

問題 2 退職給付会計 1

解答・解説 P.11-2

(1)	勤 務 費 用	円
	利 息 費 用	円
(2)	退職給付引当金	円

問題 3 退職給付会計 2

解答・解説 P.11-3

退職給付引当金 [　　　　　] 円　　　退職給付費用 [　　　　　] 円

問題 4 退職給付会計 3

解答・解説 P.11-4

退職給付引当金 [　　　　　] 円　　　退職給付費用 [　　　　　] 円

問題 5 退職給付会計 4

解答・解説 P.11-5

(単位：円)

貸　借　対　照　表		損　益　計　算　書	
固定負債		販売費及び一般管理費	
退職給付引当金	(　　　　　)	(　　　　　)	(　　　　　)

Chapter

12 社 債

Section

2 会計処理の一巡

 問題 1 社債の会計処理

解答・解説 P.12-1

(単位：円)

	借 方 科 目	金 額	貸 方 科 目	金 額
(1)				
(2)				
(3)				
(4)				
(5)				
(6)				
(7)				

解答・解説 P.12-2

 2 決算時の会計処理

(1)

(単位：円)

借 方 科 目	金 額	貸 方 科 目	金 額

(2)

損 益 計 算 書　　　　（単位：円）

⋮

Ⅴ　営業外費用
　（　　　　　　　）　（　　　　　　　）

⋮

貸 借 対 照 表　　　　（単位：円）

Ⅱ　固 定 負 債
　（　　　　　　　）　（　　　　　　　）

Section

3 買入償還

解答・解説 P.12-3

 3 買入償還の会計処理 1

(単位：円)

貸 借 対 照 表

固定負債
　社　　　債　（　　　　　　　）

損 益 計 算 書

営業外費用
　社 債 利 息　（　　　　　　　）

⋮

特別利益
（　　　　　　　）　（　　　　　　　）

特別損失
（　　　　　　　）　（　　　　　　　）

問題 **4** 買入償還の会計処理 **2**

解答・解説 **P.12-5**

（単位：円）

貸 借 対 照 表		損 益 計 算 書	
固定負債		営業外費用	
社 　 債 （ 　　　 ）		社 債 利 息 （ 　　　 ）	
		⋮ 　　　　　⋮	
		特別利益	
		（ 　　 ） （ 　　 ）	
		特別損失	
		（ 　　 ） （ 　　 ）	

Section

4 抽選償還

問題 **5** 抽選償還の会計処理

解答・解説 **P.12-7**

（単位：円）

	借 方 科 目	金 額	貸 方 科 目	金 額
(1)				
(2)				
(3)				
(4)				
(5)				

31

貸 借 対 照 表
×6年3月31日現在
(単位:千円)

資産の部			負債の部		
I 流 動 資 産			I 流 動 負 債		
現 金 預 金		(　　)	支 払 手 形		(　　)
受 取 手 形	(　　)		買 　掛 　金		(　　)
売 　掛 　金	(　　)		1年内返済長期借入金		(　　)
計	(　　)		(　　　　　)		(　　)
貸 倒 引 当 金	(　　)	(　　)	(　　　　　)		(　　)
有 価 証 券		(　　)	未 払 法 人 税 等		(　　)
商 　　品		(　　)	(　　　　　)		(　　)
未 収 収 益		(　　)	流 動 負 債 合 計		(　　)
前 払 費 用		(　　)	II 固 定 負 債		
(　　　　　)		(　　)	社 　　債		(　　)
流 動 資 産 合 計		(　　)	長 期 借 入 金		(　　)
II 固 定 資 産			固 定 負 債 合 計		(　　)
有形固定資産			負 債 合 計		(　　)
建 　　物	(　　)				
減価償却累計額	(　　)	(　　)			
備 　　品	(　　)		純資産の部		
減価償却累計額	(　　)	(　　)	I 株 主 資 本		
土 　　地		(　　)	資 　本 　金		(　　)
有形固定資産合計		(　　)	資 本 剰 余 金		
投資その他の資産			資 本 準 備 金		(　　)
投 資 有 価 証 券		(　　)	利 益 剰 余 金		
関 係 会 社 株 式		(　　)	利 益 準 備 金		(　　)
長 期 貸 付 金		(　　)	別 途 積 立 金		(　　)
(　　　　　)		(　　)	繰 越 利 益 剰 余 金		(　　)
投資その他の資産合計		(　　)	株 主 資 本 合 計		(　　)
固 定 資 産 合 計		(　　)	II 評価・換算差額等		
III 繰 延 資 産			その他有価証券評価差額金		(　　)
(　　　　　)		(　　)	評価・換算差額等合計		(　　)
繰 延 資 産 合 計		(　　)	純 資 産 合 計		(　　)
資 産 合 計		(　　)	負債及び純資産合計		(　　)

Chapter

13 純資産会計 1（配当、自己株式）

Section

1 株主資本等の分類

問題 1 純資産の分類

解答・解説 P.13-1

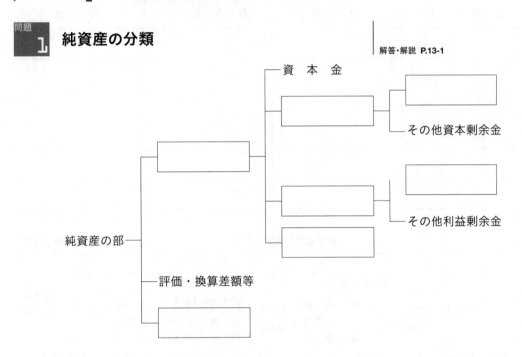

2 剰余金の配当

2 剰余金の配当1

解答・解説 P.13-2

(単位:円)

	借方科目	金額	貸方科目	金額
(1)				
(2)				
(3)				
(4)				

株主資本等変動計算書

(単位:円)

	株主資本									純資産合計
		資本剰余金			利益剰余金				株主資本合計	
	資本金	資本準備金	その他資本剰余金	資本剰余金合計	利益準備金	その他利益剰余金		利益剰余金合計		
						任意積立金	繰越利益剰余金			
当期首残高	900,000	70,000	10,000	80,000	90,000	20,000	130,000	240,000	1,220,000	1,220,000
当期変動額										
剰余金の配当										
任意積立金の積立										
当期純利益										
当期変動額合計										
当期末残高										

問題 3 **剰余金の配当2**

解答・解説 P.13-3

（単位：円）

	借 方 科 目	金　　額	貸 方 科 目	金　　額
(1)				
(2)				

Section **3** 自己株式

問題 4 **取得・処分時の会計処理**

解答・解説 P.13-4

（単位：円）

	借 方 科 目	金　　額	貸 方 科 目	金　　額
(1)				
(2)				

貸借対照表の記載

解答・解説 P.13-5

貸 借 対 照 表　　　　　（単位：千円）

純資産の部

Ⅰ 株 主 資 本	
1 〔　　　　　　　〕	（　　　　　　　）
2 〔　　　　　　　〕	
(1) 〔　　　　　　　〕 （　　　　　　）	
(2) 〔　　　　　　　〕 （　　　　　　）	（　　　　　　）
3 〔　　　　　　　〕	
(1) 〔　　　　　　　〕 （　　　　　　）	
(2) 〔　　　　　　　〕	
〔　　　　　　　〕 （　　　　　　）	
〔　　　　　　　〕 （　　　　　　）	（　　　　　　）
4 〔　　　　　　　〕	（　　　　　　）
株 主 資 本 合 計	（　　　　　　）
Ⅱ 評価・換算差額等	
1 〔　　　　　　　〕	（　　　　　　）
評価・換算差額等合計	（　　　　　　）
純 資 産 合 計	（　　　　　　）

自己株式の消却

解答・解説 P.13-6

貸 借 対 照 表　　　　　（単位：千円）

純資産の部

Ⅰ 株 主 資 本	
1 〔　　　　　　　〕	（　　　　　　）
2 〔　　　　　　　〕	
(1) 〔　　　　　　　〕	（　　　　　　）
3 〔　　　　　　　〕	
(1) 〔　　　　　　　〕 （　　　　　　）	
(2) 〔　　　　　　　〕	
〔　　　　　　　〕 （　　　　　　）	（　　　　　　）
株 主 資 本 合 計	（　　　　　　）
純 資 産 合 計	（　　　　　　）

（単位：千円）

	株　主　資　本						評価・換算差額等	純資産合計
	資本金	資本準備金	その他資本剰余金	利益準備金	繰越利益剰余金	自己株式	その他有価証券評価差額金	
当期首残高	95,000	4,000	5,000	14,800	81,000		200	200,000
当期変動額								
新株の発行								
剰余金の配当								
当期純利益								
自己株式の取得								
自己株式の処分								
自己株式の消却								
その他資本剰余金の補てん								
株主資本以外の項目の当期変動額								
当期変動額合計								
当期末残高								

14 外貨換算会計

1 外貨建取引

問題 1 資産・負債の換算 1

解答・解説 P.14-1

① 買掛金(7カ月後決済) 　　　　　　　　　円

② 売掛金(13カ月後決済) 　　　　　　　　　円

③ 前払費用 　　　　　　　　　円

④ 貸付金 　　　　　　　　　円

⑤ 土地 　　　　　　　　　円

⑥ 長期借入金 　　　　　　　　　円

問題 2 資産・負債の換算 2

解答・解説 P.14-2

(単位：円)

貸 借 対 照 表			損 益 計 算 書		
流動資産			販売費及び一般管理費		
売　掛　金	(	)	貸倒引当金繰入	(	)
貸倒引当金	(	)	⋮	⋮	
⋮		⋮	営業外収益		
流動負債			(	) (	)
買　掛　金	(	)	営業外費用		
			(	) (	)

2 外貨建有価証券の評価

問題 3 有価証券 1

解答・解説 P.14-3

（単位：円）

貸　借　対　照　表	
資 産 の 部	
流動資産	
有 価 証 券	（　　　　　）
固定資産	
投資その他の資産	
投 資 有 価 証 券	（　　　　　）
関 係 会 社 株 式	（　　　　　）
⋮	⋮
純 資 産 の 部	
評価・換算差額等	
その他有価証券評価差額金	（　　　　　）

損　益　計　算　書	
営業外収益	
受 取 配 当 金	1,800
有 価 証 券 利 息	（　　　　　）
（　　　　　）	（　　　　　）
（　　　　　）	（　　　　　）
営業外費用	
（　　　　　）	（　　　　　）
⋮	⋮
特別損失	
（　　　　　）	（　　　　　）

問題 4 有価証券 2

解答・解説 P.14-4

（単位：円）

		借　方　科　目	金　　額	貸　方　科　目	金　　額
(1)	A社				
	B社				
(2)	A社				
	B社				

3 為替予約

解答・解説 P.14-5

問題 5 営業取引の為替予約

問1.

(単位：円)

	借 方 科 目	金 額	貸 方 科 目	金 額
①				
②				
③				

問2.

(単位：円)

	借 方 科 目	金 額	貸 方 科 目	金 額
①				
②				
③				
④				

×1年度の損益に属する為替差損益： [   ] 円

※為替差損の場合は、金額の前に△を付しなさい。

問題 6 資金取引の為替予約

解答・解説 P.14-7

(単位：円)

貸 借 対 照 表		損 益 計 算 書	
資 産 の 部		営業外収益	
流動資産		（ ） （ ）	
現 金 預 金　　150,000		⋮　　　　⋮	
（ ） （ ）		営業外費用	
⋮　　　　⋮		支 払 利 息 （ ）	
負 債 の 部		（ ） （ ）	
流動負債			
短 期 借 入 金 （ ）			
未 払 費 用 （ ）			
（ ） （ ）			

7 総合問題

解答・解説 P.14-9

問1.

銘柄	貸借対照表価額	為替差損益
A社株式	千円	千円（　）
B社社債	千円	千円（　）
C社株式	千円	千円（　）
D社社債	千円	千円（　）
E社株式	千円	千円（　）

為替差損益の（　）には損または益を記入し、為替差損益が生じない場合、0千円（－）と記入する。

問2.

損 益 計 算 書

自×5年4月1日 至×6年3月31日　　　　　（単位：千円）

Ⅰ　売 上 高		（　　　　　）
Ⅱ　売 上 原 価		
1　期 首 商 品 棚 卸 高	（　　　　　）	
2　当 期 商 品 仕 入 高	（　　　　　）	
合　　計	（　　　　　）	
3　期 末 商 品 棚 卸 高	（　　　　　）	
差　　引	（　　　　　）	
4　棚 卸 減 耗 損	（　　　　　）	
5　商 品 評 価 損	（　　　　　）	（　　　　　）
売 上 総 利 益		（　　　　　）
Ⅲ　販売費及び一般管理費		
販　　売　　費	（　　　　　）	
一 般 管 理 費	（　　　　　）	
貸 倒 引 当 金 繰 入	（　　　　　）	
減 価 償 却 費	（　　　　　）	（　　　　　）
営 業 利 益		（　　　　　）
Ⅳ　営 業 外 収 益		
受 取 利 息	（　　　　　）	
受 取 配 当 金	（　　　　　）	
有 価 証 券 利 息	（　　　　　）	
（　　　　　　　）	（　　　　　）	
（　　　　　　　）	（　　　　　）	（　　　　　）
Ⅴ　営 業 外 費 用		
貸 倒 引 当 金 繰 入	（　　　　　）	
（　　　　　　　）	（　　　　　）	
（　　　　　　　）	（　　　　　）	（　　　　　）
経 常 利 益		（　　　　　）
Ⅵ　特 別 損 失		
関係会社株式評価損	（　　　　　）	
（　　　　　　　）	（　　　　　）	（　　　　　）
税 引 前 当 期 純 利 益		（　　　　　）
法人税・住民税及び事業税		（　　　　　）
当 期 純 利 益		（　　　　　）

Chapter

15 企業結合

Section

2 合 併

問題 1 合併

解答・解説 P.15-1

問1.

(単位：円)

借 方 科 目	金 額	貸 方 科 目	金 額

問2.

(単位：円)

借 方 科 目	金 額	貸 方 科 目	金 額

3 交付株式数の決定

問題 2 企業評価額の算定方法

解答・解説 P.15-2

	A　社	B　社
(1)純 資 産 額 法	円	円
(2)純 財 産 額 法	円	円
(3)収益還元価値法	円	円
(4)折　衷　法	円	円

問題 3 合併比率、交付株式数の決定

解答・解説 P.15-3

(A)合 併 比 率	(B)交付株式数
	株

Chapter

16 連結会計1（資本連結）

Section

2 資本連結の基本的処理

 問題 1 部分所有子会社の処理

解答・解説 P.16-1

評価替えの仕訳 (単位：千円)

借 方 科 目	金 額	貸 方 科 目	金 額

資本連結の仕訳 (単位：千円)

借 方 科 目	金 額	貸 方 科 目	金 額

連結貸借対照表
×1年3月31日　　　　　　　　　(単位：千円)

諸 資 産	（　　　）	諸 負 債	（　　　）
（　　　　　　）	（　　　）	資 本 金	（　　　）
		資 本 剰 余 金	（　　　）
		利 益 剰 余 金	（　　　）
		（　　　　　　）	（　　　）
	（　　　）		（　　　）

3 支配獲得日後の処理

問題 2 のれんの償却と子会社の当期純利益の振替え

解答・解説 P.16-2

（単位：円）

借　方　科　目	金　　額	貸　方　科　目	金　　額

問題 3 連結2年度目の開始仕訳

解答・解説 P.16-3

（単位：円）

借　方　科　目	金　　額	貸　方　科　目	金　　額

連結財務諸表の作成

解答・解説 P.16-4

連結損益計算書 （単位：円）

費　用	金　額	収　益	金　額
売　上　原　価		売　上　高	
の れ ん 償 却 額		受 取 配 当 金	
法　人　税　等			
非支配株主に帰属する当期純利益			
親会社株主に帰属する当期純利益			

連結貸借対照表 （単位：円）

資　産	金　額	負債・純資産	金　額
現 金 預 金		買　掛　金	
商　　　品		資　本　金	
の　れ　ん		利 益 剰 余 金	
		非 支 配 株 主 持 分	

連結株主資本等変動計算書 （単位：円）

	資　本　金	利益剰余金	非支配株主持分
当期首残高			
当期変動額			
剰余金の配当			
親会社株主に帰属する当期純利益			
株主資本以外の項目の当期変動額			
当期変動額合計			
当期末残高			

17 連結会計2（成果連結、包括利益）

1 債権・債務の相殺消去

 問題 1 **債権・債務の相殺消去**

解答・解説 P.17-1

(1)

（単位：円）

借 方 科 目	金　　額	貸 方 科 目	金　　額

(2)

（単位：円）

借 方 科 目	金　　額	貸 方 科 目	金　　額

 問題 2 **売掛金・買掛金**

解答・解説 P.17-2

（単位：円）

	借 方 科 目	金　　額	貸 方 科 目	金　　額
債権債務の相殺消去				
期首貸倒引当金の修正				
期末貸倒引当金の修正				

2 商品売買等の相殺消去

問題 3 固定資産に係る未実現利益の消去

解答・解説 P.17-3

問1.

(単位：円)

借 方 科 目	金 額	貸 方 科 目	金 額

問2.

(単位：円)

借 方 科 目	金 額	貸 方 科 目	金 額

問題 4　棚卸資産に係る未実現利益の消去

解答・解説　P.17-5

問1.

（単位：円）

借　方　科　目	金　　額	貸　方　科　目	金　　額

問2.

（単位：円）

借　方　科　目	金　　額	貸　方　科　目	金　　額

問題 5　商品未達

解答・解説　P.17-5

（単位：円）

	借　方　科　目	金　　額	貸　方　科　目	金　　額
(1)未達事項の修正				
(2)売上高・仕入高の相殺消去				
(3)未実現利益の消去				

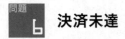

決済未達

(単位：円)

	借 方 科 目	金 額	貸 方 科 目	金 額
(1)未達事項の修正				
(2)債権債務の相殺消去				
(3)貸倒引当金の修正				

総合問題(連結財務諸表の作成)

解答・解説 P.17-7

連 結 貸 借 対 照 表

×6年3月31日現在　　　　(単位：千円)

現 金 預 金	( )	支 払 手 形	( )
受 取 手 形 ( )		買 掛 金	( )
売 掛 金 ( )		短 期 借 入 金	( )
貸 倒 引 当 金(△)	( )	未 払 法 人 税 等	( )
有 価 証 券	( )	未 払 費 用	( )
商 品	( )	資 本 金	( )
短 期 貸 付 金	( )	資 本 剰 余 金	( )
前 払 費 用	( )	利 益 剰 余 金	( )
未 収 収 益	( )	( )	( )
建 物 ( )			
減価償却累計額(△)	( )		
備 品 ( )			
減価償却累計額(△)	( )		
土 地	( )		
( )	( )		
	( )		( )

50　商業簿記・会計学1級｜トレーニングⅠ｜基礎編

連結損益計算書

自×5年4月1日　至×6年3月31日　　　　　　（単位：千円）

売 上 原 価	（　　　　）	売 上 高	（　　　　）
販 売 費	（　　　　）	受 取 利 息	（　　　　）
貸 倒 引 当 金 繰 入	（　　　　）	受 取 配 当 金	（　　　　）
一 般 管 理 費	（　　　　）	固 定 資 産 売 却 益	（　　　　）
減 価 償 却 費	（　　　　）		
〔　　　　　　〕	（　　　　）		
支 払 利 息	（　　　　）		
法 人 税 等	（　　　　）		
非支配株主に帰属する当期純利益	（　　　　）		
親会社株主に帰属する当期純利益	（　　　　）		
	（　　　　）		（　　　　）

連結株主資本等変動計算書

自×5年4月1日　至×6年3月31日　　　　　　（単位：千円）

	株　主　資　本				非支配株主持　分	純資産合　計
	資本金	資本剰余金	利益剰余金	株主資本合　　計		
当期首残高	（　　　）	（　　　）	（　　　）	（　　　）	（　　　）	（　　　）
当期変動額						
剰余金の配当			（△　　　）	（△　　　）		（△　　　）
親会社株主に帰属する当期純利益			（　　　）	（　　　）		（　　　）
株主資本以外の項目の当期変動額(純額)					（　　　）	（　　　）
当期変動額合計			（△　　　）	（△　　　）	（　　　）	（△　　　）
当期末残高	（　　　）	（　　　）	（　　　）	（　　　）	（　　　）	（　　　）

3 連結精算表

問題 8 連結精算表の作成

解答・解説 P.17-11

連 結 精 算 表

（単位：円）

勘定科目	個別財務諸表			消去・振替	連結財務諸表
	P社	S社	合計		
貸借対照表					
現 金 預 金	119,520	86,900	206,420		
受 取 手 形	30,000	20,000	50,000		
売 掛 金	80,000	55,000	135,000		
商 品	15,000	6,000	21,000		
土 地	55,400	32,100	87,500		
S 社 株 式	100,080		100,080		
の れ ん					
資 産 合 計	400,000	200,000	600,000		
支 払 手 形	(20,000)	(8,000)	(28,000)		( )
買 掛 金	(50,000)	(15,700)	(65,700)		( )
その他の諸負債	(27,800)	(14,800)	(42,600)		( )
貸 倒 引 当 金	(2,200)	(1,500)	(3,700)		( )
資 本 金	(200,000)	(100,000)	(300,000)		( )
利 益 剰 余 金	(100,000)	(60,000)	(160,000)		( )
評 価 差 額					
非支配株主持分					( )
負債・純資産合計	(400,000)	(200,000)	(600,000)		( )
損益計算書					
売 上 高	(625,000)	(210,000)	(835,000)		( )
売 上 原 価	370,000	150,000	520,000		
貸倒引当金繰入	700	500	1,200		
受 取 配 当 金	(5,000)	(500)	(5,500)		( )
固定資産売却益	(3,200)	(1,000)	(4,200)		( )
その他の収益	(12,500)	(8,000)	(20,500)		( )
その他の費用	220,000	49,000	269,000		
のれん償却額					
税金等調整前当期純利益	(55,000)	(20,000)	(75,000)		( )
法 人 税 等	22,000	8,000	30,000		
当 期 純 利 益	(33,000)	(12,000)	(45,000)		( )
非支配株主に帰属する当期純利益					
親会社株主に帰属する当期純利益	(33,000)	(12,000)	(45,000)		( )
株主資本等変動計算書					
資本金当期首残高	(200,000)	(100,000)	(300,000)		( )
資本金当期末残高	(200,000)	(100,000)	(300,000)		( )
利益剰余金当期首残高	(75,000)	(50,000)	(125,000)		( )
当 期 変 動 額					
剰 余 金 の 配 当	8,000	2,000	10,000		
親会社株主に帰属する当期純利益	(33,000)	(12,000)	(45,000)		( )
利益剰余金当期末残高	(100,000)	(60,000)	(160,000)		( )
非支配株主持分当期首残高					( )
非支配株主持分当期変動額					( )
非支配株主持分当期末残高					( )

4 包括利益

解答・解説 P.17-14

問題 9 包括利益

問1.

連結包括利益計算書　　　　　（単位：千円）

当期純利益	（　　　　　　）
その他の包括利益：	
その他有価証券評価差額金	（　　　　　　）
包括利益	（　　　　　　）
（内訳）	
親会社株主に係る包括利益	（　　　　　　）
非支配株主に係る包括利益	（　　　　　　）

問2.

連結損益及び包括利益計算書　　　　　（単位：千円）

Ⅰ　売 上 高	（　　　　　　）
Ⅱ　売 上 原 価	（　　　　　　）
Ⅲ　販売費及び一般管理費	（　　　　　　）
税金等調整前当期純利益	（　　　　　　）
法人税等	（　　　　　　）
当期純利益	（　　　　　　）
（内訳）	
親会社株主に帰属する当期純利益	（　　　　　　）
非支配株主に帰属する当期純利益	（　　　　　　）
その他の包括利益：	
その他有価証券評価差額金	（　　　　　　）
包括利益	（　　　　　　）

子会社のその他有価証券評価差額金

解答・解説 P.17-16

連結損益計算書
自×1年4月1日 至×2年3月31日（単位：円）

諸　　収　　益	（　　　　　）
諸　　費　　用	（　　　　　）
税金等調整前当期純利益	（　　　　　）
法　人　税　等	（　　　　　）
当　期　純　利　益	（　　　　　）
非支配株主に帰属する当期純利益	（　　　　　）
親会社株主に帰属する当期純利益	（　　　　　）

連結包括利益計算書
自×1年4月1日 至×2年3月31日（単位：円）

当期純利益	（　　　　　）
その他の包括利益：	
その他有価証券評価差額金	（　　　　　）
包　括　利　益	（　　　　　）
（内訳）	
親会社株主に係る包括利益	（　　　　　）
非支配株主に係る包括利益	（　　　　　）

連結株主資本等変動計算書
自×1年4月1日 至×2年3月31日　　　　　　　　　　　（単位：円）

	株主資本			その他の包括利益累計額	非支配株主持分	純資産合計
	資本金	利益剰余金	株主資本合計	その他有価証券評価差額金		
当期首残高	（　　　）	（　　　）	（　　　）	（　　　）	（　　　）	（　　　）
当期変動額						
剰余金の配当		（　　　）	（　　　）			（　　　）
親会社株主に帰属する当期純利益		（　　　）	（　　　）			（　　　）
株主資本以外の項目の当期変動額(純額)				（　　　）	（　　　）	（　　　）
当期変動額合計		（　　　）	（　　　）	（　　　）	（　　　）	（　　　）
当期末残高	（　　　）	（　　　）	（　　　）	（　　　）	（　　　）	（　　　）

連結貸借対照表
×2年3月31日　　　　　　（単位：円）

資　産	金　額	負債・純資産	金　額
諸　資　産	（　　　）	諸　　負　　債	（　　　）
		資　　本　　金	（　　　）
		利　益　剰　余　金	（　　　）
		その他有価証券評価差額金	（　　　）
		非　支　配　株　主　持　分	（　　　）
	（　　　）		（　　　）

Chapter

18 持分法

Section 2 持分法の処理

1 当期の持分法適用の処理 1

解答・解説 P.18-1

持分法による投資損益　　[　　　　　　　　　　円　]

Ｃ社株式勘定　　　　　　[　　　　　　　　　　円　]

2 当期の持分法適用の処理 2

解答・解説 P.18-2

（単位：円）

	借 方 科 目	金 額	貸 方 科 目	金 額
問1				
問2				
問3				
問4				

問題 3　未実現利益の消去 1

解答・解説 P.18-3

(1)　　　　　　　　　　　　　　　　　　　　　　　　　　　　　　（単位：円）

借 方 科 目	金 額	貸 方 科 目	金 額

(2)　　　　　　　　　　　　　　　　　　　　　　　　　　　　　　（単位：円）

借 方 科 目	金 額	貸 方 科 目	金 額

問題 4　未実現利益の消去 2

解答・解説 P.18-4

持分法による投資損益	千円	C 社株式勘定	千円

問題 5　持分法適用後の開始仕訳

解答・解説 P.18-5

持分法による投資損益	円	C 社株式勘定	円

19 税効果会計

3 将来減算一時差異

問題 1 繰延税金資産の計上

解答・解説 P.19-1

損 益 計 算 書 　（単位：千円）	
Ⅰ売 上 高	784,500
Ⅱ売上原価	
期 首 商 品 棚 卸 高（　　　　）	
当 期 商 品 仕 入 高（　　　　）	
合　　計（　　　　）	
期 末 商 品 棚 卸 高（　　　　）	
差　　引（　　　　）	
棚 卸 減 耗 損（　　　　）	
商 品 評 価 損（　　　　）（　　　　）	
売 上 総 利 益（　　　　）	
Ⅲ販売費及び一般管理費	
減 価 償 却 費（　　　　）	
：	
税引前当期純利益	100,000
法 人 税 等（　　　　）	
法 人 税 等 調 整 額（　　　　）（　　　　）	
当 期 純 利 益（　　　　）	

貸 借 対 照 表　（単位：千円）		
商　　　品（　　　）	未払法人税等（　　　）	
建　　　物　200,000	減価償却累計額（　　　）	
繰延税金資産（　　　）		

4 将来加算一時差異

問題 2 圧縮積立金

解答・解説 P.19-2

貸 借 対 照 表			(単位：円)
Ⅱ 固 定 資 産		Ⅱ 固 定 負 債	
Ⅰ有形固定資産		繰延税金負債 （ ）	
機 械 （ ）		Ⅰ 株主資本	
減価償却累計額 （ ）		利益剰余金	
		圧 縮 積 立 金 （ ）	
		繰越利益剰余金 （ ）	

損 益 計 算 書		(単位：円)
税 引 前 当 期 純 利 益		30,000
法人税、住民税及び事業税	6,300	
法 人 税 等 調 整 額	（ ）	（ ）
当 期 純 利 益		（ ）

5 その他有価証券、その他の一時差異

問題 3 その他有価証券

解答・解説 P.19-3

(単位：円)

貸 借 対 照 表		損 益 計 算 書	
資 産 の 部		営業外費用	
固定資産		（ ） （ ）	
投資その他の資産		特別損失	
投 資 有 価 証 券 （ ）		（ ） （ ）	
（ ） （ ）			
固定負債			
（ ） （ ）			
純 資 産 の 部			
評価・換算差額等			
その他有価証券評価差額金 （ ）			

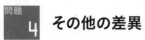

問題 4 その他の差異

解答・解説 P.19-4

決算整理後残高試算表 （単位：千円）

勘 定 科 目	金 額	勘 定 科 目	金 額
現 金 預 金	（　　　　　）	機械減価償却累計額	（　　　　　）
機 械	（　　　　　）	退 職 給 付 引 当 金	（　　　　　）
投 資 有 価 証 券	（　　　　　）	繰 延 税 金 負 債	（　　　　　）
繰 延 税 金 資 産	（　　　　　）	その他有価証券評価差額金	（　　　　　）
減 価 償 却 費	（　　　　　）	法 人 税 等 調 整 額	（　　　　　）
減 損 損 失	（　　　　　）		
退 職 給 付 費 用	（　　　　　）		

問題 5 法人税等調整額の算定

解答・解説 P.19-5

（単位：千円）

借 方 科 目	金 額	貸 方 科 目	金 額

繰延税金資産 [　　　　　千円　　　　　]